스포츠시설
안전관리론

곽봉현 지음

박영사

추 천 사

　　스포츠 강국인 우리나라에서 스포츠인과 스포츠 관중을 보호하는 스포츠시설 안전관리의 체계화는 매우 중요한 분야입니다. 그동안 스포츠시설 안전관리에 관한 연구의 부재로 안전관리의 방향을 잡지 못하고 있었던 중에 실무적이고 이론적인 귀중한 연구서가 출간되어 매우 의미있는 일이라고 생각합니다.

　　제가 국민체육진흥공단의 스포츠·레저안전 홍보대사로 활동하며 우리나라의 스포츠인과 스포츠 관중의 안전을 확보하기 위한 안전관리가 황무지와 같다는 것을 느꼈던 적이 있었습니다. 아무도 걷지 않은 길을 걸으며 묵묵히 안전의 발자국을 남기던 시절이 떠오르기도 합니다. 조금 늦은 감은 있지만 지금이라도 이러한 연구서가 출간된 것은 스포츠인들에게는 매우 유익한 일이 될 것으로 확신합니다.

　　곽봉현 박사는 스포츠시설 안전관리 시스템 구축을 위하여 관련 법률의 개정과 교육·홍보 등의 행정적 기초를 다졌습니다. 이러한 실무적 경험의 기반 위에 국내 최고의 안전공학 대학원에서 체계적인 스포츠시설 안전관리를 연구함으로써 스포츠시설 안전관리의 이론이 완성되었습니다. 다른 나라의 스포츠시설 안전관리 현황과 스포츠시설에 대한 리스크 평가 기법 등을 소개하며 스포츠시설의 리스크 평가의 필요성을 제기한 최초의 연구서가 될 것입니다.

　　국제올림픽위원회 컨센서스 성명(2016)에서는 "모든 형태의 괴롭힘과 학대가 없는 존중되고, 공평하며, 자유로운 운동 환경"을 안전한 스포츠로 정의하였습니다. 우리나라도 자유로운 운동 환경을 조성하여 스포츠에 참여하는 사람과 스포츠를 관람하는 관중이 보호받는 안전한 스포츠 강국이 되어야 할 것입니다. 스포츠 손상이 스포츠 참여자의 실수에서 일어난다거나, 스포츠 관중의 안전사고가 관중의 부주의에서 발생한 것이라는 무책임하고 무지한 사고 분석은 스포츠 안전을 확보하는 데 아무런 도움이 되지 않습니다. 안전은 개인의 잘못된 행동에서 기인하기보다는 안전관리시스템의 부재에서 발생하는 것입니다. 따라서 스포츠시설 안전에서 스포츠 참여자의 안전은 물론 스포츠를 관람하는 관중의 안전을 확보하기 위해서는 스포츠안전관리시스템을 구축할 수 있는 기반 조성이 필수입니다.

그런 관점에서 『스포츠시설 안전관리론』은 스포츠 안전을 위한 중요한 전환점이 될 것입니다. 스포츠 엘리트 선수의 손상에 치우쳤던 의학적 관점을 넘어 스포츠 안전의 일반을 조망할 수 있도록 체계화한 것은 매우 인상적입니다. 스포츠 안전을 '스포츠시설의 안전관리'와 '스포츠 이벤트 안전관리'로 구분하여 체계화함으로써 현장에서 적용 가능한 방안을 찾을 수 있도록 하였습니다.

아무쪼록 우리나라 스포츠 안전을 위하여 안전공학을 체계적으로 접목시킨 새로운 분야의 정립을 격려하며 스포츠인과 스포츠 팬들의 필독서가 되기를 바랍니다.

2024년 2월

유 승 민 IOC 위원(대한탁구협회장)

추 천 사

스포츠가 중요한 대중문화로 떠오르면서 우리사회를 이해하는 데 큰 역할을 하고 있습니다. 대중매체와 연계된 상업적인 이유도 무시할 수는 없지만 스포츠의 교육적이고 사회적인 가치가 훨씬 크다고 할 것입니다. 스포츠는 복잡하고 다양한 사회적 의미를 가지고 있습니다. 여러 스포츠 종목을 즐기며 여가 활동을 통해 사회 구성원들과 다양한 모습을 만들어 가기 때문입니다.

생활 스포츠에 참여하는 국민이 70%에 이르고 있습니다. 스포츠는 국민의 사회활동에 다양한 영향을 끼치고 있습니다. 스포츠의 안전이 곧 국민 안전의 중요한 부분의 하나라고 해도 결코 지나친 것은 아닐 것입니다. 스포츠와 레저에서 국민의 안전이 매우 중요한 사회적 요소가 되었습니다.

이런 때에 『스포츠시설 안전관리론』의 출판은 사회적 기여도가 매우 높다고 여겨집니다. 특히, 그동안에 스포츠 참여자들의 부상에 초점이 맞추어졌던 스포츠 안전을 스포츠관중의 안전과 스포츠시설의 안전으로 확장하며 스포츠 안전의 학문적 기초를 다진 것은 매우 큰 의미가 있다고 하겠습니다.

2014년 2월 17일 경주 마우나리조트 체육관 붕괴로 부산외국어대학생 10명이 사망하는 대형참사 발생은 우리나라 체육시설의 안전을 돌아보는 계기가 되었으며, 정부는 2015년 2월 『체육시설의 설치·이용에 관한 법률』을 개정하여 전국의 체육시설을 정기적으로 안전관리·점검하도록 하였습니다.

이어서 (재)스포츠안전재단이 정부 위탁 사업으로 "체육시설의 안전·위생기준" 개정을 위한 연구에 착수하였고, 국민체육진흥공단이 체육시설안전관리·점검을 집행하는 위탁기관이 되어 체육시설의 안전 업무를 시행한 지 벌써 10년의 세월이

흘렀습니다.

　조금 늦은 감이 없지 않지만 곽봉현 박사의 풍부한 현장 경험과 열정적 탐구가 이제 훌륭하게 결실을 맺어 스포츠시설 안전의 학문적 연구기반 마련에 새로운 길이 열리게 된 것을 매우 기쁘게 생각합니다.

2024년 2월

박 영 대 전 문화재청 차장

추 천 사

체육계에 스포츠시설 안전의 새로운 지평이 열린 것 같습니다. 메디컬 관점의 스포츠 안전에서 영역을 확장하여 안전공학이 융·복합된 최초의 스포츠 안전 이론서가 출판되었습니다.

우리 한국체육학회에서는 스포츠 안전의 중요성을 인식하고 스포츠안전위원회를 발족하여 지속적으로 연구 활동을 하고 있습니다. 엘리트 스포츠인은 물론 생활 스포츠인의 안전한 스포츠 활동을 위하여 다양한 환경의 유해·위험요인을 파악하여 리스크 감소 대책을 수립하는 프로세스는 매우 중요한 분야입니다.

이 책은 스포츠 안전을 스포츠시설 안전과 스포츠 이벤트 안전으로 구분·정의하고 스포츠 시설물의 안전은 물론 관중과 스포츠 참여자의 안전을 포괄적으로 다루고 있습니다. 스포츠 안전을 이렇게 분류하고 체계화함으로써 스포츠 안전공학이라는 새로운 길을 열게 되었습니다.

우리나라는 88서울하계올림픽경기대회, 2002한·일월드컵대회, 2003대구유니버시아드대회, 2018평창동계올림픽경기대회 등을 개최한 스포츠 강국으로서 스포츠 안전을 선도해야 하는 의무가 있다고 생각합니다. 우리나라는 국가 차원에서 스포츠 안전을 국민체육진흥공단과 스포츠안전재단에 위탁하여 다각적인 정책을 집행하고 있습니다.

곽봉현 박사는 국민체육진흥공단에 재직하며 스포츠시설 안전관리를 법제화하는 일에 깊이 기여하고 초창기의 스포츠시설 안전에 관한 법정 위탁 업무를 직접 집행하며 그 기초를 다져왔습니다. 아울러 서울과학기술대학교에서 안전공학을 체계적으로 연구하며 스포츠 안전을 안전공학과 융·복합할 수 있도록 학제 간 교류의 틀을 이 책에서 제시하고 있습니다. 우리 스포츠인들에게 생리학, 생체역학, 스포츠 심리학 등의 학문에 더하여 안전공학과 인간공학의 학제 간 교류·연구는 필수의 영역이 된 것 같습니다.

스포츠학의 전문화하는 이론과 실기 지도 능력에 대하여 다양한 현장체험학습과 연구 활동으로 지도자, 관리자, 전문 경영인을 양성하고 현실 사회가 요구하는 멀티플레이어가 되도록 하여야 할 것입니다. 그런 의미에서 스포츠시설 안전관리는 현재 우리 시대가 요구하는 안전인을 스포츠 분야에서도 체계적으로 양성하여야 할 것입니다. 그동안 스포츠 안전을 체계화한 전문 서적이 없어 아쉬움이 많았었으나, 스포츠시설, 스포츠손상, 스포츠관중의 범주를 정하여 각 분야에의 안전관리의 필요성을 함축적으로 정리하여 스포츠 안전의 방향성을 제시하고 있습니다.

생활체육 인구는 해가 갈수록 늘어나고 있습니다. 안전한 체육활동이 매우 중요해지고 있는 시점입니다. 특히, 익스트림 스포츠 인구의 증가는 극단적인 위험성을 즐기려는 인간의 욕구의 발로로서 안전한 욕구를 넘어서는 사회적 현상이라 해야 할 것입니다. 익스트림 스포츠를 통한 사회적 결합력과 존중감 그리고 자아 실현의 욕구를 만족시기고자 하는 현상이라고 볼 수도 있을 것입니다.

우리 사회는 안전한 환경으로 인간의 삶을 마음껏 즐길 수 있도록 해야겠습니다. 그런 면에서 스포츠 안전은 사회 안전의 중요한 요소이며 우리 스포츠인들이 사회의 안전을 만들어간다는 자부심으로 더욱 발전시켜야 할 학문 분야라고 생각합니다. 이 책을 통하여 우리 스포츠인들의 안전 역량이 더욱 발전할 수 있는 계기가 되었으면 합니다.

2024년 2월

이 한 경 한국체육학회장

머 리 말

안전공학을 연구하며 스포츠와 안전을 융·복합하기 위한 나름의 고민을 정리해 보았습니다. 스포츠시설은 고유의 기능을 가지고 있으므로 이용하는 스포츠인이나 이벤트를 즐기는 관람객에게 안전한 환경을 제공하는 것은 새로운 영역이기도 합니다. 스포츠 종목별 특성을 고려하며 스포츠시설을 설계하는 단계에서부터 준공 후 이용 단계에 이르는 전반적인 안전관리는 매우 폭넓은 분야입니다. 그럼에도 불구하고 스포츠 안전을 위하여 전반의 과정에서 고려해야 할 안전관리시스템의 필요 요소를 소개하려 노력했습니다.

스포츠시설 안전관리는 『체육시설의 설치·이용에 관한 법률』에서 법률·제도적으로 다루고 있습니다. 그러나 공공체육시설과 민간체육시설 일부에 대하여만 안전관리·점검의 기준을 정하고 있어 시설의 안전을 확보하는 데는 미흡함이 적지 않습니다. 당연히 법률적으로 정하는 기준은 최소한의 것이므로 안전의 많은 부분은 시설 소유자나 관리자 또는 운영자 등의 몫이기도 할 것입니다.

이 책은 산업혁명에서부터 발생한 안전공학의 기원과 현재 여러 나라의 전반적인 산업안전관리 현황 및 스포츠 안전관리 현황을 살펴보았습니다. 또한, 안전관리시스템의 변천 과정을 서술하여 안전관리의 흐름을 알 수 있도록 하였습니다. 우리나라의 스포츠시설 안전관리는 『체육시설의 설치·이용에 관한 법률』을 중심으로 분석하였습니다.

모든 분야의 안전관리의 핵심은 리스크 평가(Risk Assessment)라 해야 할 것입니다. 이에 스포츠시설의 안전관리를 위하여 리스크 평가 기법 현황을 소개하였으며, 특히 스포츠계의 현실을 고려하여 적용 가능한 리스크 평가 기법의 몇 가지를 상세히 서술하였습니다. 이제 우리 스포츠계에서도 안전을 위한 리스크 평가가 일상화되어야 하겠습니다.

　제1장에서는 스포츠시설 안전관리의 개요와 용어를 정리하였습니다. 제2장에서는 『스포츠 안전』을 "스포츠시설 안전"과 "스포츠 이벤트 안전"으로 구분하고, "스포츠 이벤트 안전"은 "참여형 스포츠 이벤트 안전"과 "관람형 스포츠 이벤트 안전"으로 분류하여 제시하였습니다. 제3장은 국가별 산업안전관리와 스포츠시설 안전관리를 위한 주요 기관을 소개하였으며, 제4장에서는 산업안전관리시스템의 변천 과정을 설명하였습니다.

　제5장부터 제9장은 스포츠시설 안전관리 관련 법률을 세부적으로 분석하여 실무에 도움이 되도록 하였으며, 스포츠시설 안전점검의 종류와 절차, 시기 등을 소개하였습니다. 특히, 제9장에서는 체육시설업의 시설기준과 안전·위생 기준을 제시하고 이와 관련된 질의응답 사례를 수록하여 업무에 참조할 수 있도록 하였습니다.

　제10장은 모든 산업의 현장에서 이행해야 하는 리스크 평가를 위하여 관련 기법을 소개하였으며 제11장에서는 스포츠안전문화에 대하여 제2장에서 제시한 스포츠시설 안전관리의 분류 방식에 따라 문화의 관점을 간략히 소개하였습니다.

　앞으로 많은 전문가들이 이 책을 참조하여 스포츠 안전의 그 틀을 다져가기를 바랍니다. 각 각의 영역에서 나름의 안전관리 활동이 이루어졌지만 스포츠 안전은 영역별 독자성과 유기적 연계성이 반드시 필요하므로 상호 보완적인 스포츠 안전관리론이 완성되기를 기대합니다.

　마지막으로 다소 미흡한 부분이 있으나 새로운 영역을 만들어가는 과정으로 양해하여 주시기를 바라며 보완 및 추가 등의 의견이 있으시다면 <bhkwak@hanmail.net>로 알려 주시면 감사하겠습니다.

2024년 2월

곽 봉 현

차 례

CHAPTER 04 안전관리시스템 현황

<table>
<tr><td>CHAPTER
09</td><td>스포츠시설의 시설기준 및 안전·위생기준</td></tr>
</table>

CHAPTER
11　스포츠 안전 문화

CHAPTER 01
서 론

1 도 입

『체육시설의 설치이용에 관한 법률(이하 "체육시설법"이라 한다)』은 1989년 3월 31일에 제정·시행되었다. 입법 당시에 체육시설에 관한 법령이 미비하여 업무가 각 부처에 분산되어 있고 일원화된 소관 부처가 없었다. 따라서 체육시설법 제정으로 체육시설의 설치·이용을 장려하고 체육시설업을 건전하게 발전·육성시키고 국민의 건강증진과 여가 선용에 이바지하도록 하였다.

체육시설법에 의하면 체육시설은 공공체육시설과 체육시설업으로 구분하고 있다. 공공체육시설은 전문체육시설, 생활체육시설, 직장체육시설을 말하여 체육시설업은 개인이나 민간단체가 설치하고 등록 또는 신고하여 운영하는 체육시설로서 등록체육시설업과 신고체육시설업을 말한다. 등록 체육시설업은 특별시장·광역시장·특별자치시장·도지사·특별자치도지사(이하 "시·도지사"라 한다) 즉, 광역 지방자치단체장에게 등록하고 신고 체육시설업은 특별자치시장·특별자치도지사·시장·군수 또는 구청장에게 신고한다. 1989년 입법 당시에는 체육시설업을 광역 지방자치단체장에게 등록 또는 신고하도록 하였으나 1999년 1월 18일 6차 개정에서 신고 체육시설업의 신고업무를 기초 지방자치단체장에게 이관하였다. 뿐만 아니라, 체육시설업의 규제를 완화하기 위하여 수영장업, 체육도장업, 볼링장업, 테니스장업, 골프연습장업, 탁구장업, 롤러스케이트장업, 체력단련장업, 에어로빅장업, 당구장업, 썰매장업의 11개 신고 체육시설업 중에서 탁구장업과 롤러스케이트장업을 신고 체육시설업에서 제외하여 자유롭게 영업을 영위할 수 있도록 하였다.

등록 체육시설업과 신고체육시설업의 종류 및 구분은 법을 개정하는 과정에서 시대 상황을 반영하였다. 초기에는 등록 체육시설업 중 골프장업과 스키장업은 법률로 규정하고 기타의 등록 체육시설업은 대통령령에서 정하도록 위임하였으나 1994년 1월 7일 제3차 개정에서 대통령령으로 위임했던 업종을 법률로 규정하도록 하여 위임을 하지 않았다. 신고 체육시설업은 6차 개정(1999년 1월 18일)에서 관할 기관을 기초지방단체로 이관하며 모든 업종을 법률로 정하며 대통령령으로 위임하지 않았다. 포괄적 위임 입법을 금지하는 원칙을 따른 조치일 수 있다.

등록 체육시설업 및 신고 체육시설업에 대한 법률의 추가 및 삭제는 규제 완화와 안전 강화의 명제 앞에서 지속적인 논의의 과정을 거쳐야 할 것이다. 특히, 신종 체육 종목에 대한 체육시설업 편입을 위한 법률 개정은 현실적으로 필요성이 있으나 법제화가 행정적 지원으로 편의를 제공하는 반면에 규제의 일부가 될 수도 있으므로 매우 신중한 접근이 필요하다. 우리나라의 법률은 대륙법 체계에 기반을 두고 있으니 성문화는 의무를 부여한다. 영미법 체계를 따르는 호주, 영국, 싱가포르 등은 행위자 간의 계약이나 약속 또는 자율적인 규정이 그 의무를 부여하게 됨으로써 구성원 간의 의무와 책임을 자율적으로 정하게 된다.

체육시설의 안전관리 · 점검은 2015년 8월 3일에 체육시설법의 28차 개정으로 의무화되었다. 체육시설법 개정 전에는 체육시설에 대한 안전관리 · 점검을 어느 법률에서도 정하고 있지 않았다. 다만, 『시설물의 안전 및 유지관리에 관한 특별법(이하 "시설물안전법"이라 한다)』에서 일정 규모 이상의 건축물에 대하여 해당 분야별 안전 점검을 시행하고 있다. 시설물안전법은 건축물을 제1종 시설물, 제2종 시설물, 제3종 시설물로 구분하여 관리하고 있다. 건축물의 연면적 기준으로 제1종 시설물은 연면적 5만 제곱미터 이상 건축물, 제2종 시설물은 연면적 3만 제곱미터 이상 5만 제곱미터 미만 건축물 및 운동시설 중 연면적 5천 제곱미터 이상 5만 제곱미터 미만 건축물 그리고 제3종 시설물은 연면적 5천 제곱미터 이상 3만 제곱미터 미만 건축물 및 운동시설 중 연면적 5백 제곱미터 이상 5천 제곱미터 미만 건축물로서 준공 후 15년이 경과된 시설물이다. 체육시설(운동시설)은 건축물의 용도와 무관하게 연면적에 따라 시설물안전법에 의하여 안전점검을 받는다. 그러나, 체육시설(운동시설)의 특성이나 체육 종목별 활동에 적합한 관점에서 안전을 점검하기보다는 건축물의 구조적 안전점검을 시행한다. 체육시설의 특성에 맞는 안전점검 시행이 각별히 요구되는 상황이었다.

해외의 사례를 보면 영국 스코트랜드의 아이브룩스 기장에서 1902년 관중석 붕괴로 25명이 사망하고 517명이 부상하는 참사가 발생하였으며 1971년에 다시 관중석 붕괴사고로 66명이 사망하고 200여명이 부상하였다. 이후, 1975년에 『경기장안전법(Sports Ground Safety Authority Act)』이 제정되었다. 이 법으로 경기장안전국(Sports Ground Safety Authority, SGSA)을 정부 조직으로 설치하여 경기장 안전과 관련된 조언을 하도록 하였다. 10,000명 이상을 수용하는 경기장 특히, 5,000명 이상을 수용하는 축구리그 경기장은 SGSA로부터 안전 인증을 받고 사용할 수 있다. 1985년 벨기에 헤이젤 참사와 1989년 영국 셰필드의 힐즈버러에서 원정팬 25,000명 중 96명이 질식하는 참사가 발생한 이후에 1989년 『축구관중법(Football Spectators Act)』이 제정되었다. 좁은 공간에서 너무 많은 관중이 몰려서 사고가 발생하는 문제가 발생하여 영국의 모든 스타디움은 관중석이 기존의 입석 형태에서 좌석제로 완전히 변경하는 등의 관중 안전 우선 정책이 시행되었다.

독일은 1985년 브르셀에서 FC 리버플과 유벤투스 투린의 경기 중 39명의 사망자가 발생한 사고로부터 스포츠 경기장의 안전과 폭력에 대한 대책이 필요하다는 지적에 따라 구단과 연방 정부 및 주 정부 등이 회합은 가지면서 『스포츠와 안전 국가 위원회(Nationaler Aussschuss Sport und Sicherheit, NASS)』를 구성하였다. 스포츠와 안전 국가 위원회는 각 주의 내무장관회의에 의해 구성되었으며 위원은 주 정부 내무장관 회의체, 연방 내무부, 주 정부 스포츠장관회의체, 주 정부 건축장관회의체, 주 정부 교통장관회의체, 독일 축구협회, 독일올림픽위원회 등으로 이루어져 있다. 2011년 10월에 스포츠와 안전에 관한 국가계획을 의결하여 경기장 안전, 경기 및 행사 안전, 안전네트워크 구축하고 미디어 및 대외 홍보, 연구와 예방 등의 영역에서 폭력이나 기타 위력으로부터 안전하게 스포츠 경기를 진행 할 수 있도록하며 스포츠시설 자체의 안전과 주변시설의 안전 역시 중요한 사항으로 다루고 있다.

아랍에미레이트(UAE)는 스포츠시설과 행사의 안전을 규정할 뿐만 아니라 국가 차원에서 각종 스포츠시설과 행사를 안전하게 관리 및 진행하기 위한 일환으로 2014년에 『스포츠시설 및 행사 안전법』을 제정하였다. 스포츠시설 안전은 "정부 또는 민간이 관리하는 건물, 장비, 의복 등 다양한 종류의 스포츠에 관한 장소와 시설의 안전을 내·외부적 위험과 위협으로부터 보호하는 것"으로 정의하고 있다. 이 법은 모든 스포츠시설 또는 행사에 대하여 적용하고 있고 국제 축구연맹 등 국게 스포츠 기구 규정에 따라 아랍에미레이트 내에서 스포츠 행사를 개최하고자 하는 경우 관할 당국의 동의를 취득하여야 하며, 행사 조직에 대하여는 내무부 장관의 동의를 얻어야 한다.

일본은 2011년 시행한 『스포츠 기본법』에서 스포츠 이용자의 안전 확보와 스포츠 단체의 노력, 스포츠시설의 정비 및 사고 방지 등으로 스포츠 발전을 위한 국가와 지방자치단체의 책무 등을 명시하고 있다. 스포츠를 "세계 공통의 인류 문화"로 여기며 "스포츠를 통해 행복과 풍성한 생활을 누리는 것이 모든 사람의 권리"로 정하고 있다. 스포츠 정책을 종합적으로 추진하기 위한 법률이다. 공공체육시설은 공익재단법인 일본체육시설협회에서 위탁받아 관리 및 운영하고 있으며, 안전관리 규정을 자체적으로 두어 시설의 설치 안전점검을 시행한다.

싱가포르는 2007년 정부 기관인 스포츠 싱가포르 산하에 스포츠 안전위원회를 설립한 뒤 안전 교육을 강화하고, 각 종 안전시설을 확충하고 있다. 싱가포르 스포츠 안전위원회는 의사·간호사·공무원·군인 등 각계각층의 전문가들이 참여하여 하여 스포츠 안전 가이드 및 대국민 안전 교육을 시행한다.

2 용어 및 정의

"체육시설의 설치·이용에 관한 법률"과 "산업안전보건경영시스템(ISO 45001)", "ISO / IEC Guid 51: 2014", "재난 및 안전관리 기본법" 그리고 "시설물의 안전 및 유지관리에 관한 특별법" 등에서 사용하는 용어를 중심으로 다음과 같이 정의한다.

가. 스포츠(Sports)는 일정한 규칙에 따라 개인이나 단체끼리 속력, 지구력, 기능 따위를 겨루는 활동. 신체활동을 비롯하여 도구 혹은 동물의 힘을 빌려 하는 여러 운동과 게임이 포함됨(스포츠산업진흥법 : 건강한 신체를 기르고 건전한 정신을 함양하며 질 높은 삶을 위하여 자발적으로 행하는 신체활동을 기반으로 하는 사회문화적 행태)

나. 체육(Phisical Education)은 신체활동을 통해 체력, 건강을 유지하고 증진시킬 수 있도록 몸을 튼튼하게 단련하여 몸을 기르는 일(국민체육진흥법 : 운동경기·야외운동 등 신체활동을 통하여 건전한 신체와 정신을 기르고 여가를 선용하는 것)

다. 조직(Organization)은 목표를 달성하기 위한 책임, 권한 및 관계와 관련된 자체기능을 가진 개인 또는 단체(조직의 개념은 설립되었는지 여부와 관계없이 공정거래업자, 회사, 기업, 조직, 정부기관, 파트너십, 자선단체 또는 기관의 일부 또는 조합을 포함)

라. 요구사항(requirement)은 일반적으로 함축된 또는 의무적으로 명시된 요구나 기대

마. 경영시스템(management system)은 방침과 목표 그리고 프로세스를 수립하고 이들의 목적들을 달성하기 위한 조직에서의 일련의 또는 상호작용적인 요인의 수립(경영시스템은 하나의 규율 또는 몇 몇의 규율을 다룰 수 있고, 시스템 요소는 조직의 구조, 역할 및 책임, 기획 및 운영, 성과평가 그리고 개선을 포함할 수 있음. 경영시스템의 범위는 전체조직, 조직의 특정 및 식별된 기능, 특정 및 식별된 조직의 분야, 또는 여러 조직에 걸친 하나 또는 그 이상의 기능을 포함함)

바. 안전보건경영시스템(OH&S management system)은 안전보건 방침을 달성하기 위해 사용되는 경영시스템 또는 경영시스템의 일부분(안전보건경영시스템의 의도된 결과는 노동자의 상해 및 질병을 예방하고 안전하고 건강한 작업 장소를 제공하는 것을 목표로 함)

사. 최고경영자(top management)는 가장 높은 계층에서 조직을 지휘하고 관리하는 개인 또는 그룹(최고경영자는 권한을 부여하고 조직 내부에 안전보건경영시스템 유지를 위한 자원을 제공할 권한이 있음)

아. 방침(policy)은 최고경영자에 의하여 공식적으로 제시된 조직의 목적 및 방향

자. 안전보건 방침(OH&S policy)은 작업과 관련된 노동자의 상해 및 건강 장해를 예방하고 안전하고 건강한 작업 장소를 제공하기 위한 방침

차. 목표(objective)는 달성되어야 하는 결과(목표는 전략적, 전술적, 운영적일 수 있으며 다양한 분야와 관련될 수 있고 다양한 수준에서 적용될 수 있음)

카. 안전보건 목표(OH&S objective)는 안전보건 방침과 일관성이 있게 조직이 설정한 목표

타. 상해 및 건강 장해(injury and ill health)은 사람의 육체적, 정신적 또는 인지적 상태에 미치는 부작용(악영향)으로 직업병, 질병과 사망을 포함함

파. 위험(hazard)은 상해 및 건강 장해에 가능성이 있는 근원(위험은 잠재적인 위험성, 위험한 상황의 발생요인 그리고 상해 또는 건강 장해로 이어지는 잠재적인 노출의 상황을 포함

할 수 있음)

하. 위험성(risk)은 불확실성의 영향(영향은 긍정적 또는 부정적 예상으로 부터 벗어나는 것이고, 불확실성은 사건이나 그 결과, 또는 가능성에 대한 이해나 지식과 관련한 정보가 결여된 상태나 그 일부를 말함)

거. 프로세스(process)는 입력물을 출력물로 변환시키는 서로 밀접한 관련이 있거나 상호작용하는 일련의 활동

너. 절차(procedure)는 활동 또는 프로세스를 수행하는 명시된 방법

더. 성과(performance)는 측정 가능한 결과(성과는 정성적인 발견사항이나 정량적인 발견사항 중 어느 것과도 관련될 수 있음)

러. 측정(measurement)은 가치를 결정하는 프로세스

머. 심사(audit)는 심사 기준에 충족되는 정도를 결정하기 위하여 객관적인 증거를 수집하고 객관적으로 평가하기 위한 체계적이고 독립적인 문서화된 프로세스

버. 사건(incident)은 상해 및 건강 장해를 초래할 수 있는 작업으로 인해 발생하는 사건(상해 및 건강 장해가 발생하는 사건을 사고(accident)라 하고 상해 및 건강 장해의 문제가 발생하지 않지만 그럴 가능성이 있는 사건을 "아차사고(near-miss)", "돌발상황(near-hit)", "위기일발(close call)"이라고 함)

서. 지속적 개선(continual improvement)은 성과를 향상시키기 위하여 반복하는 활동("지속적(continual)"은 계속적인 것을 의미하는 것이 아니므로 활동은 모든 영역에서 동시에 일어날 필요가 없음)

어. 체육시설(sports facilities)은 체육 활동에 지속적으로 이용되는 시설(정보처리기술이나 기계장치를 이용한 가상의 운동경기 환경에서 실제 운동경기를 하는 것처럼 체험하는 시설을 포함 함, 다만 게임산업진흥에 관한 법률 제2조 제1호에 따른 게임물은 제외)과 그 부대시설, 스포츠시설과 동일한 의미로 사용함

저. 체육시설업(sports facility business)은 영리를 목적으로 체육시설을 설치·경영하거나 체육시설을 이용한 교습행위를 제공하는 업(業)

처. 체육시설업자(sports facility business entity)은 체육시설업을 등록하거나 신고한 자

커. 회원(member)은 1년 이상의 기간을 정하여 체육시설업의 시설 또는 그 시설을 활용한 교습행위를 일반이용자보다 유리한 조건으로 우선적으로 이용하기로 체육시설업자와 약정한 자

터. 일반이용자(general user)는 1년 미만의 일정 기간을 정하여 체육시설의 이용 또는 그 시설을 활용한 교습행위의 대가(이하 "이용료"라 한다)를 내고 체육시설을 이용하거나 그 시설을 활용한 교습을 받기로 체육시설업자와 약정한 자

퍼. 공공체육시설(public sports facilities)은 전문체육시설, 생활체육시설, 직장체육시설을 말함

허. 전문체육시설(specialized sports facilities)은 국가와 지방자치단체가 국내·외 경기대회의 개최와 선수 훈련 등으로 설치·운영하는 운동장이나 체육관 등의 체육시설

고. 생활체육시설(lifetime sports facilities)은 국가와 지방자치단체가 국민이 거주지와 가까운 곳에서 쉽게 이용할 수 있도록 설치·운영하는 체육시설

노. 직장체육시설(workplace sports facilities)은 직장의 장이 직장인의 체육 활동에 필요하여 설치·운영하는 체육시설

도. 등록체육시설(sports facility business requiring registration)은 체육시설업을 하려는 자가 시설을 설치하기 전에 사업계획서를 작성하여 시·도지사의 승인을 받아 설치한후 체육시설업을 등록하여 운영하는 체육시설

로. 신고체육시설(sports facility business requiring registration)은 체육시설업을 하려는 자가 시설 기준에 맞추어 특별자치시장·특별자치도지사·시장·군수 또는 구청장에게 신고하고 운영하는 체육시설

모. 민간체육시설(private sports facility)은 개인이나 기업, 사회단체, 체육단체 등이 설치·운영하는 체육시설로서 등록체육시설과 신고체육시설이 이에 해당함. 공공체육시설 이외의 체육시설을 지칭 할 수 있음

보. 재해(Harm)는 사람의 건강에 대한 상해 또는 손상, 또는 재산 또는 환경에 대한 손상

소. 위험요인의 상황(Hzard Situation)은 사람, 재산 또는 환경이 하나 이상의 위험에 노출되는 상황(위험요인(Hazard)은 재해의 잠재적 원인)

오. 리스크 분석(Risk Analysis)은 위험요인을 식별하고 리스크를 추정하기 위해 사용 가능한 정보를 체계적으로 사용(리스크(Risk)는 재해 발생 가능성과 해당 재해의 심각성의 조합)

조. 리스크 평가(Risk Assessment)는 리스크 분석 및 위험 심사로 구성된 전체 프로세스

초. 리스크 심사(Risk Evaluation)은 허용 가능한 리스크가 초과되었는지 여부를 결정하기 위해 리스크 분석에 기반한 절차

코. 리스크 감소 조치(Risk Reduction Measure) / 보호 조치(Protective Measur)는 리스크를 제거하거나 리스크를 줄이기 위한 조치 또는 수단

토. 안전(Safety)은 허용할 수 없는 리스크로 부터의 자유

포. 허용 가능한 리스크(Tolerable Risk)는 사회의 현재 가치를 기반으로 주어진 상황에서 허용되는 리스크 수준

호. 재난(Disaster)은 국민의 생명·신체·재산과 국가에 피해를 주거나 줄 수 있는 것으로서 다음 각 목의 것을 말함

- 자연재난(Natural disasters): 태풍, 홍수, 호우(豪雨), 강풍, 풍랑, 해일(海溢), 대설, 한파, 낙뢰, 가뭄, 폭염, 지진, 황사(黃砂), 조류(藻類) 대발생, 조수(潮水), 화산활동, 소행성·유성체 등 자연우주물체의 추락·충돌, 그 밖에 이에 준하는 자연현상으로 인하여 발생하는 재해

- 사회재난(Socali accidents): 화재·붕괴·폭발·교통사고(항공사고 및 해상사고를 포함한다)·화생방사고·환경오염사고 등으로 인하여 발생하는 대통령령으로 정하는 규모 이상의 피해와 국가핵심기반의 마비, 「감염병의 예방 및 관리에 관한 법률」에 따른 감염병 또는 「가축전염병예방법」에 따른 가축전염병의 확산, 「미세먼지 저감 및 관리에 관한 특별법」에 따른 미세먼지 등으로 인한 피해

구. 스포츠산업(Sports industry)은 스포츠와 관련된 재화와 서비스를 통하여 부가가치를 창출하는 산업

누. 안전점검(Safety inspections)은 경험과 기술을 갖춘 자가 육안이나 점검기구 등으로 검사하여 시설물에 내재(內在)되어 있는 위험요인을 조사하는 행위

두. 체육시설 관리주체(Sports facilities managemnet authority)는 체육시설법 제5조, 제6조, 제7조에 따라 설치된 체육시설 및 제10조에 따라 등록·신고한 체육시설의 소유자 또는 관리·운영하는 자. 소유자와 관리·운영하는 자가 다를 경우 해당 체육시설 소유자와의 관리계약 등에 따라 체육시설의 관리책임을 진 자를 관리주체로 봄.

루. 체육시설 안전점검기관(Safety inspection agency for sports facilities)은 체육시설법 제4조의4 제1호 업무 및 동법 시행령 제2조의5에 따라 위임·위탁받은 기관

무. 체육시설정보관리종합시스템(Sports facilities information management systems)은 국민체육진흥공단이 체육시설의 안전 및 유지관리에 관련되는 사항과 체육시설의 정보로 관리할 필요가 있는 사항을 종합하여 관리하는 시스템

부. 정기점검(Periodic inspections)은 경험과 기술을 갖춘 사람에 의한 세심한 육안검사 수준의 점검으로서 체육시설의 기능적 안전 상태를 판단하고 체육시설이 현재의 사용요건을 계속 만족시키고 있는지 확인하기 위한 점검

수. 긴급점검(Emergency inspections)은 재해나 사고에 의해 비롯된 구조적 손상이 발생하였거나 취약시기(여름철, 해빙기, 겨울철 등) 점검, 관리주체가 필요하다고 판단한 때 또는 관계행정기관의 장이 필요하다고 판단하여 관리주체에게 요청한 때에 실시하는 안전점검이며 실시목적에 따라 손상점검과 특별점검으로 구분함

우. 손상점검(Damage Inspections)은 긴급점검의 일종으로 재해나 사고에 의해 비롯된 구조적 손상 등에 대하여 긴급히 시행하는 점검으로 시설물의 손상 정도를 파악하여 긴급한 사용제한 또는 사용중지의 필요 여부, 보수·보강의 긴급성, 보수·보강 작업의 규모 및 작업량 등을 결정하기 위한 점검

주. 특별점검(Special inspections)은 긴급점검의 일종으로 주요 취약시기(여름철, 해빙기, 겨울철 등) 점검이나 관리주체, 관계행정기관의 장이 필요하다고 판단하거나 사용 제한 또는 사용 중지 중인 체육시설의 재사용 여부 등을 판단하기 위해 실시하는 점검

추. 정밀점검(Full inspections)은 시설의 현 상태를 정확히 판단하고 최초 또는 이전에 기록된 상태로부터의 변화를 확인하며 체육시설이 현재의 사용요건을 계속 만족시키고 있는지 확인하기 위하여 관련 법규에 의거 특별한 전문지식을 가진 자가 외관

및 관리 상태에 대한 면밀한 조사와 각종 측정·시험장비로 필요한 측정 및 시험을 실시함으로써 정해진 등급을 판정하고, 필요시 정밀안전진단 여부를 판단하기 위해 실시하는 점검

쿠. 재난관리책임기관(Disaster management agency)은 재난관리업무를 하는 기관으로서 중앙행정기관 및 지방자치단체(「제주특별자치도 설치 및 국제자유도시 조성을 위한 특별법」 제10조 제2항에 따른 행정시를 포함한다), 지방행정기관·공공기관·공공단체(공공기관 및 공공단체의 지부 등 지방조직을 포함한다) 및 재난관리의 대상이 되는 중요시설의 관리기관 등으로서 대통령령으로 정하는 기관

투. 가치(Value)는 조직이 지향하는 본질로서 지속적으로 간직하는 공유된 신조

CHAPTER 02

스포츠시설 안전관리

1 안전공학의 유래

안전공학은 산업 전체의 안전에 관한 문제를 과학적이고 종합적으로 연구하는 학문으로서 재해 발생과 노동 위험성을 감소시키는 것이 목표이다.

산업혁명은 인간이 동력을 활용하면서 일상의 큰 변화가 일어나고 사람의 안전을 공학적으로 접근하는 계기가 되었다. 생산수단의 기계화와 자동화로 근로자의 사고와 질병 즉, 산업재해가 증가하면서 작업 안전 및 환경 규제를 위하여 각 나라에서 산업재해 예방을 위한 법률을 제정하기 시작했다.

1760년대 이래로 영국에서부터 시작한 공업 생산의 증가는 경제적·사회적으로 커다란 구조적 변화를 가져왔다. 제임스 와트(James Watt ; 1736-1819)의 상업용 증기 기관이 1775년에 보름필드 탄광에서 탄광용 펌프에 적용되어 시운전이 이루어지고, 에드먼드 카트라이트의 역직기에 1789년에 복동식 증기 기관이 사용됨으로서 탄광, 방직공장, 제련소, 제분소 등에 증기 기관이 다양하게 사용되기 시작했다. 19세기에는 조지 스티븐슨(George Stephenson ; 1781-1846)이 증기기관차를 개발하며 철도의 시대

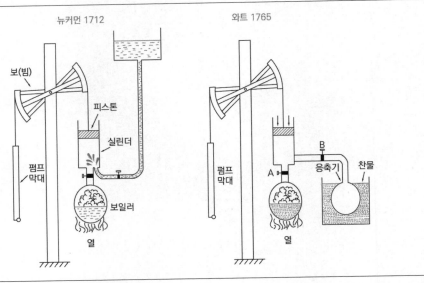

그림 1 **뉴커먼과 와트의 증기기관 구조 비교**[1]

---

1) 출처 : 네이버 지식백과.

가 열리는 등 증기 기관과 기계의 연결은 산업현장의 급격한 생산성 향상으로 이어졌다. 생산성 향상은 노동공학과 인간공학을 발생시켰고 산업현장에서는 노동 인권의 문제가 발생하게 되었다.

산업혁명 이후 생산성 향상을 위한 연구가 활발히 이루어지면서, 프레드릭 윈슬로 테일러(Frederick Winslow Taylor ; 1856-1915)는 작업관리를 과학적으로 하기 위한 "과학적 관리기법(The Principles of Scientific Management)"에서 표준 작업량을 설정하며 시간과 동작 연구로 근로자의 의욕과 능률을 높이려는 합리적인 경영방식을 제시하였다. 과학적 관리기법은 과학적 연구에 근거하여 생산량을 증가시키고 근로자의 임금을 상승시키며 작업 환경을 개선하는 데 목적이 있었다. 그러나, 작업자를 과학적 방법으로 선발함으로써 근로자에게 과중한 노동과 기계적 동작 그리고 단조로운 작업으로 인한 의욕 상실 등 본래의 의도에 역행한다는 비판이 일어났다. 이로서 경영과 안전과의 관계를 연구하고 인력과 시간 손실 등에 관심을 가지면서 안전공학의 역사는 시작되었다고 할 수 있을 것이다.

이후 안전공학이 체계적인 학문으로서 자리잡게 된 것은 하인리히(H.W.Heinrich ; 1881-1932)로부터 시작되었다고 해야 할 것이다. 미국의 여행자 보험회사에 근무했던 하인리히는 수많은 사고에 대한 산업재해를 분석하면서 1931년에 『Industrial

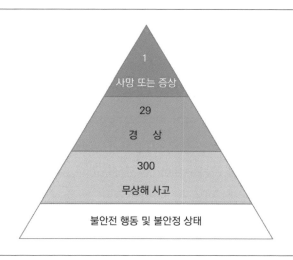

그림 2 **하인리히의 1:29:300법칙**

Accident Prevention』을 저술하였다. 현재에도 하인리의 1:29:300법칙(피라미드법칙), 도미노 이론, 10가지 공리, 재해예방 4원칙 등은 안전공학의 기초를 이루고 있다.

유럽에서는 1867년 프랑스 알사스주(州)의 무르즈에서 재해예방협회가 창립되어 안전에 주력하였으며, 1885년에 "근로자 보상법규"가 독일에서 제정되었고, 1889년에 "제1회 국제산업재해예방회의"가 파리에서 개최되었다.

미국에서는 1892년에 최초로 안전프로그램이 민들어졌는데 이는 일리노이주의 철강회사의 비행기 바퀴 폭발사고가 계기가 되었다. 1906년에 US스틸 제강공장에서 불황을 극복하기 위해 엘버트 헨리 게리 회장이 경영방침을 '생산 제일'에서 '안전 제일'로 선언하며 재해 감소와 품질 및 생산성 향상으로 안전의 중대성을 일깨우는 중요한 사례가 되었다. 그 후 미국에서 국민안전협회가 창설되었다. 1970년에 제정한 '직업 안전 및 건강에 관한 법(The Occupational Safety and Health Act : OSH Act)'에 의거하여 산업안전보건 규제청(OSHA)과 안전보건지도청(NIOSH)이 설립되었다. OSHA는 미국 노동부 산하 조직이며, NIOSH는 질병예방센터(CDC) 산하 조직이다.

이렇듯 산업혁명을 계기로 전기, 화학, 기계 등의 학문에서 산업에 연관된 사람과 기계에 대하여 리스크 감소 연구와 대책 마련이 안전공학은 발전시켜왔다.

2 스포츠와 인간공학(Sports and Ergonomics)

스포츠는 사전적 의미로 "일정한 규칙에 따라 개인이나 단체끼리 속력, 지구력, 기능 따위를 겨루는 일"로 정의하고 있다. 인간공학(Ergonomics)은 "해부학, 생리학, 심리학 따위와 같이 인간과 관련된 여러 학문 분야를 연구하여 인간이 다루는 기구·기계·설비 따위를 인간에게 알맞게 설계·제작하기 위하여 연구하는 학문"이라고 사전적으로 정의하고 있다. 국제인간공학회(International Ergonomics Association)에 따르면 "인간공학은 인간과 시스템의 다른 요소 간의 상호 작용에 대한 이해와 관련된 과학 분야이며, 인간의 복지와 전반적인 시스템 성능을 최적화하기 위해 이론, 원리, 데이터 및 방법을 설계에 적용하는 것이다. 인간공학자는 작업, 작업, 제품, 환경 및 시스템을 설계하고 평가하여 사람들의 요구, 능력 및 한계와 호환되도록 기여한다"고 정의하였다.

　인간공학은 1857년 Jastrzebowski에 의해 만들어졌으며 최소의 노력으로 최고를 달성하여 자신과 공공의 행복을 최대로 만족시키기 위한 과학이다. 인간의 성과를 최적화하는 방법과 물리적, 생리적, 심리적 자원의 파괴를 피하는 방법을 이해해야 할 필요성에서 등장했다. 인간이 사용할 수 있는 제품 및 인공물의 디자인 원칙에 반영되며 모든 분야 즉, 레저 및 스포츠 산업에도 포함이 된다.[2]

　1987년에 인간공학학회(Ergonomics Society)는 스포츠, 레저 및 인간 공학에 관한 국제컨퍼런스를 처음 개최하였다. 이 컨퍼런스는 국제인체측정발전학회(the International Society for Advancement of Kinanthropometry)와 스포츠 생체역학 및 운동조절기능 연구 교류 세계 위원회(the World Commission for Sports Biomechanics, Motor Skills Research Exchange) 그리고 영국 스포츠과학협회(the British Association of Sports Sciences)가 공동 후원하였으며, 현재 스포츠과학회의(Sports science meeting)를 4년마다 열리는 행사로 발전시켰다. 스포츠와 인간공학에 관한 논문을 출판하는 Applied Ergonomics는 '스포츠, 레저 및 인간 공학'이라는 주제를 공식적인 인간공학회의 프로그램 영역으로 인정받게 하였다.[3]

　최근에는 차별화된 스포츠 환경에서 다양한 문제를 다루는 중요한 인간공학 영역은 물리적 인간공학(Physical Ergonomics), 인지적 인간공학(Cognitive Ergonomics) 및 시스템 인간공학(Systems Ergonomics)[4]으로 광범위하게 구분할 수 있다.

　물리적 인간공학은 스포츠 장비 및 의류 디자인(Lake, 2000, McGhee et al., 2013, Reilly and Lees, 1984)에서부터 스포츠 부상(Theberge, 2011) 및 생체 역학(Lees et al., 2000)을 연구한다. 인간의 자세, 수작업 및 반복적인 움직임을 포함한 현장의 설계 및 평가를 통한 부상 예방에 중점을 둔다. 부상을 줄이는 것 외에도 효율성을 높이고 양

---

2) Amandeep Singh, Vishesh Singhal, (2018), Sports Ergonomics: An important perspective of Sports Physiotherapy, Pramana 8(5), pp. 2249-2976

3) Thomas Reilly (1991) Ergonomics and sport(Applied Ergonomics,Volume 22, Issue 5,October 1991, Page 290)

4) Paul M. Salmon (2017), Ergonomics issues in Sport and out door recreation, Theoretical issues in Ergonomics Science, 18(4), pp. 299-305.

질의 운동과 오류를 줄이는 방법을 연구한다.

인지적 인간공학은 의사결정(Macquet and Fleurance, 2007)과 인지(McNeese et al., 2015)에서부터 상황인식(Macquet and Stanton, 2014 : Neville and Salmon, 2016), 감각 작용(Macquet과 Kragba, 2015), 팀웍(Mclean et al., 2018)에 이르는 범주에서 개인 및 팀과 관련된 다양한 인지 문제에 중점을 두고 연구한다. 인간이 기계와 상호작용할 때의 행동을 이해하며, 장비의 디스플레이에 대한 인터페이스와 컨트롤을 설계하여 운영자의 요구사항을 지원하고 작업 부하를 제한하며 작업에 대한 인식을 높인다.

최근에는 시스템 인간공학 응용은 사고 및 부상 예방(Clacy et al., 2017, Hulme 외., 2017), 코칭(Macquet 및 Kragba, 2015), 성능 분석(Mclean et al., 2017) 그리고 관람객과 군중(Filingeri et al., 2017, Sun et al., 2016)과 같은 광범위한 스포츠 및 야외 레크리에이션 시스템 문제를 최근에 탐구하기 시작했다.[5] 인간공학 분야가 스포츠 및 야외 레크리에이션과 관련이 있으며 적용 범위가 증가하고 있는 것은 스포츠 및 야외 레크리에이션 시스템을 이해하고 향상시킴으로써 시스템 인간공학적 접근 방식의 채택이 강화되고 있다. 스포츠 및 야외 레크레이션에서의 인간공학 문제는 다음의 의미를 포함한다.

- 야외 레크레이션 시스템은 복잡한 사회기술시스템의 특성을 나타내며, 이는 시스템 인간공학 이론 및 방법의 적용을 보증한다.
- STAMP와 같은 시스템 인간공학 방법은 스포츠 및 야외 레크리에이션 부상 분석 및 예방에 유용한 접근 방식을 제공한다. 주요 강점 중 하나는 모든 스포츠 또야외 레크레이션 시스템 전반에 걸쳐 기여 요인의 네트워크에 대한 풍부한 설명을 제공할 수 있다는 것이다.

3 스포츠와 안전(Sports and Safety)

안전은 사전적 의미로 "위험이 생기거나 사고가 날 염려가 없는 상태"를 의미한

---

5) Human Factors and Ergonomics in Sport and Outdoor Recreation: From individuals and their equipment to complex sociotechnical systems and their frailties, Applied Ergonomics journal homepage: www.elsevier.com/locate/apergo.

다. 한자로 살펴보면 안전할 안(安)과 온전할 전(全) 즉, 마음이 편안하고 신체가 온전한 것을 말하고 있다. 행정규칙(고시) 안전관리기준 제4조 제1호에는 "안전은 국민의 생명·신체 및 재산피해를 줄 수 있는 것을 예방하는 것"이라고 정의하였다. ISO/IEC Guide 51(Safety aspects – Guidelines for their inclusion in standards, 2014)에서는 안전을 "허용할 수 없는 리스크로부터 자유로운 상태(freedom from Risk which is not tolerable)"로 정의하고 있다. 정리해 보면 "위험이 생기거나 사고가 날 염려가 없는 상태 즉, 허용할 수 있는 리스크"를 안전이라고 말할 수 있다.

보통 위험을 표기할 때는 Hazard, Risk, Harm 등의 여러 가지 단어를 사용한다. 이러한 영자 단어는 안전공학에서는 명확히 구분하여 정의된다. 위험성(Risk)은 ISO/IEC Guide 3.9에서 "재해 발생의 가능성과 해당 재해의 중대성의 조합(combination of the probability of occurrence of harm and the severity of that harm, 2014)"으로 정의하고 있으며, 위험 요인(Hazard)는 ISO/IEC Guide 3.2에서 "잠재적 재해의 원인(potential source of harm, 2014)"으로 정의하였다. 또한 재해(Harm)는 ISO/IEC Guide 3.1에서 "사람의 건강에 대한 상해 또는 손상, 또는 재산이나 환경에 대한 손상(injury or damage to the health of people, or damage to property or the environmen, 2014)"으로 정의하였다.

한편, 리스크 평가(Risk Assessment)는 ISO/IEC Guide 3.11에서 "리스크 분석 및 리스크 평가(evaluation)로 구성된 전체 프로세스(overall process comprising a risk analysis and a risk evaluation, 2014)"로 정의하였다.

안전은 모든 사업 분야에서 위험이 생기거나 사고가 날 염려가 없는 상태에서 사람을 편안하고 온전하게 할 수 있도록, 리스크 평가로 재해를 발생시킬 수 있는 위험요인을 제거, 회피, 대체 또는 감소시킬 수 있도록 한 상태이다. 리스크 평가는 산업안전보건법 제36조에 따라 "사업주는 건설물, 기계·기구·설비, 원재료, 가스, 증기, 분진, 근로자의 작업 행동 또는 그 밖의 업무로 인한 유해·위험요인을 찾아내어 부상 및 질병으로 이어질 수 있는 리스크의 크기가 허용 가능한 범위인지를 평가하여야 하고, 그 결과에 따라 이 법과 이 법에 따른 명령에 조치를 하여야 하며, 근로자에 대한 위험 또는 건강장해를 방지하기 위하여 필요한 경우에는 추가적인 조치를 하여야 한다."라고 정의하고 있다.

스포츠도 다양한 산업 중의 하나이다. 스포츠 산업에서 안전은 중요한 요소이다. 스포츠가 일정한 규칙에 따라 개인이나 단체끼리 속력, 지구력, 기능 따위를 겨루는 활동(신체 활동을 비롯하여 도구 혹은 동물의 힘을 빌려 하는 여러 운동과 게임이 포함)이므로 이 과정에서 스포츠에 참여하는 사람이나 스포츠 관람객은 물론 스포츠시설에 대한 안전이 확보되어야 한다.

대부분의 스포츠 안전은 스포츠에 참여하는 사람의 부상에 초점이 맞추어져 있다. 스포츠는 매우 재미있지만 스포츠와 관련된 부상은 그렇지 않다. 일반적으로 스포츠 부상은 연령에 따라 다르다. 뇌진탕, 열 관련 부상 및 질병, 과사용 부상은 선수들의 주요 관심사이다. 이는 대부분 경쟁과 운동 그리고 스포츠의 근본적 특성의 대부분에서 발생하는 문제이다. 과사용 부상은 운동 중에 신체에 가해지는 반복적인 힘으로 인해 발생한다. 소아의 과사용은 성인의 스트레스 골절과 유사하게 뼈의 성장판에 염증을 일으킬 수 있다. 동일한 스포츠를 반복적으로 즐기는 소아는 과사용 부상에 취약할 수 있다. 열 관련 부상 및 질병은 덥고 습한 상태에서 발생할 수 있다. 열부상은 나이든 스포츠 참여자나 열 조절이 잘되지 않는 소아에게 훨씬 더 많이 나타난다. 열부상을 예방하기 위해서는 스포츠 관련 부상을 잘 이해하고 신체 역학 등의 올바른 기술 학습 즉 사이즈가 잘 맞는 신발을 착용 등으로 예방할 수 있다. 스포츠 관람객이나 스포츠시설의 안전도 "위험이 생기거나 사고가 날 염려가 없는 상태 즉, 허용할 수 있는 리스크" 상태로 관리하기 위한 활동이 필요하다.

4 스포츠 안전의 분류

안전관리는 행정규칙(고시) 『안전관리기준』 제4조 제2호에서 "시설 및 물질 등으로부터 사람의 생명·신체 및 재산의 안전을 확보하기 위하여 행하는 모든 활동"으로 정의하였다. 『재난 및 안전관리 기본법』 제3조 제4호에서는 "재난이나 그 밖의 각종 사고로부터 사람의 생명·신체 및 재산의 안전을 확보하기 위하여 하는 모든 활동을 말한다."라고 정의하였다.

안전점검은 『시설물의 안전 및 유지관리에 관한 특별법』 제2조 제5호에서 "경험과 기술을 갖춘 자가 육안이나 점검기구 등으로 검사하여 시설물에 내재(內在)되어 있는 위험요인을 조사하는 행위"라고 정의하였다. 『연구실 안전환경 조성에 관한 법률』 제2조 제10호에서는 "연구실 안전관리에 관한 경험과 기술을 갖춘 자가 육안 또는 점검기구 등을 활용하여 연구실에 내재된 유해인자를 조사하는 행위"로 정의하였다. 『교육시설 등의 안전 유지관리 등에 관한 법률』 제2조 제8호는 "경험과 기술을 갖춘 자가 육안이나 점검기구 등으로 검사하여 교육시설에 내재되어 있는 위험요인을 조사하는 행위"로 정의하였다. 정리해 보면 안전점검은 "대상 시설물이나 해당 공간에 내재된 위험요인(Hazards)을 경험과 기술을 갖춘 자가 육안이나 점검기구 등으로 조사하는 행위"라고 할 수 있다.

안전점검은 안전관리를 위한 행위의 일환이다. 재난 또는 사고로부터 사람의 생명·신체 및 재산의 안전을 확보하려면, 대상 시설물이나 해당 공간의 위험요인을 조사하여 위험요인을 제거, 회피, 대체 또는 감소시키는 대책을 마련하고 시행해야 한다. 이것을 리스크 평가라 한다.

스포츠는 안전을 목표로 관리한다면, 이것을 『스포츠 안전관리』라고 할 것이다. 스포츠 안전관리는 두 가지의 범주로 구분하여 논의할 수 있다. 스포츠시설 안전관리 (Sports Facility Safety Management)와 스포츠이벤트 안전관리(Sports Event Safety Managemnet)이다. 스포츠 안전관리는 스포츠시설 및 그 시설에서 진행하는 이벤트에 내재되어 있는 위험요인을 조사하여 이용자 및 관중의 신체·생명 그리고 재산을 보호하는 활동이다.

스포츠 안전관리는 궁극적으로 스포츠와 관련된 사람들을 보호하는 활동으로 안전(safety), 보안(security), 부상(injury)으로 구분할 수 있다. 안전(safety)은 스포츠시설 안전관리 분야에서 다루고, 보안(security)과 부상(injury)은 스포츠이벤트 안전관리 분야에서 다루어질 수 있다.

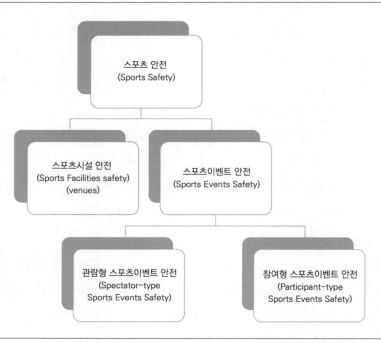

그림 3 **스포츠 안전관리의 현황**

가. 스포츠시설 안전관리

스포츠시설 안전관리는 『체육시설법』에 의거하여 법정화되어 있다. 체육시설법 제4조의2(체육시설 안전관리에 관한 기본계획 등 수립)에 따라 "체육시설 안전관리에 관한 기본계획"(이하 "기본계획"이라 한다)을 중앙 정부의 주무장관이 5년마다 수립·시행하여야 한다. 기본계획에는 다음의 사항이 포함되어 있다.

- 체육시설에 대한 중기·장기 안전관리 정책에 관한 사항
- 체육시설 안전관리 제도 및 업무의 개선에 관한 사항
- 체육시설과 관련된 사고를 예방하기 위한 교육·홍보 및 안전 점검에 관한 사항
- 체육시설 안전관리와 관련된 전산시스템의 구축 및 관리
- 체육시설의 감염병 등에 대한 위생·방역 관리에 관한 사항
- 체육시설 안전관리 전문기관의 육성·지원에 관한 사항

- 체육시설의 안전관리에 필요한 기술의 연구·개발에 관한 사항
- 체육시설 안전관리 표준매뉴얼의 개발에 관한 사항
- 그 밖에 중앙 정부 주무부처 장관이 체육시설의 안전관리를 위하여 필요하다고 인정하는 사항

우리나라는 88서울올림픽경기대회 이후, 스포츠시설의 안전성을 확보하기 위하여 1989년에 『체육시설법』을 제정하였다. 스포츠(체육)시설 안전관리는 "체육활동에 지속적으로 이용되는 시설(정보처리 기술이나 기계장치를 이용한 가상의 운동경기 환경에서 실제 운동경기를 하는 것처럼 체험하는 시설을 포함한다)과 그 부대시설의 안전성을 확보하는 것"이다. 스포츠시설은 좁은 의미에서는 경기장, 체육관 등의 구조물을 말하지만, 넓은 의미에서는 체육 용기구 및 용품 등 비구조물까지 포함한다. 뿐만 아니라 수영장의 수질 정화 장치와 같은 부대설비 및 휴게실과 같은 부대시설을 포함시킬 수 있다.

『체육시설법』에 따른 체육시설은 민간체육시설 즉, 등록체육시설 3개 업종, 신고체육시설 18개 업종으로 총 21개 업종을 법률로 정하였다. 공공체육시설은 중앙 정부 주무부에서 22개 시설로 분류하여 관리하고 있다. 주무부의 통계에 따르면 전국의 체육시설은 총 91,723개소이다(2021년 현재 기준). 공공체육시설 34,343개소, 등록체육시설 546개소, 신고 체육시설 56,834개소로 <표 1>과 같다.

표 1 **전국 체육시설 현황(2021년)**

구분	공공체육시설						민간체육시설			합계
	국가			지방자치단체	직장	계	등록	신고	계	
	공단	체육회	대장체							
개소	16	16	10	33,687	614	34,343	546	56,834	57,380	91,723

전국 스포츠시설 안전관리는 『체육시설법』에 따라 공공체육시설은 광역 또는 기초 지방자치단체가 소유한 체육시설은 해당 지방자치단체가, 국가체육시설은 국민체육진흥공단에서 관할한다. 민간체육시설(등록체육시설업, 신고체육시설업)은 시설 운영자가 안전 관리하며 소재한 광역 또는 기초 지방자치단체에서 안전을 점검한다.

우리나라는 88서울하계올림픽경기대회, 2002한·일월드컵축구대회, 2003대구유

니버시아드대회, 2018평창동계올림픽경기대회 등의 성공적 개최로 국제사회에서 스포츠 선진국의 위상을 확보하고 있다. 뿐만 아니라 IMF의 자료에 따르면 대한민국의 경제 규모는 명목 국내총생산(GDP) 기준으로 세계 10위의 경제 강국이다. 또한, 세계 스포츠 시장의 규모는 2022년도에 6,100억 달러(약 730조 원)에 달한 것으로 전망하였다(Business Wire).

2012년 런던 및 2016년 리우 하계올림픽경기대회에 이어서 2018년 평창동계올림픽경기대회까지 ISO 20121(이벤트지속가능경영시스템) 인증을 획득하며 올림픽경기대회에 경영시스템이 도입되었다. ISO의 경영시스템은 기본적으로 "조직 환경·리더십·기획·지원·운영·성과 평가·개선"의 7개 요소로 구성되어있으며, 이는 계획(P)－실행(D)－평가(C)－개선(A) 사이클과 프로세스 모델을 기초로한 일반적인 경영기능과 연결되어 있다.

스포츠시설을 이용하는 체육인의 64.3%가 스포츠시설에서 부상한 경험이 있다는 조사 결과가 있다. 하지만, 스포츠시설 이용자 등을 위한 안전경영시스템은 전무한 상태이며 ISO 45001(안전보건경영시스템)과 같은 실효성 있는 제도가 마련되어있지 않다. 스포츠시설에 대한 전반적인 안전보건경영시스템의 적극적인 도입과 적용이 시급하게 요청되고 있다.

2022년도 중앙 정부 주무부의 자료에 의하면 국민의 61.2%가 생활체육에 참여(주 1회, 2시간/회)하고 있다. 2015년 법률 개정으로 스포츠시설의 안전관리·점검이 법정 의무화되었으나, 스포츠시설 및 스포츠시설 이용자를 위한 전반적인 안전경영시스템은 갖추어져 있지 않다. 시설 관리자 및 시설 소유자, 체육지도자 등이 스포츠시설의 안전경영에 관한 계획을 수립하여 선수와 생활체육 참여자는 물론 일반 시민의 부상까지도 예방할 수 있는 시스템이 마련되어있지 않다. 안전경영은 "조직의 경영방침에 안전 정책을 반영하고, 세부 실행 지침과 기준을 규정하여 실천하도록 하며, 경영진이 주기적으로 실행 결과를 평가해서 개선해 나가도록 하는 것"이다. 안전을 감독하고 통제하는 활동으로서의 안전관리는 안전경영의 일부로 정의 할 수 있다. 한편, 선수나 생활체육 참여자의 부상 예방은 생태학적 모델을 적용하여 개인행동이 사람과 사회－물리적 환경에 대한 상호 작용의 함수관계라는 것을 인정하며, 개인 내면, 대인 관계, 기관 및 조직 단체, 공공 정책적 요인의 관계를 연구하여야 할 것이다.

그러나 우리나라의 스포츠시설 안전관리는 시설물에 대한 구조물의 안전 점검에 초점이 맞추어져 있다. 『체육시설법』 제4조의3(체육시설 안전점검)에 따르면 안전점검 항목은 시설물(기둥, 벽, 보, 지반, 절개지 등), 소방시설(소화기, 스프링클러, 화재 경보 설비, 피난 구조설비, 소화 용수설비 등), 체육시설 기준(안전·위생 기준, 보험 가입 등)으로 정하고 있다. 선수 및 생활체육 참여자의 부상 예방 조치를 위하여 시설 관리자, 시설 소유자, 체육지도자 등이 참여하는 스포츠시설 안전경영시스템이 구축되어 있지 않다. 따라서 스포츠시설의 안전경영을 위하여 인간실수 등의 리스크 관리를 포함하는 비구조적인 안전관리 분야가 융·복합된 연구가 필요하다. 체육시설 안전경영 분야에서 리스크관리를 포함하는 안전관리시스템(Safety Management System, SMS)의 연구는 우리나라의 스포츠시설 안전경영시스템 구축을 위하여 반드시 필요하고 중요한 영역이다. SMS의 연구는 스포츠시설 안전경영 정책과 전략, 절차를 규정하고 리스크 평가를 포함하는 스포츠시설의 안전경영 역량을 육성하는 기반을 제공할 것이다. 이 시스템은 경영진의 헌신적인 의지 표명과 정책, 계획, 실행, 측정과 평가, 검토 그리고 개선의 통합적 원칙을 포함할 것이다.

스포츠 안전관리는 스포츠시설 관리자/소유주, 이벤트 참여자, 시설 운영단체, 국가 및 지방 체육 관련 단체, 국가 정책에 이르는 시스템적 접근이 필요하다. 스포츠시설 안전관리의 중요한 핵심은 스포츠이벤트에 참여하는 사람에게 안전한 환경을 제공하는 것이다.

2015년 체육시설법 개정과 2016년 『제1차 체육시설 안전관리 기본계획 수립』 등을 발판으로 선진 스포츠시설 안전경영시스템을 구축에 힘쓰고 있다.

나. 스포츠이벤트 안전관리

스포츠이벤트는 "일반적으로 그 특성상 주최 측의 목적과 참가자의 요구(needs)가 상호 합치하여 목표를 이룰 수 있는 스포츠와 관련된 모든 이벤트"이다. 스포츠이벤트는 프로스포츠, 국제 경기대회 등과 같이 스포츠 활동에 간접적으로 참여하는 '관람형 스포츠이벤트'와 광의의 스포츠 개념에 적용되는 전문 스포츠 분야의 엘리트 선수 대회 및 아마추어 대회 그리고 생활 스포츠 대회 등의 스포츠 활동에 직접적으로 참여하는 '참여형 스포츠이벤트'가 있다.

스포츠이벤트를 올림픽경기대회 등 전문 스포츠 대회 중심으로 이해하거나, 스포츠팀 보유, 스포츠 행사의 주최, 올림픽경기대회 참가 또는 행사의 후원, 스포츠 경기에 수반되는 각종 문화행사까지 포함하는 경우도 있다. 하지만, 이러한 스포츠이벤트는 스포츠의 본질적인 개념인 신체적 활동이 중심이 되는 놀이적 성향이 상대적으로 덜 반영된 것으로 관람을 중심으로 한 관람형 스포츠의 형태가 더 강조되었다고 볼 수 있다. 최근 스포츠 활동은 건강에 관한 관심 등으로 신체적 활동이 중심이 되는 경쟁적 차원의 발전적인 형태의 스포츠이벤트가 활발히 개최되고 있다. 이러한 발전적 형태의 스포츠이벤트는 신체적 활동이 중심이 된다는 점에서 스포츠의 본질적인 의미에 더욱 적합하다고 볼 수 있다.

이러한 스포츠이벤트를 유지·발전시키기고 이벤트를 지속적으로 개최할 수 있는 운영자의 안전관리 역량이 중요하다. 스포츠 참여자와 관람객의 안전이 담보되어야만 스포츠이벤트를 지속적으로 개최할 수 있을 것이다.

따라서 스포츠이벤트 안전관리는 관람형 스포츠이벤트 안전관리와 참여형 스포츠이벤트 안전관리로 구분한다.

1) 관람형 스포츠이벤트 안전관리

관람형 스포츠이벤트는 프로스포츠, 국제 경기대회 등과 같이 스포츠 활동에 간접적으로 참여하는 스포츠이벤트이다. 따라서 '관람형 스포츠이벤트 안전관리'는 스포츠를 관람하는 관람객의 안전을 관리하는 것이다.

영국의 경기장안전관리국(sports ground safety authority, SGSA)은 스포츠경기장 안전관리 가이드북(Guide to Safety at Sports Grounds)에서 '관람객에 대한 안전의 모든 책임은 경기장 관리자에게 있다. 관리자는 일반적으로 소유자 또는 임차인이며 반드시 이벤트 진행자일 필요는 없다(Responsibility for the safety of spectators lies at all tiomes with the ground management. The management will be normally either the owner or lessee of the ground, who may not necessarily be the promotion of the event)'고 정의하고 있다.

경기장 관리자가 책임을 다한다는 것은 안전 정책을 수월하고 효과적으로 이행될 수 있도록 긍정적인 태도를 보이는 것이 중요하다. 단지 책임을 부과하는 규정이나 관련 조항의 제정이 아니라 안전 문화를 포함하는 기준을 설정하는 것이다. 장애인, 노인, 가족 단위와 아동들을 포함한 모든 관람객을 대상으로 안전정책을 수립해야한다. 관리자는 필요할 때 적절한 자격, 역량 및 경험을 가지고 있는 유능한 사람에게 자문을 받아야 할 것이다. 경기장, 트랙, 이벤트 구역에서 행하여지는 활동으로 인하여 관람객의 안전을 위협하는 위험요인을 파악하여 이에 대한 보호 장치를 사전에 준비해야 할 책임이 있다.

스포츠이벤트 안전관리를 위하여 경기장 관리자의 책임에 대하여 분야별로 필요한 사항을 간략히 기술하면 다음과 같다.

먼저 스포츠이벤트 안전관리를 위하여 경기장 관리자는 관련 법률을 숙지해야한다.

- 체육시설의 설치·이용에 관한 법률
- 소방 안전 관련 법률
- 산업안전보건 관련 법률
- 장애인 관련 법률
- 재난관리 등 비상사태 관련 법률
- 시설물의 안전 및 유지관리에 관한 법률
- 전기 관련 법률
- 스포츠시설 안전 인증제 관련 요건
- 기타 안전 관련 법

경기장 관리자는 소속 직원을 관리하여야 한다.
- 안전관리 업무 분장 및 담당자 지정
- 안전관리 업무와 자료, 관련된 지위가 포함된 직무 기술서 작성
- 직무 관련 역량을 갖춘 안전 담당자 및 직무 대행자 지정
- 적절한 훈련 이수 및 역량을 갖춘 담당자 및 운영상의 안전 담당 체계 구축

경기장 관리자는 다음의 계획을 수립하여야 한다.

- 관중을 위한 정책을 서면으로 작성
- 운영 매뉴얼 작성
- 비상 계획안 작성 및 응급조치 계획 협의
- 장애인, 노인, 가족 및 아동, 원정 응원단과 클럽 등의 관람객에 대한 대책에 승인

경기장 관리자는 이벤트를 모니터링하고 기록하여야 한다.

- 표준 서식으로 사고의 잠재적 원인과 관련된 모든 사건과 상황을 기록하고, 후속 시정 조치들의 우선순위를 정하고 지속적으로 관리·감독
- 주요 이벤트 이후, 정기적으로 안전에 대한 감사와 검토 실행, 후속 조치 리스트 작성
- 스포츠 경기장 안전을 위협화는 다른 관리자의 결정이나 정책 규제
- 각 이벤트별로 행사, 안전요원, 경기장 구조, 응급조치 및 의료 제공에 관란 기록 및 보관
- 경기장 관리자에 의한 리스크 평가의 실시를 권장한다.

보조 행사를 포함하여 장소별로 모든 이벤트에 대하여 리스크 평가를 실시한다. 리스크 평가는 관람객의 리스크 수준을 저감하기 위한 실질적이고 체계적으로 계획을 수립하고 실행한다. 안전담당부서나 리스크 평가 전문가와 함께 관련 직원 및 이해관계자가 참여하여 경기장 시설과 이벤트에서 발생할 수 있는 리스크 평가를 실시한다.

리스크 평가의 순서는 <그림 4>와 같다.

- 리스크 평가 사전 준비 작업
- 관람객에게 노출 가능한 위험요인 파악
- 어떤 관람객이 어떻게 위험요인에 노출 가능한지 추정
- 위험요인을 평가하고 리스크 결정
- 필요한 사전 조치 결정 및 허용 가능한 리스크 여부 판단
- 결과를 기록하고 예방이나 혹은 보호 조치 실행

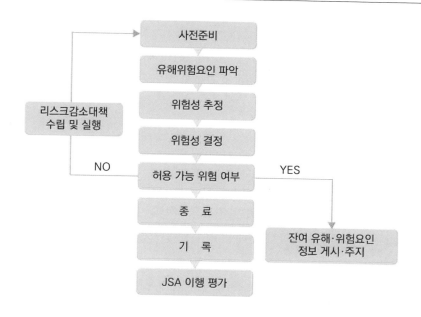

그림 4 **리스크 평가 절차 흐름도**

위험요인의 상황(hazard situation)은 이벤트 직전이나 이벤트 중에 악화될 가능성이 높다. 따라서 이벤트 직전의 리스크 평가가 사전에 충분히 이행되어야 하고 이벤트 중에도 지속적으로 리스크 평가 시스템을 가동해야 한다. 모든 리스크 평가는 서면으로 작성한다.

2) 참여형 스포츠이벤트 안전관리

참여형 스포츠이벤트 안전관리는 전문 스포츠 분야의 엘리트 선수 대회 및 아마추어 대회 그리고 생활 스포츠 대회 등의 스포츠 활동에 직접적으로 참여하는 스포츠이벤트의 안전을 관리하는 것이다.

참여형 스포츠이벤트 안전관리는 스포츠안전위원, 관리자, 자원봉사자, 코치, 선수 및 참가자의 안전과 관련된 다음의 기능을 반영하여 경기장 관리자가 계획을 수립한다.

• 스포츠 안전 정책의 계획, 개발, 구성 및 구현

- 그러한 기능의 수행에 대한 측정 또는 감사

참여형 스포츠이벤트 안전관리는 경기장 관리자가 안전관리시스템을 제공해야 한다. 안전관리시스템의 개발, 시행 및 유지관리에 대한 기본원칙과 방법론에는 다음 요소를 포함해야 한다.
- 경기장 관리자의 안전 약속을 명시한 안전 정책
- 스포츠 안전 약속 이행을 보장하는 구조
- 스포츠 안전을 보장하기 위하여 직원에게 지식을 공유하는 교육
- 안전관리 목표를 달성하기 위한 지침으로서의 내부 안전 규칙
- 위험요인의 상황을 파악하고 해당 상황을 정기적 또는 적절한 주기에 수정하기 위한 검사
- 관리위원회, 직원, 지도자, 선수 및 참가자에 대한 위험요인의 노출 또는 해당 노출의 리스크를 파악하고, 공학적 통제 방법이 없을 경우 최후의 수단으로 개인보호장비(PPE) 제공
- 사건이나 사고의 사례를 파악하고 재발 방지를 위한 신속한 조치를 마련하기 위한 사건 및 사고의 조사
- 비상 상황에 대한 효과적인 관리 계획의 개발·의사소통·실행을 위한 비상 대비 태세
- 스포츠이벤트 공급자의 안전 의무 인지 확인을 위한 평가·선택 및 통제
- 스포츠 안전을 개선하기 위한 검토 조치를 파악·권면 및 유지하기 위한 안전위원회
- 위험요인 또는 잠재적 위험요인의 추정 및 안전 절차 개발
- 협회(단체)의 스포츠 안전 인식의 증진·개발 및 유지
- 안전위원회 위원, 직원, 선수 및 참가자가 부적절한 환경에 노출되기 전에 사고 통제 및 위험요인 제거
- 안전위원회 위원, 직원, 선수 및 참가자를 위험요인으로부터 보호

이러한 각 요인에 대한 실질적인 지침은 안전관리시스템의 개발, 시행 및 유지관리 모델로서 <그림 5>와 같으며 여러 세부적인 요소에서 반복적으로 적용될 수 있다.

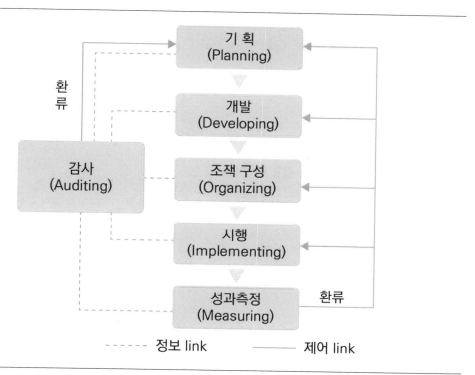

그림 5 **참여형 스포츠이벤트 안전관리 절차도**

CHAPTER 03

국가별 산업안전관리 및
스포츠시설 안전관리 기관

안전관리시스템은 "작업장의 안전 요소를 관리하기 위해 설계된 관리시스템으로 정책, 목표, 계획, 절차, 조직, 책임, 기타 기준이 포함된다"고 정의하고 있다. 안전관리시스템은 조직의 사고 발생과 관련된 조직의 구조, 관리 등에 직접적으로 초점을 맞춘다. 사고를 개별적으로 접근하기보다는 안전 프로세스에 경영진을 참여시키는 방식으로 관리하는 시스템이다. 이 시스템은 공식적인 리스크 평가를 통하여 시스템에 참여하는 관련자들이 직면하는 위험요인을 더 잘 인식하게 만든다.

기존의 안전과 관련된 규제적 관리시스템은 개인에 초점을 맞추어 사고를 관리하려 했다. 개인이 준수하여야 할 사항 등을 명확히 제시하여 그 수용성을 평가하고 개인의 준수 여부를 확인·결정한다. 준수사항 등을 잘 이행하였음에도 불구하고 사고가 발생하였다면 준수사항의 승인 여부와 관리 감독의 준법적 수행 여부를 살피게 된다. 따라서 규제적 안전관리는 개별적 접근법으로 안전관리의 체계화가 거의 또는 전혀 되어있지 않다. 기술적 근거에 집중하게 되며, 서면 자료로 평가하고, 주의 깊게 확인한 후 대안을 마련하기보다는 준수 사항의 이행 여부를 점검한다. 인간공학, 인간－기계적 상호작용 또는 조직 이론과 같은 시스템적 이슈에 근접하지 못한다.

그러나 요즘의 안전관리는 사후 대응적 방법에서 사전 예방적 리스크관리 방식으로 전환되어왔다. 이것이 바로 안전경영을 위한 안전관리시스템(Safety Management System, SMS)이다. 근래에는 안전관리시스템(SMS)을 낯설어하는 위험스러운 기술 관리자는 거의 없다.

SMS는 의사소통(Communication)이 성공의 핵심 요소이다. 조직에서 각 계층별 모든 구성원이 참여하는 네트워크는 안전 관련 메시지를 전달하는 매우 중요한 요소이다. 안전은 안전관리 부서와 전체 근로자가 참여하여 협력하고 공유하므로서 얻을 수 있다.

SMS의 주요 목적은 ① 실제적이고 잠재적인 위험요인(Hazards) 및 관련된 리스크(Risk)를 인식하고 이해하며, ② 가동되는 위험요인 및 관련된 리스크를 예방 통제하고, ③ 자신과 다른 사람들을 보호하는 방법뿐만 아니라 평상시에 노출될 수 있는 잠재적 위험요인에 대한 개선의 중요성을 입증하기 위하여 각 계층의 근로자를 교육·훈련시키는 것이다.

SMS에 포함하여야 할 최소한의 내용은 ① 안전관리부서의 안전에 대한 헌신적 의지 표현과 SMS의 정책, 목적, 요구사항에 대한 명확한 기술, ② SMS의 조직 구조 뿐만 아니라 안전관리 부서에 대한 개인의 주요 책임과 권한 정의, ③ SMS의 각 요소의 정의, ④ 전 근로자에게 SMS의 기대와 목표 전달하기 등 이다.

많은 SMS 유형을 비교 검토해보면, 안전문화의 기초 구조를 설계하고 구현하기 위한 여섯 가지 기본 핵심 원칙이 있다. ① 경영진의 리더십, ② 근로자의 참여, ③ 위험요인 및 리스크의 파악과 평가, ④ 위험요인 예방 및 통제, ⑤ 교육 및 훈련, ⑥ 성과 측정은 SMS 프로세스의 기본 구조를 이룬다. 최고경영자의 안전 리더쉽이 경영진의 헌신은 물론 조직의 모든 계층에게 영향을 미친다. 또한, 근로자의 참여는 안전에 대한 주체 의식을 높이고 기존의 조직문화와 핵심 사업에 안전관리시스템이 자연스럽게 스며들도록 하는 중요한 요소가 된다. 조직의 여러 계층을 위한 안전과 관련된 정의 및 역할과 책임의 규정은 SMS를 구축하는 초기 단계에서 대단히 중요한 요소이다. 특히, 위험요인 및 관련 리스크의 파악과 분석은 SMS의 핵심 기능이다. 근로자 교육 및 훈련 프로그램은 모든 근로자가 위험요인 및 관련 리스크를 완전히 이해하고 있다는 것을 입증할 수 있도록 계획하고 이행하여야 한다. SMS는 위험요인 및 관련 리스크 관리에 대한 다양한 프로그램과 시스템의 상태를 안전관리 부서에 전달하는 피드백 루프(Feedback Loop)가 있어야 한다.

SMS의 구조는 다양한 유형들이 많이 있다. 굴뚝 산업이나 무역 회사, 컨설팅 조직 그리고 ISO가 만든 임의적 표준에서부터 정부가 법률로 제정하는 것까지 다양하다.

모든 SMS에서 공동으로 적용되는 핵심 요소는 Deming(또는 Shewhat) Cycle, 즉 PDCA(Plan−Do−Check−Act) 사이클로서 이는 안전 프로그램과 품질관리의 기본 구조이다. SMS는 품질관리 프로세스와 함께 할 수 있는 병렬 프로세스이다. Six Sigma로 품질관리를 하는 조직이 있다면 DMAIC으로 알려진 PDCA를 사용할 수 있다.

안전관리시스템은 다른 관리 프로세스와 통합할 수 없는 접근법이나 부적절한 실행이 되어서는 안 되며, 주기적 안전관리 평가 시스템을 필요성이 적은 절차이거나 서류 작업이라고 여기면 안 된다. 부상자의 기록과 그 가능성에만 집중하면서 관련 리스크가 높은 경우에만 시스템을 가동하지 않는 태도를 가져서도 안 된다.

안전관리시스템은 독립적인 프로그램이 아닌 다른 관리 프로세스와 통합할 수 있는 구조화된 시스템이어야 한다. 프로세스를 안내하는 "나침반" 역할을 하며 안전관리부서와 근로자에게 초점을 맞추어야 하고, 지속적으로 개선하기 위해 구조적인 로드맵 또는 분석도를 활용하여 시간을 절약하여야 한다. 성과가 좋은 유사 프로세스를 사용하는 다른 조직의 정보와 조직 내의 토론, 수정 조치 및 문제 해결을 장려할 수 있는 방법을 근로자에게 제공하여야 한다. 위험요인 및 관련 리스크관리는 물론 공식화된 프로세스가 이행되고 있다는 점을 투자자·보험사 등 이해 관계자와 소통하고 관리할 수 있는 부서가 있어야 한다.

이와 같은 안전관리는 모든 산업분야에서 근로자의 안전을 위하여 국가 차원의 시스템을 구축하여 운영하고 있다. 주요 국가별 산업안전관리시스템과 스포츠시설 안전관리시스템의 구축과 운영 현황을 살펴본다.

1 미국의 안전관리 기구 현황

가. 산업안전보건청(Occupational Safety and Health Administration, OSHA)

미국의 산업안전보건청(OSHA)은 산업안전보건법(Occupational Safety and Health Act, OSH Act)에 의거하여 1970년에 노동부(DOL) 산하의 외청 조직으로 설립되었다. 노동 업무는 1888년 내무부(Department of the Interior, DOI) 소속이었으나 1903년에는 상무노동부가 설립되면서 업무가 이관되었다. 1913년에 노동부법이 제정되어 노동부(DOL)는 독립부서로 신설되었다.

OSHA의 주요 임무는 산업안전과 보건에 관한 기준 제정, 관련 법규 준수 감독, 작업장 안전과 보건관리에 관한 협력 지원이다. 이를 위해 근로자를 대상으로 관련 정보제공 및 교육 시행, 연수 및 컨설팅 프로그램 제공, 관련 법규제정은 물론 집행, 중대 재해 발생 사업장 등에 대한 사업장을 감독한다. OSHA 규제 집행관(Compliance

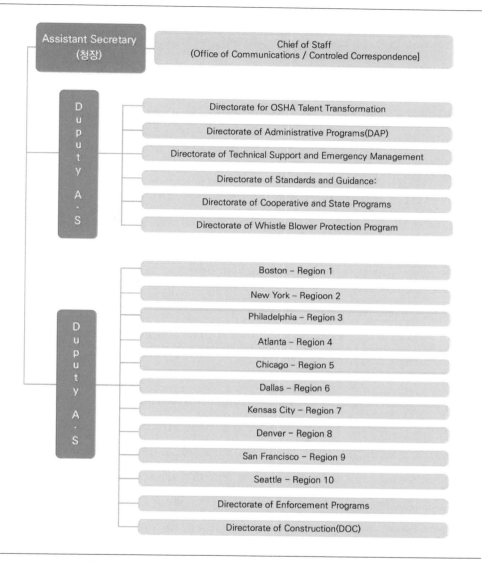

그림 6 OSHA 조직도

Officer)과 OSHA 감독관(Inspector)이 주요 업무를 담당한다.

조직은 <그림 6>과 같이 1청장(2부청장) 9개국 10개 지역본부로 구성되어있다. OSHA는 미국 노동부의 일부이며 OSHA의 청장은 노동부의 차관보이다.

OSHA 적용 대상은 대부분의 민간 부문 고용주와 근로자에게 해당하며 OSHA

규칙은 건설에서 해양, 농업에 이르는 다수의 산업현장에서 적용된다. 일부의 공공기관도 적용되고 있다. OSHA는 컬럼비아 특별구, 푸에르토리코, 미국령 버진 아일랜드, 미국령 사모아, 괌 및 북마리아나 제도를 포함하여 미국 영토 및 관할 구역 즉 50개 주 전체에 적용된다.

OSHA는 작업장 조사와 기술 전문가, 고용주, 노동조합 및 기타 이해관계자의 의견을 바탕으로 안전보건 표준 및 요구사항을 설정한다. OSHA는 고용주와 근로자 교육에 필요한 교육 및 도구를 제공하고 지원한다. 근로자의 리스크를 줄이고 작업장과 근로자의 안전 조치를 보장하기 위해 사용해야 하는 장비 및 교육 그리고 절차를 안내한다. 교육 및 훈련 외에도 OSHA는 행정 업무 집행을 담당한다. OSHA 공무원은 위반사항에 벌금을 부과할 수 있으며 위반자를 형사 기소에 회부 할 수 있다. 또한 직무 관련 부상, 사망 및 질병의 가능한 원인을 파악하는 임무가 부여되었다.

나. 국립산업안전보건연구소(The National Institute for Occupational Safety and Helth, NIOSH)

미국의 국립산업안전보건연구소(NIOSH)는 작업과 관련된 부상 및 질병 예방을 위한 연구와 권고사항 제정을 담당하는 연방 연구기관으로 1970년 산업안전보건법(OSH Act) 제정으로 설립되었다. NIOSH는 1973년에 보건복지부(Department of Health and Human Services, HHS)의 보건서비스 및 정신보건 관리국(Health Service and Mental Health Administration)에서 HHS 산하기관인 질병통제센터(Centers for Disease Control and Prevention CDC)로 소속이 이관되었다. 1974년 NIOSH와 OSHA는 387개의 물질별 표준 초안을 포함하는 표준 완성 프로그램을 개발하였으며, 이는 화학적 위험에 대한 NIOSH/OSHA 직업 건강 지침으로 이어졌다.

NIOSH 연구 프로그램은 산업 부문을 대표하는 부문 프로그램과 국가산업연구과제(National Occupational Research Agenda, NORA)에 기반한 안전보건 교차 부문 프로그램 그리고 핵심 및 전문 프로그램으로 구성되어있다. 프로그램 정보는 <표 2>와 같다. NIOSH가 주관하는 NORA는 17개 협의체로 구성되었으며 30년 된 민관 협력 프로그램으로 보건 및 안전 문제를 전반적 산업 부문에 걸쳐 국가의 연구 의제로 개발하는 회의체이다.

　　2019－2024 전략계획에서 NIOSH는 노동력에 영향을 미치는 광범위한 직업 보건 및 안전 위험요인의 해결 방안에 관한 연구 및 서비스 제공을 목표로 하고 있다. 전략계획은 전략목표, 중간목표, 활동목표의 세 가지 계층으로 이루어져 있다. 전략적 목표는 범위가 넓고 NIOSH의 연구 프로그램 포트폴리오에 의해 식별된 보건 및 안전 결과에 기초한다. 중간목표는 전략적 목표에서 나오고, 활동목표는 중간목표에서 나온다.

　　NIOSH 전략계획은 NORA에서 제공하는 프레임워크를 기반으로 Cross－Sector Programs에 대한 연구를 하는 것이다. 전략목표는 <표 2>에서 보는 바와 같이 7가지로 미국 근로자가 직면한 보건 및 안전 문제이다. 이러한 7가지 전략목표는 산업안전 및 보건 연구의 우선순위와 서비스 작업을 안내하는 중간 및 활동목표에 의해 지원되고 있다.

- 암, 심혈관 질환, 불리한 생식 결과 및 기타 만성 질환
- 청력 손실 예방
- 면역, 감염 및 피부 질환 예방
- 근골격계 질환
- 호흡기 질환
- 외상성 부상 예방
- 건강한 작업 설계 및 웰빙

　　NIOSH는 산업 부문을 대표하는 10개 프로그램과 근로자에게 영향을 미치는 보건 및 안전 부문의 7개 프로그램이 10×7 프로그램 그리드를 형성하여 기초 연구부터 응용 연구까지 광범위한 활동을 한다.

　　NIOSH는 BNI 방법(Burden, Need, and Impact Method)을 기반으로 연구 우선순위를 결정한다. B(burden)는 작업장 리스크와 위험요인의 보건 및 안전, 경제적 또는 잠재적 경제 부담에 대한 척도이다. N(Need)은 제안된 연구의 지식 격차와 다른 재정 지원 기관의 비교 이점의 고려이며, 또한 이해관계자의 직업 연구 우선순위를 고려한다.

I(Impact)는 개별 연구 프로젝트가 어떻게 부담과 필요를 해결할 수 있을지에 대한 평가이다.

표 2 NIOSH 프로그램 정보

프로그램	분 야	비 고
Sector Programs	Agriculture, Forestry and Fishing	
	Construction	
	Healthcare and Social Assistance	
	Manufacturing	
	Mining	
	Oil and Gas Extraction	
	Public Safety	
	Service	
	Transportation, Warehousing and Utilities	
	Wholesale and Rtail Traide	
Cross-Sector Programs	Cancer, Reproductive, Cardiovascular Disease	
	Hearing Loss Prevention	
	Immune, Infectious and Dermal Disease Prevention	
	Musculoskeletal Health	
	Respiratory Health	
	Traumatic Injury Prevention	
	Healthy Work Design and Well-Being	
Core and Specialty Programs	Authoritative Recommendations	
	Center for Direct Reading and Sensor Technologies	
	Center for Maritime Safety and Health Studies	
	Center for Motor Vehicle Safety	
	Center for Work and Fatigue Research	
	Center for Occupational Robotics Research	
	Center for Worker's Compensation Studies	
	Engineering Controls	
	Exposure Assessment	

Core and Specialty Programs	Health Hazard Evaluation (HHE)	
	Nanotechnology	
	National Center for Productive Aging and Work	
	Occupational Health Equity	
	Personal Productive Technologies	
	Prevention through Design	
	Safe · Skilled · Ready Workforce	
	Small Business Assistance	
	Surveillance	
	Translation Research	

NIOSH는 근로자를 위하여 보건 위험요인 평가(HHE), 세계 무역 센터 건강 프로그램, 치사율 조사(치사율 평가 및 통제 평가 프로그램 FACE), 소방관 사망사고 조사 및 예방 프로그램, 호흡기 및 보호복(국가개인보호기술연구소 NPPTL), 방사선량 재구성(보상분석지원부문 DCAS) 등을 지원하고 있다.

다. 국립 관중스포츠 안전 및 보안 센터(National Center for Spectator Sports Safety and Security, NCS⁴)

NCS⁴는 2006년 Southern Mississippi 대학교에 설립되었으며 관중 스포츠 안전과 보안에 대한 연구와 실천에 전념하며 스포츠 경기장 및 이벤트 리스크 관리를 통하여 위협 요인을 해결하는 데 초점을 맞추는 미국 유일의 학술 센터이며 국제적 연구·교육센터이다. NCS⁴는 국토안보부(Department of Homeland Security, DHS) 및 연방재난관리청(Federal Emergency Management Agency, FEMA)로부터 보조금을 일부 지원받고 있으며, 훈련 및 교육 프로그램, 연구 및 지원 활동을 통해 스포츠 안전과 보안의 발전을 지원한다. 국내·외 교육·인증 프로그램은 리스크관리, 사고 관리, 위기 및 커뮤니케이션, 대피 및 보호 조치 분야를 제공한다.
NCS⁴의 연구와 교육 임무는 산업 전문가, 연구자, 학계, 그리고 국가 및 국외 정부 기관과 긴밀한 파트너십을 통해 달성된다. NCS⁴는 스포츠 및 엔터테인먼트 안전 및 보안 분야에서 세계를 선도하는 연구 전문가들이 현재와 미래의 과제에 대한 이해를 높이는 국립 스포츠 보안 연구소의 근원지이다.

NCS[4]는 스포츠보안전문자격(Certified Sports Swcurity Professional, CSSP)을 인증하고 있다. 스포츠 경기장과 이벤트(Sports Venues & Events)에서 공공의 안전 조치를 확실히 할 수 있도록 해당 영역의 고유한 환경에서 적용 가능한 방법을 이해할 수 있도록 하고 있다. CSSP는 <표 3>과 같은 영역의 전문지식을 검증한다.

표 3 CSSP 인증 전문지식 영역

No	영 역	비 고
1	Business and Facility Management	
2	Emergency Planning	
3	Emergency Management	
4	Legal and Regulatory	
5	Crowd Management	
6	Security Principles and Practice	

또한, FEMS의 기금 지원을 받는 Texas A&M Engineering Extention Service (TEEX)의 국립재난대응복구훈련센터(National Response and Recovery Trainning Center, NERRTC)와 협력하여 스포츠와 특별 이벤트 준비를 위한 교육·훈련 과정을 제공한다. 해당 과정은 <표 4>와 같다.

표 4 NERRTC 협력 교육·훈련 과정

기 호	과 정 명	비고
AWR-167	Sport and Special Event Risk Management	
MGT-404	Sport and Special Event Incident Management	
MGT-412	Sport and Special Evvnt Evacuation and Protective Action	
MGT-440	Enhanced sport and Special Events Incident Management	
MGT-466	Sport and Special Event Enhanced Risk Management and Assessment	
MGT-467	Sport and Special Event Public Information and Emergency Notification	
MGT-475	Crowd Management for Sport and Special Events	

NCS[4]는 전문성을 갖춘 업계 및 기술 제휴 파트너와의 협력을 통해 사람, 프로세스 및 기술 사이의 관계를 최적화하여 스포츠 운영 시의 문제를 효율적으로 대응할 수 있는 방안을 제공하고 있다.

2 영국의 안전관리 기구 현황

영국은 1974년에 안전보건 관련 법률을 통합하여 작업장안전보건법(Health and Safety at Work Act, HSWA)을 제정하였다. 근로자 건강진단법(Employment Medical Advisory Service Act, 1972), 핵시설물법(Nuclear Installations Act, 1965), 사무실·상점 및 철도 구내 안전보건법(Offices, Shops and Rail way Premises Act, 1963), 공중보건법(Public Health Act, 1961), 채광법(Mines and Quarries Act, 1954) 등을 일원화하여 통합하였다. 사실 기존의 명령·통제형 방식에서 노사정이 참여하는 시스템형 방식으로 전환한 것이

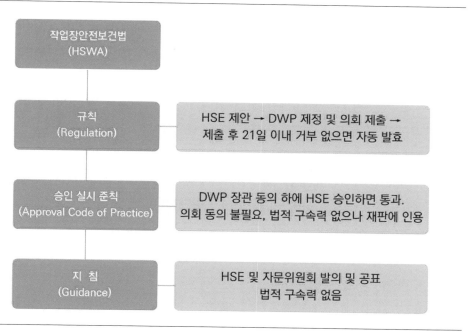

그림 7 **영국 작업장안전보건법 체계**

다. 따라서 산업안전보건법은 자율 대응형으로 사업자의 책임 아래에서 자발적으로 대응하는 체계이다. 초기에는 노사정이 참여하는 정부의 보건안전위원회(Health and Safety Commission, HSC)와 HSC 합의 사항을 집행하는 보건안전청(Health and Safety Executive, HSE)으로 이분되어 역할을 하였으나, 현재는 HSC와 HSE가 2008년에 통합하여 운영되고 있다.

영국의 작업장안전보건법의 체계는 <그림 7>과 같다. 과거 9개의 산업안전보건법과 7개 종류의 감독관 체계를 1개의 기본법과 1개의 행정기관으로 일원화하였다. 법률의 개별적 규제 비중을 줄이고 사업주와 근로자 등의 자발적 노력을 촉진하기 위해 기본적인 일반 원칙을 명확히 하고 법적 효력이 없는 실시 준칙 중심으로 규제하며 기술혁신 등의 유연한 규제가 가능하도록 하였다.

가. 보건안전청(Health and Safety Executive, HSE)

작업장안전보건법(HSWA, 1974) 제정으로 HSE와 HSC가 설립되었고 양 기관이 핵심적인 역할을 하면서 중앙 정부 중심의 산업안전보건 업무 체계가 수립되었다. HSE는 1975년에는 환경·교통·지역개발부(Department for Environment, Transport and Regional development, DETR)에 소속되었으며, 보건보건위원회(HSC)의 관리감독을 받았다. 2002년 7월부터 HSE는 장애자 지원 및 연금 관리, 최초 취업 청년 및 고령층 취업을 주요 업무로 하는 노동연금부(Department for Work and Pesions, DWP)의 관할이 되었으며, 독립적인(Non-departmental) 정부 기구가 되었다. 2008년 4월부터는 HSC의 업무가 HSE로 통합되면서 통합 HSE가 사업장의 실제적인 안전보건관리 업무를 수행하게 되었다. 공공안전은 물론 건설, 일반 제조, 엔지니어링, 식료, 채석, 학교, 가정 안전 그리고 농·어업까지 관장하고 있는 국가 규제기관이 되었다. 뿐만 아니라, 원유 탐사와 생산, 잠수산업, 위험 물질 운반, 화학 및 폭발물 제조업, 광업, 가공 및 대규모 저장소 분야 등을 담당한다.

HSE는 이사회와 집행위원회로 운영된다. 노사정이 참여하는 HSE 이사회(HSE Board)와 집행기구로서 보건안전을 감독하고 지원하는 HSE 및 지방 관할당국(Local

Authorities, LAs)으로 조직되었다. HCS는 안전보건 정책에 관한 최고의 의사결정을 하고 HSE는 보건안전 정책의 총괄 집행기관이다. HSE 내의 현장운영감독국(Field Operation Directorate, FOD)이 산업현장의 집행기능을 담당하고 있으며 총괄본부(Headquarter Division)와 안전보건연구원(HSL), 7개의 지방청 및 25개 지방사무소로 구성되어있다. 산업안전보건법은 안전보건감독관(Health and Safety Inspector)이 집행하며 대부분 FOD 소속이다. HSE의 조직은 <그림 8>과 같다.

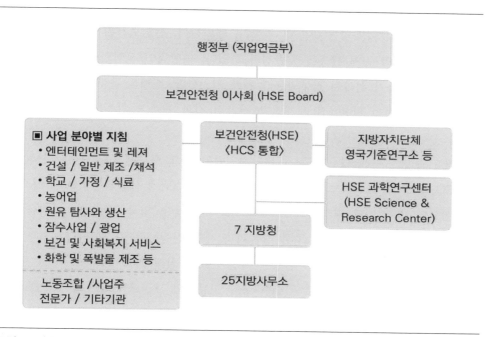

그림 8 영국의 보건안전 체계

나. HSE 과학연구센터(HSE Science and Research Center)

산업안전보건법(HSWA, 1974) 제정으로 HSE가 설립되었고, 1975년에 여러 도시에 산재되어 있던 직업의학위생연구소(Occupational Medicine and Hygiene Laboratory, OMHL), 안전공학연구소(SEL), 폭발및화염연구소(EFL)을 통합하여 HSE에 연구실험서비스부서(Research & Laboratory Service Division, RLSD)를 설치하였다. 1995년 4월에 보건안전연구원(Health and Safety Laboratory, HSL)으로 개편하며 HSE 산하 독립기관인 비정부 공공기관의 성격을 지니게 되었다. 이후, 2018년에 HSE 과학연구센터로 전환하였다. 산하기관으로 Buxton 인증연구소를 두고 있다.

1974년 Flixborough 화확공장 폭발사고를 조사하면서 '사고조사'라는 기능을 가지게 되었고, Hillsborough에서 1989년에 96명이 사망한 축구장 붕괴사고를 조사하기도 하였다.

HSE 과학연구 센터는 보건 및 안전 과학에 대한 조사와 연구를 전담하는 기관이다. 정부, 산업 및 학계의 380여 명 과학자, 엔지니어, 산업보건위생 전문가 및 지원 전문가들이 HSE의 규제 활동을 뒷받침하고 있다. 일상적인 작업의 보건, 안전 및 웰빙 과제를 해결하기 위하여 정부와 산업계를 지원한다. 미래의 유행병 예방과 에너지 제로 기술의 안전한 활용, 전 세계적 보건안전 결과 예측 등의 역동적인 환경을 제공한다.

HSE 과학연구 센터는 공공 자금을 지원받는 주요 프로젝트를 진행하기도 한다. 유럽 CO_2PipeHaz 프로젝트는 탄소 포획 및 저장 시스템에 사용되는 CO_2 파이프라인의 위험요인 및 리스크 평가에서 지식 격차를 다루었다. 영국 근로자의 보건을 보호하기 위한 장기 연구 프로젝트로서 다음의 과제를 진행하고 있기도하다.

- 1971년 보건 감시연구로 설정된 석면 근로자 실태조사
- 1998년 보건 감시연구로 착수한 농약 사용자의 보건 연구
- 2013년 후속 코호트 연구로 착수한 PIPAH(농약 도포자 보건에 대한 사전 조사) 연구
- 보건 영향 평가 및 감시: 주조 공장 근로자(참조: 12/NW/0048) 및 Silica 근로자(참조: 12/NW/0049)

HSE 과학연구 센터는 HSE를 대신하여 과학자, 엔지니어, 산업 보건위생 전문가 등이 연구 활동으로 HSE를 지원하고 있다.

다. 스포츠경기장안전국(Sports Ground Safety Authority, SGSA)

SGSA는 영국 정부의 스포츠 경기장 안전에 관한 전문기관으로서 스포츠 안전 분야에서 세계적 리더쉽을 자부하고 있다. 약 30년의 경험을 바탕으로 잉글랜드와 웨일스는 물론 그 외의 지역까지 축구 관중의 안전한 관람을 위하여 독립적이고 전문적인 업무를 수행하고 있다. 영국은 물론 다른 나라의 스포츠 관련 산업에 대하여 조언도 하고 지원한다. 엔지니어링, 치안, 비상 계획 및 시설 관리 등의 여러 분야에 대한 전문가를 확보하고 있으며, 안전한 이벤트진행을 돕기 위해 개별 클럽과 그라운드, 스포츠 단체, 정부, 건축가 그리고 엔지니어들을 지원한다.

SGSA는 디지털·문화·미디어·스포츠부(Department for Digital, Culture, Media & sport, DCMS) 관할 아래 있으며 지방자치단체의 체육협의회에서 스포츠 정책을 집행하며, 스포츠 현장에서 시설확보, 예산지원, 지도자 교육 등의 정책을 담당하고 있다. DCMS 관할에는 SGSA를 비롯하여 Sports English,. UK Sports 그리고 UK Anti-Dopingdl 있다. UK 스포츠는 엘리트 체육을 관할하고 스포츠 잉글랜드는 생활체육 업무를 관장한다. 이러한 영국의 스포츠 관련 조직도는 <그림 9>와 같다.

SGSA는 프리미어 리그와 잉글랜드 풋볼 리그 구장에 대한 라이센스를 발급하고, 지방 당국이 운동장 안전 및 안전 인증에 대한 의무를 이행하도록 하고 있다. SGSA는 스포츠경기장안전법(Safety Sports Ground Act 1975, the 1975 Act) 및 스포츠화재안전 및 현장 안전법(Fire Safety and Safety of Place of Sports Act 1987, the 1987 Act)에 의거하여 경기장의 안전 인증제 업무를 수행하고 있으며, 축구 관중법(Football Spectators 1989)과 축구인가협회(Footbal Licencing Authority, FLA)의 법규에 따라 스포츠 경기장의 안전을 점검하고 있다. 기존 및 신설 경기장에 대한 물리적 인프라 및 안전관리 위험 진단 등의 조언과 관중 안전을 강화하기 위한 사전 조치 계획을 제공한다. 스포츠 경기장을 건설하고 개발하는데 사용되는 '운동장 안전 가이드(Guide to safety at Sports Grounds, the Green Guide)'를 비롯해 국제적으로 인정받는 안전 기준을 수립하고 있다.

SGSA는 DCMS의 지원을 받는다. 2022년 1월 1일부터는 경기장 좌석 구역에 대한 "안전 스탠딩(Safety Standing)"제를 운영하고 있으며 SGSA는 DCMS의 허가 업무를

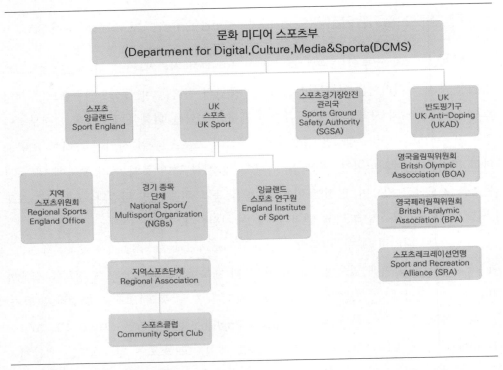

그림 9 **영국 스포츠 관련 조직도**

담당하고 카디프 시티 FC, 첼시 FC, 맨체스터 시티 FC, 맨체스터 유나이티드 FC, 토트넘 홋스퍼 FC가 초기에 허가를 받았다, SGSA는 이해관계자와 안전 전문가의 자문을 통해 증거 기반 접근 방식을 취하고 있다. "안전 스탠딩"의 중요 기준 일부를 살펴보면 다음과 같다

- 홈 섹션과 원정 섹션에 (독립)장벽이 있는 좌석이 있어야 한다.
- 팬은 허가된 구역에 앉거나 서 있을 수 있어야 한다.
- 한 사람당 좌석 및 공간은 하나가 있어야 한다.
- 허가된 스탠딩 구역은 시청 표준이나 장애인 팬을 포함한 다른 팬에 영향을 주어서는 안된다.
- 허가된 스탠딩 구역의 팬을 위한 행동 강령이 있어야 한다.
- 티켓 소유자만 허가된 스탠딩 구역에 들어갈 수 있도록 직원과 스튜어드에 대한 설명과 교육을 실시해야 한다.

- CCTV는 반드시 제자리에 있어야 하며 허가된 입석 구역을 완전히 커버할 수 있어야 한다.
- 허가된 입석 구역에 대한 계획에 대해 안전 자문 그룹과 협의해야 한다.

모든 신청은 DCMS가 SGSA의 조언과 권고에 따라 최종 결정을 고려한다.

3 일본의 안전관리 기구 현황

일본의 산업안전보건 행정은 후생노동성 노동기준국에서 담당하며, 지방의 도도부현 노동기준국 및 노동기준감독서가 안전보건에 대한 감독과 조사 업무를 집행한다. 지방 조직에 소속된 노동안전위생 감독관은 중앙 정부 즉, 노동기준국의 안전위생부 지휘를 받는다. 일본의 근로감독 업무는 중앙 정부에서 직접 관할하며 지방 정부에 위임하지 않고 있다. 정부 기관은 안전보건 규제기관으로 사업장의 노동 감독 및 점검, 조사 업무에 관한 관련 법령을 제·개정 및 정비하며 집행한다.

공공부문은 정부 기관과 비영리 공공단체로 구분된다. 정부 기관은 안전보건 규제 업무를 집행하고 비영리 공공단체는 정부의 재원을 지원받아 운용된다. 또한, 민간부문은 민간 전문가들이 운영하는 비영리 공익단체, 영리를 목적으로 하는 안전보건 서비스 업체, 민간 재원의 단체 그리고 근로자와 사업자 유관 단체 등으로 구성된다. 사업장 기술지원 및 컨설팅, 근로자 교육, 안전 관련 시설 장비 도입 및 운영 등을 담당한다. 안전 관련 기술지원과 컨설팅은 민간 서비스 업체에 맡겨져 있다. 중앙노동재해방지협회가 대표적인 민간단체이며 재해 관련 회원단체들로 구성하고 기술지원과 교육훈련 등의 업무를 담당한다. 일본의 산업안전보건 행정 조직도는 <그림 10>과 같다.

그림 10 일본 산업안전보건 행정 조직도

가. 중앙노동재해방지협회(Japan Industrial Safety & Health Association, JISHA)

JISHA는 민간 재해방지단체로서 1964년 노동재해방지법에 의거하여 설립되었다. 본부 조직과 산하기관으로서 7개의 지방 안전보건 서비스센터와 2개의 산업안전위생 교육센터 그리고 여러개의 연구 센터로 구성하고 있다. 운영 재원은 자체 수익과 국고보조금, 정부 위탁 사업수입으로 편성되어있다.

주요 업무는 산업안전보건경영 구축 및 리스크 평가 도입 지원, 산업안전보건 컨설턴트 교육훈련, 최신 안전보건 관련 자료 개발 및 보급, 중소기업 안전보건 지원, 산업보건 서비스 연구개발, 안전보건 서비스센터 운영, 근로자 신체 및 정신보건 증진, 무사고 캠페인 도입 및 지원, 기업 요청 기술 서비스, 화학물질 독성 조사 및 안전성 시험, 국제협력 등이다.

국제협력을 담당하는 국제업무과는 2008년 3월에 일본산업안전보건센터(Japan International Center for Occupational Safety and Health, JICOSH)를 폐쇄하고 2008년 7월에 JISHA 본사에 국제업무센터를 설치하고 2002년 4월에 국제업무과로 개편하였다.

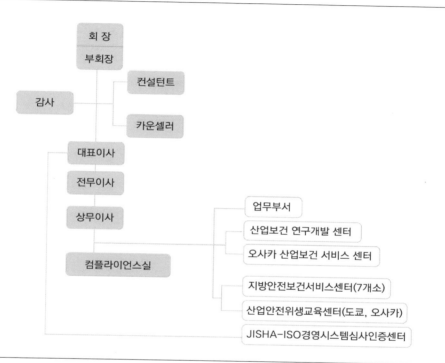

그림 11 **중앙노동재해방지협회 조직도**

산하에는 5개의 산업재해예방협회가 있으며, 건설업 노동재해방지협회, 유상화물 운송사업 노동재해방지협회, 임업 노동재해방지협회, 항만화물운송사업 노동재해방지 협회, 광업노동 재해방지협회가 있다. 그 외의 산업재해예방활동 참가 단체 등 회원 들로 구성되어있다. 또한, 교육센터, 서비스센터, 심사인증센터, 연구센터, 분석센터 등이 있으며 각 도도부현에 지부를 설치하고 있다. 조직은 <그림 11>과 같다.

JISHA는 모든 근로자의 안전한 작업과 안전한 삶을 위한 안전보건 경영 철학을 이행하고 있다. 사회적 규칙을 준수하고 산업안전보건 업무 선도 및 지원, 고객을 위한 집중 지원 그리고 주도적인 성장을 철학 및 가치로 정하고 있다.

나. 스포츠 안전 재팬(Sports Safety Japan)

『특정비영리활동추진법』에 의거하여 설립된 비영리활동법인으로 일본의 스포츠 안전관리와 예방을 목적으로 하고 있다. 주요 업무는 스포츠 안전 프로그램 제공(안전 세미나, 강습), 스포츠 안전 라이센스 발행(자격 강습, 자격 시험), 스포츠시설 안전 환경 평가·연수, 안전관리시스템 구축 교육 및 컨설팅 (교육위원회, 경기단체, 팀, 이벤트 등)으로 지역 스포츠클럽에서부터 프로스포츠 현장에 이르기까지 안전한 스포츠 환경 실현을 위한 자원을 지원한다.

스포츠 안전을 위한 관련 요소를 선수/보호자, 지도자/교사, 시설/단체·학교로 구분하여 知(알기), 備(준비하기), 整(조정하기) 단계를 실행하도록 하고 있다. 알기는 스포츠 안전에 대한 지식을 알리고, 준비하기는 스포츠 안전에 필요한 용품을 준비하도록 하며, 조정하기는 스포츠 안전 시스템이 가동될 수 있도록 지원한다. 이러한 스포츠 활동 프로그램은 <표 5>와 같다.

표 5 **스포츠 안전 활동 프로그램**

구 분	알기(知)	준비하기(備)	조정하기(整)
	스포츠 "관계자"의 안전에 대한 관심과 지식	사고 대비 "안전용품" 준비	"관계자"와 "안전 용품"의 가용 시스템
선수	SS 라이센스 프로그램(기본) 안전 1st 프로젝트 핸드북	SS 키트 (홈)	컨디션 체크
보호자	SS 라이센스 프로그램(기본) SS 세미나 핸드북	SS 키트 (홈)	컨디션 체크
지도자	SS 라이센스 프로그램(리더) SS 세미나 핸드북	SS 키트 (팀)	컨디션 체크 EAP 작성 툴 SS 문서

팀	안전 1st 프로젝트 SS 세미나 EAP 교육	SS 키트 (팀) SS 프라이머리 세트	EAP 작성 툴 컨디션 체크 사고 집계 소프트
시설/ 경기단체	SS 라이센스 코스 SS 세미나 EAP 연수	SS 키트 SS 1차 세트	EAP 작성 도구 사고 집계 소프트 가이드 라인

· SS 라이센스 프로그램 : 스포츠 현장의 안전 지식과 기술을 관계자에게 교육·훈련
· SS 세미나 : 긴급시 대응, AED 사용, 부상 응급조치 등 테마별 스포츠 안전 교육
· 핸드북 : 긴급 대응 매뉴얼을 자율 학습하며 스포츠 현장 참여자와 공유
· EAP 교육 : 긴급 활동 계획으로 사고 발생 시의 비상 대응계획
· 안전 1st 프로젝트 : 사고 순간 가장 가까이 있는 "선수가 선수를 돕는 프로젝트"
· SS 1차 세트 : 심장질환, 머리와 목 부상, 열사병(트리플 H)에 대한 신속대응 세트
· SS 키트 : 스포츠 현장 부상 대응 구급상자

  스포츠 안전 재팬은 "스포츠를 안전하게 실행할 수 있는 환경 조성을 위하여 스포츠와 관계된 사람들 간의 활동이 조화를 이루어야 한다"는 이론을 전개하고 있다. 스포츠와 관계된 사람 ① 선수/보호자 ② 지도자/교사 ③ 시설/단체·학교가 상호 보완 작용을 해야 하고, 관계된 사람은 ① 알기(知) ② 준비하기(備) ③ 조정하기(整)로 상호 보완 작용이 가능한 역량을 갖추도록 지원한다. 즉, 스포츠에 관련된 모든 '사람'이 안전에 대한 관심과 지식을 넓히고, 사고가 발생했을 때 필요한 물건을 준비하며, 「사람」과 「물건」이 제대로 기능하는 「시스템」 만들기 프로그램을 가지고 있다. 스포

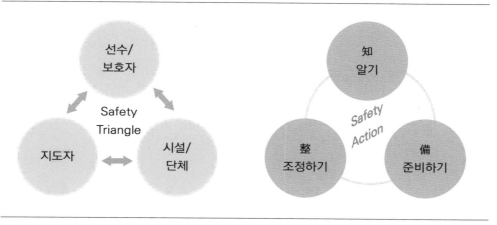

그림 12 **세이프티 트라이앵글**   그림 13 **세이프티 액션**

츠 관계자와의 상호작용관계는 <그림 12>와 같으며 스포츠 안전 역량 관련 액션은 <그림 13>과 같다.

일본은 2011년에 스포츠진흥법(1961)을 전면 개정하면서 스포츠기본법을 제정하였다. 스포츠기본법은 "스포츠를 통하여 행복하고 풍요한 생활을 영위하는 것은 모든 사람들의 권리다"고 명시하며 스포츠권을 규정하였다. 2015년에 스포츠기본법을 근거로하여 문부과학성 설치법안을 개정하여 스포츠청소년국을 스포츠청으로 확대 개편하여 스포츠 정책을 총괄 관장하도록 하였다.

2022년 3월에 발표한 제3기 스포츠기본계획은 2022년부터 2026년까지 문부과학성의 스포츠 관련 시책을 종합적으로 추진하는 지침이다. 제3기 스포츠 기본계획은 『스포츠를 실시하는 자의 안전·안심 확보』를 위한 정책이 반영되어 있다. ① 스포츠 지도에서의 폭력·학대 등의 근절에 관한 대처, ② 선수에 대한 비방 중상·사진이나 동영상에 의한 성적 괴롭힘 방지에 관한 대처, ③ 스포츠 사고·스포츠 장애에 관한 대처의 3가지 방향을 설정하고 있다. 특히, 『스포츠 사고·스포츠 장애에 관한 대처』는 스포츠의 사고 방지를 위하여 국민 개개인이 안심·안전하게, 즐겁게 스포츠를 실시할 수 있도록, 스포츠 안전과 관련되는 정보를 발행하는 등 정기적인 보급 활동을 실시한다. 체육활동 중 사고 방지는 학교 체육활동에서는 사망 등 중대사고 방지를 위한 여러 가지 현안에 대응하며, 안전하고 보다 효과적인 체육활동을 실현하기 위한 대처를 추진하고 있다.

4 싱가포르의 안전관리 기구 현황

가. 작업장안전보건위원회(Workplace Safety and Health Council, WSHC)

싱가포르는 세계적으로 안전보건 관리가 체계적으로 시행되며 산업 재해율이 매우 낮고 산재 예방 활동이 잘 되는 국가이다. 작업장에서 안전보건 체계 및 성과를 우선하며 안전보건의 가치를 중요하게 여긴다.

싱가포르는 2006년에 구 공장법(1973)을 폐기하고 직장안전보건법(Workplace Safety & Health Act, WSH Act)을 제정하였다. WSH ACT는 작업장에서 사업자와 자영업자 그리고 원청업자, 하청업자, 재하청업자 등이 리스크 평가(Risk Assessment)를 하도록 하였다. 사용자, 자영업자, 공장소유자, 도급자, 근로자, 유해·위험기구 등의 제조자 및 공급자 등에 대한 의무 규정을 명확히 하였다. 리스크관리 시스템은 리스크 평가 정보를 근로자에게 제공할 의무를 규정하여 위험요인의 파악, 평가 및 개선 그리고 근로자에게 고지하도록 하였다. 싱가포르의 리스크관리 시스템은 <그림 14>와 같다.

의 사 소 통					
⇕	⇕	⇕	⇕	⇕	⇕
준비	Hazard 확인	리스크 평가	리스크관리	기록보관	이행 및 고찰
리스크관리 팀구성 정보수집	Hazard파악 잠재사고·사건파악	리스크 수준 평가 리스크의 우선순위 선정	대책 수립 -제거 -대체 -공학적대책 -관리적대책 -PPE 상존 리스크 분석·평가	최소 3년 보관	리스크 평가 고찰 -3년주기 -새로운 정보 습득 경우 -작업공정 변경 경우 -사고사건 이후
		Risk Assessment			

그림 14 **싱가포르의 리스크관리 시스템**

WSHC는 WSH Act 따라 근로자의 안전과 보건·복지를 소관하는 인적자원부 (Ministry of Manpower, MOM)의 산하 법정 기관으로 2008년 4월에 설립되었다. 법정 기관으로서 법적 권한을 부여받고 있으며 2005년 9월에 구성한 작업장 안전보건 자문위원회(WSHAC)에서 한 단계 발전된 것이다. 위원은 노조, 정부, 법률, 학계, 보험 및 주요 산업 분야(건설, 제조업, 해양 산업, 석유 화학, 물류 포함)의 전문가 17명으로 구성되어 있다. "Healthy Workforce, Safe Workplace"의 비전 실현을 위해 여러 단체를 참여시키며 역량을 강화하고 있다. 2015년부터는 "Vision Zero"운동으로 사업주, 근로자, 노조 및 정부가 작업장에서 부상과 질병을 예방과 재해 Zero가 가능하다는 믿음을 갖도록 전개하고 있다.

WSHC는 8개의 산업 위원회, 3개의 TF 및 2개의 워크그룹으로 조직되어 각 분야별 과제를 진행한다. 화학산업위원회, 건설·조경위원회, 보건관리위원회, 연예산업위원회, 물류·교통위원회, 해양산업위원회, 제조위원회, 시설관리위원회, 화학물질관리 및 GHS 위험소통 TF, 크레인안전 TF, 고소작업 안전 TF, 보험 워크그룹, 시설 관리 워크그룹으로 구성되었다.

WSHC는 정부 내 협력 기관인 인력개발청(Workforce Developement Agency, WDA)이 개발한 인력기능자격(Workforce Skills Qualification, WSQ) 프레임워크를 활용하여 WSH 전문가의 역량 교육을 위한 WSH Professional WSQ 프레임워크를 수립하였다.

지역사회에서 WSH 문화를 구축·촉진하며 국가의 WSH 캠페인 즉, WSH 시상식 및 "Take Time to Take Care of your Safety and Health" 캠페인은 물론 다양한 범주의 인력을 대상으로 다양한 WSH 세미나, 회의 및 워크숍을 개최한다. WSH 통계 보고서, 사례 연구, 가이드 및 핸드북, 기술 자문, WSH 지침, 포스터, 전단 및 픽토그램/그래픽, SHINE 뉴스레터, iOwnWSH(근로자를 위해 특별히 설계된 뉴스레터), StartSAFE 프로그램 등으로 관련 업무를 알리고 있다. WSHC는 업계의 다양한 이해관계자들에게 우수 WSH 관행을 채택하도록 유도한다. 다른 표준 제정 기관들과 협력하여 국가 WSH 표준을 개발하고 산업 지침의 개발을 주도하며 산업에 대한 승인된 법규를 제정한다.

나. 스포츠안전위원회(Sports Safety Committee, SSC)

싱가포르 스포츠안전위원회(SSC)는 스포츠 싱가포르(Sport Singapor, Sport SG)에서 2007년에 구성한 위원회이며 Sport SG는 정부의 문화공동체청소년부(Ministry of Culture,

Community and Youth, MCCY)에 속한 법정 기관이다.

　Sport SG의 핵심 목적은 스포츠를 통해 싱가포르를 변화시키고 싱가포르 정신을 고취시키는 것이다. 비전 2030은 싱가포르의 스포츠 마스터플랜을 통해, 더 많은 스포츠 기회와 접근성, 포괄적인 통합, 광범위한 능력 개발을 위해 스포츠를 사용하도록 하였다. Sport SG는 개인이 스포츠를 통해 더 나은 삶을 살 수 있도록 민·관의 방대한 네트워크를 구성하여 협력하고 있다. SSC에 의해 관리되는 안전 스포츠 프로그램 즉, 스포츠의 모든 참가자들이 괴롭힘과 학대가 없는 환경에서 경기하고, 연습하고, 경쟁하고, 직무를 수행하고, 일하며, 자원봉사하고, 상호작용하는 것을 기대해야 한다는 원칙을 Sport SG가 가지고 있다. Sports SG의 조직은 <그림 15>와 같다.

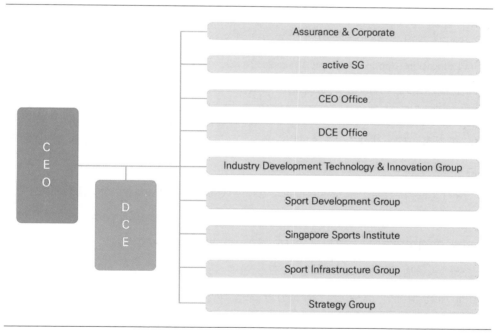

그림 15 Sport SG 조직도

　SSC는 스포츠 사고 예방을 위한 종합적이고 포괄적인 접근법에 대해 정부 및 민간 부문의 모든 이해관계자와 협력한다. 위원은 임기 2년으로 Sports SG에서 임명하며 위원회는 다음의 업무를 수행한다.

- 리스크 관리 및 부상 예방 원칙을 통합하여 스포츠 및 수상 안전 지침의 개발, 보급·구현에 대한 전략적 지침 제공
- 스포츠 안전 보고서 검토 및 수상 안전 측면 통합
- 수중 안전, 이벤트 의료 혜택, 운동 및 훈련 시설의 리스크 평가, 스포츠 관련 부상(급사 및 열 부상), 구명 기술 및 사전 참가 심사 훈련·교육 등 특정 분야의 전문가 소위원회 설립
- 커뮤니티 스포츠클럽 및 이벤트 주최자 등을 대상으로 커뮤니티 지원 및 교육 프로그램의 우선 영역 추천

스포츠 안전은 싱가포르 사람들 사이에서 스포츠 문화를 홍보하는 데 있어 필수 요소이다.

SSC가 관리하는 스포츠 안전 프로그램에 Sports SG는 물론 싱가포르 국가올림픽 평의회(Singapore National Olympic Council, SNOC), 싱가포르 국가페럴림픽위원(Singapore National Paralympic Council)도 참여하고 있다. 스포츠 SAFE U 가이드, PAR－Q(Physical Activity Readiness Questionnaire), 스포츠 안전보건 점검표 등을 발행하여 개인적 주의 사항, 환경적 고려 사항, 스포츠 보호 용품, 운동 전후 고려 사항, 공정한 경기 운영, 운동 식단 등을 국민에게 제공한다.

싱가포르의 국가스포츠회(National Sports Associations, NSA)는 싱가포르의 스포츠 단체를 대표하며 스포츠의 발전과 성장을 위한 역할을 하고 있다. NSA는 스포츠 안전을 위한 프레임워크를 <그림 16>과 같이 제시하고 있다.

SSC는 출범한 해인 2007년에 스포츠 안전 표준과 국제 모범 사례와 일치하는 시스템에 대한 상세한 조사 결과를 포함한 포괄적인 보고서를 발표했다. 스포츠를 위한 국가적 운동인 Active SG의 시작과 함께, 스포츠 싱가포르의 안전 기준을 개선하기 위한 노력의 일환으로 2014년 5월에 기존의 안전 조치를 검토하였다. 위원회는 의료 분야, 스포츠 협회, 공공 및 민간 부문의 대표자 등으로 구성하였다.

스포츠 안전과 관련된 상가포르의 법률은 4개가 있다. 인적자원부(MOM)의 직장 안전보건법(WSH Act), 건물건설국(Building & Construction Authority)의 놀이기구안전법,

민방위대와 관련된 소방안전법 (Fire Safety Act), 국립환경국의 공중위생환경법이 있다. 싱가포르의 스포츠 안전은 전체론적 체계를 이루고 있으며 일반 대중은 물론 이벤트 참가자, 코치, 행사 조직 및 운영자 등 모든 관계자의 역할이 필요한 시스템이다.

그림 16 **NSA 스포츠안전** Framework

5 독일의 안전관리 기구 현황

독일의 산업안전보건 업무는 연방노동사회부(Bundesministerium für Arbeit und Soziales, BMAS)에서 주관하며 16개의 주 정부가 자율적으로 연방법과 정책을 집행하기 위한 기구를 구성한다. 독일의 사회보장제도는 연방 정부와 주정부 그리고 업종 단위별 재해보험조합(Berufsgenossenschaften, BGs)이 상호 보완적으로 역할을 수행하는 이원적 산업안전보건제도가 시행되고 있다. 따라서, 근로감독의 업무도 주 정부가 자율적으로 행정조직에서 관장할지 독립기구에서 할지를 결정하지만 대부분은 주 정부의 감독하에 집행한다. 산재예방사업을 담당하는 주체는 BGs이다. 공공 부문과 민간 부문의 재해보험 단체에서도 근로감독의 기능을 담당한다.

연방 정부의 안전보건법령은 산업현장에서 적용할 수 있는 보편적 OSH 기준 및 유럽연합의 지침에 대한 준수사항을 규정한다. 반면, BGs는 사회법전(Sozialgesetzbuch IX, SGB IX)에 의거 규칙(Regilation) 제정의 권한이 있으며 현재 55개의 규칙을 제정하여 시행 중이며, 강제력이 없는 rule과 guidance standards 제정으로 산업현장의 안전보건 업무를 지원하고 있다. 연방 및 주 정부와 BGs의 산업안전보건에 대한 이원적 행정체계는 <표 6>과 같다.

표 6 **독일의 이원적 산업안전보건 행정체계**

구 분	연방정부	주정부	재해보험조합	
기관	연방노동사회부 (BMAS)	노동사회부 (SBMAS)	독일재해보험조합 (DGUV)	직종별재해보험조합 (BGs)
기능	법렬 제·개정 정책수립	사업장 감독	산재예방 보상, 재활	사업장 감독 및 자문
법규	노동보호법(산업안전보건법)		산재보험법(산재예방규칙 UVV)	

독일은 1883년 의료보험에 이어서 세계 최초로 1884년에 재해보험을 도입하였고 1925년에는 보상의 범위를 업무상 질병까지 확대 적용하였다. 1942년에는 임금노동자 전체에게 보험을 적용하도록 하였으며, 1971년에는 유치원생부터 대학생까지도 보험을 적용하도록 하였다.

독일은 ILO의 81호 협약(근로감독)을 1955년에 비준하였으며 129호 협약(농업근로감독)은 1979년에, 150호 협약(노동행정)은 1981년에 비준했다.

가. 독일재해보험조합(Deutchen Gesetzlichen Unfallverung, DGUV)

DGUV는 독일 정부 산하 기관이 아니며 공공과 민간의 재해보험조합들이 참여하여 구성한 단체로서 자율적이고 독립적이다. 업종별 재해보험조합 즉, BGs 9개 산업과 공공부문 재해보험조합(Unfallkassen, Uks) 29개로 구성되어있다. 이사회는 노동자 대표와 사용자 대표가 동수로 참여하고, DGUV에 속한 개별 조합 대표자로 구성된 대의원 회의에서 선출된다.

DGUV는 UKs 및 BGs가 각각의 분야에서 노동 현장의 근로감독 업무를 수행한다. 조합의 근로감독관이 주 정부와 동일한 권한과 책임을 가지고 연방법을 집행하며 조합 내부 규정에 의거한 업무를 수행한다. 재해보험조합은 법규를 집행하는 감독관이 사고와 질병 예방 업무뿐만이 아니라 요양과 급여 지급의 업무도 맡는다. 농업 부문에서는 주 정부가 조합에 연방법 집행을 위임하는 경우도 있다. 이때 연방 정부는 조합을 관리 감독한다.

주 정부의 근로감독은 민간 및 공공 사업장에서 산업안전보건법을 집행하며, 더불어서 근무시간·여성 보호·청소년 노동·아동노동과 관련한 법률의 집행을 책임진다. 시장을 감시하며 소비자를 보호하기도 하며, 환경 보호자의 역할을 한다. 그러나 주 정부의 근로감독관은 집단적 노사관계 즉, 단체협약의 이행과 같은 업무나 고용계약과 같은 문제에 관여하지 않는다. 한편, BGs에 속한 근로감독관은 산재예방규칙(Unfallverhütungsvorschriften, UVV)과 산업안전보건법을 집행하며, 위험 기계·기구·설비검사 및 조합원을 대상으로 교육훈련 규정을 제정한다. 주 정부로부터 별도의 위임을 받지 않은 사안은 관여하지 않는다. 독일의 모든 사업장은 BGs에 의무 가입하고 보험료를 납부한다. 주 정부에 속한 근로감독관이나 재해보험조합에 속한 근로감독관은 모두 공무원이며 상호 인사 교류가 가능하다.

주 정부 및 재해보험조합의 근로감독관은 노동자 평의회(Works Coucil)와 업무 협력하며 조사통지서 및 조사 결과 보고서의 공유는 물론 근로자 대표를 설문조사에 참여시켜야 한다. 이러한 과정을 통하여 사회적 대화가 이루어질 수 있도록 근로자 대표, 사용자 대표 그리고 정부 대표가 함께 참여한다.

나. 국가스포츠안전위원회(Nationaler Ausschuss Sport und Sicherheit: NASS)

독일은 DGUV와 독일, 유럽 공업 규격위원회(DIN/EN-Normen), 그리고 기계 및 제품 안전법(Geraete-und Produktsicherheitsgesetz: CPSG) 등 3개 기관에서 스포츠안전과 관련되는 규정과 지침을 결정한다.

독일의 NASS는 1991년에 주 내무부 장관 및 상원 의원 상임 회의(IMK)에서 스포츠 경기의 안전과 관련된 문제를 해결하기 위하여 안전 관련 분야의 전문가 의견을 듣기 시작하였으며, 스포츠 운영을 위한 국가정보 사무소(LIS)의 업무를 표준화하기 위한 중앙사무소 설립을 결정하였다. 1993년에는 국가스포츠안전관리위원회를 발족하여 축구경기장의 폭력을 해결하고자 하였다. 축구 관람객의 안전을 확보하기 위하여 경기장의 안전 규칙 및 반입 물품 금지 조항을 제정하고 경찰투입 등에 대하여 안전 분야 전문가들과 협력하고 있다.

NASS를 구성하는 기관은 주 내무부 장관 및 상원 의원 상임 회의(Ständigen Konferenz der Innenminister und-senatoren der Länder, IMK), 연방 내무부(Bundesministerium des Innern, BMI), 주 스포츠 장관 회의(Konferenz der Sportminister der Länder), 연방 가족, 노인, 여성 및 청소년부(Bundesministerium für Familie, Senioren, Frauen und Jugend, MFSFJ), 교통장관회의(Verkehrsministerkonferenz, VMK), 청소년 및 가족장관 회의(Jugend- und Familienministerkonferenz, JFMK), 독일축구협회(Deutschen Fußball- Bund, DFB), 독일도시협회(Deutscher Städtetag)이다.

NASS는 경기장 규칙, 경찰투입, 경기장 반입 금지 조항 등 경기장 안전 관련 전문가들과 협력하여 축구 관중 보호에 관한 제반 사항을 담당한다. 경기장 건축과 운영에 대한 안전 기준, 경기장 내의 안전문화, 사회교육학적 팬클럽 문화 확산, 전문적으로 훈련된 경찰투입, 지역단위와 국내 단위 그리고 국제 단위의 긴밀한 협력 향상 등에 대한 NASS 역할이 강화되고 있다.

6 프랑스의 안전관리 기구 현황

프랑스에서 산업안전보건업무의 주무부서는 노동부(Ministère du Travai)이다. 프랑스의 산업안전보건법률은 1898년 4월 9일에 최초로 제정하면서 사후 보상제를 도입하였다. 1905년 3월 31일에 보상 책임을 사회 보험화하고 1946년 10월 30일에는 사회보장체계로 통합하여 사회보장기금에서 보상 재원을 확보할 수 있게 하였다. 1976년 12월 6일에는 근로자의 건강과 보호 대책을 마련하도록 함으로서 재해를 예방하도록 하였다. 사용자가 근로자에게 건강과 안전에 관한 사항을 정보를 제공하고 산업재해예방을 위한 교육훈련을 실시하게 하였다. 1982년 12월 23일에는 근로자의 **작업중지권**을 도입하여 근로자가 유해·위험요인이 발생할 경우 작업을 중지할 수 있도록 하였다. 1991년 12월 31일에는 유럽경제공동체의 지침에 의한 법률을 정비하였다. 1991년 이후로는 법규 명령으로 산업안전기준들이 보완되었다.

1982년에 도입된 근로자의 작업중지권은 근로자가 신체와 생명에 대하여 안전과 건강에 대한 중대하고 긴박한 위험을 느낄 때 사용자에게 제반 위험에 대해 경보하고 해당 상황에서 벗어날 수 있는 권리가 주어진 것이다. 이 외에도 산업안전 교육훈련 (1976년), 보건안전 근로조건위원회(1982년), 근로자의 주의 의무(1989), 생물학적 위험요인에 대한 리스크 평가(2000) 등이 노동법전에 법제화 되므로서 근로자의 산업안전보건이 선진화되어 왔다.

가. 국립산업안전보건연구원(INRS)

INRS는 1947년에 국가안전연구소(Institut National de sécurité)로 설립되어, 1968년에 산업재해예방연구원(CERPAT)과 합병하여 현재의 명칭을 사용하게 되었으며 업무상 사고 및 재해예방을 주 업무로 하고 있다.

산업재해와 질병 예방을 위하여 연구 및 조사, 교육, 홍보, 정보제공을 하며 산업
현장의 위험요인을 인지하여 안전과 보건에 영향을 미치는 요인을 분석하는 등의 다
양한 활동으로 근로자와 기업을 지원하고 있다. 재해예방업무는 직업의료보험공단
(Caisse Régionale d'Assurance Maladie d'Ile-de-France, CNAMTS)과 노동부가 더불어 수행
하고 예산은 CNAMTS의 재원과 기업의 분담금으로 이루어진다. 공무원과 농업 종사
자를 제외하고 사회보장제도가 적용되는 기업활동 및 약 1,800만 근로자를 대상으로
서비스를 제공한다. 독립적이고 공정한 활동을 위하여 산업협회 대표와 노동조합 대
표로 구성된 이사회에서 관리하며 독립성을 바탕으로 공정성과 신뢰성을 얻고 있다.
INRS의 예방 시스템에서 중심적인 업무는 산업보건 및 안전 활동이 핵심이다.

조직은 3개의 유니트와 6개의 관리부서로 이루어졌다. 관리부서 중에는 파리센
터와 로헨 센터가 분리되어 있고, 각각 지원그룹과 특성화 그룹으로 구성되어있다. 파
리센터는 지원그룹으로 조달팀, 예산 및 회계팀, 정보기술팀, 인적관리팀으로 구성되
고 특성화 그룹으로 연수팀, 자료 모니터링팀, 기술 컨설팅팀, 의학 연구·지원팀, 정
보 및 소통팀으로 구성되어있다. 로헨센터는 지원그룹으로 예산 및 회계팀, 조달팀,

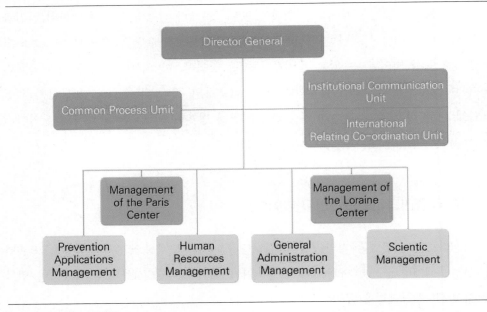

그림 17 INRS 조직도

정보기술팀, 건축 엔지니어링팀, 로헨센터 인적관리팀으로 구성되고 특성화 그룹으로 작업장비 엔지니어링팀, 산업역학 조사팀, 공정 엔지니어링팀, 독성 및 생물 감시팀, 오염원 측량팀, 직장생활연구팀으로 구성되어 있으며, 파리센터와 연계하는 연수팀, 정보 및 소통팀, 자료 모니터링팀으로 구성되어 있다. INRS의 조직도는 <그림 17> 과 같다.

사업 대상은 산재보험료를 납부하는 170만 사업장의 1,860만 근로자이며 50인 미만 소규모 사업장이 98%를 차지한다. INRS는 국가 및 모든 예방 기관과 협력하여 국가 직업 위험 예방 정책을 시행한다.

프랑스의 OSH 시스템은 산업재해 및 질병 예방의 이중 시스템으로 **국가 당국과 사회 보장 시스템**으로 이루어져있다. 프랑스에서는 노동 조합과 사용자 조직이 예방 시스템의 중심에 있다. 산업 위험성 예방 정책을 담당하는 노동부는 특히 국가 산업

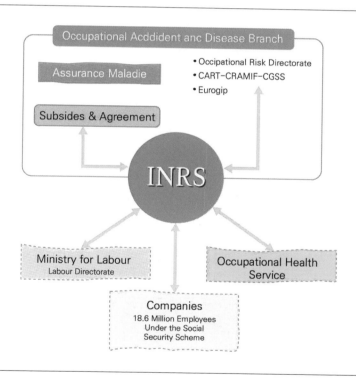

그림 18 **프랑스 OSH 시스템**

보건 계획을 통해 산업 안전 및 보건에 관한 정부의 정책을 정의하고 조정한다. 사용자 단체 및 노동조합의 대표는 노동 조건 운영위원회(COCT)를 통해 노동부를 지원한다. 그 활동은 직업 보건 검사관과 노동 검사관에 의해 현장에 전달된다. 프랑스 OSH 시스템은 <그림 18>과 같다.

나. 체육부(Ministère des Sports)

프랑스는 지역 스포츠 동호회를 시발점으로 하여 스포츠 정책이 이루어지며, 프랑스의 체육 정책은 정부의 체육부, 체육회(Fédération délégataire), 올림픽위원회(CNOSF)의 세 개 기관이 중심이 된다. 체육부는 체육회와 올림픽위원회와 함께 스포츠 정책을 만들어간다. 체육회는 엘리트 선수의 저변을 확대하여 전문체육인을 발굴하고 지원하며 올림픽위원회는 엘리트 선수를 육성하고 관리한다. 체육부는 체육회 및 올림픽위원회와 협력하여 스포츠에 참여하는 선수나 생활체육 참여자에 대하여 모든 스포츠 장소에서 안전과 건강을 확보하고 약물에 대한 감독 등 선수 보호를 위한 스포츠 정책을 최우선으로 하고 있다.

체육부 장관은 여가 활동과 도시 스포츠 활동 장려는 물론 스포츠 사고 예방 활동 캠페인을 의무적으로 시행하여야 한다. 스포츠 안전관리에 관한 제도와 스포츠 지도자들의 권한을 조절하는 업무도 관할 한다.

프랑스의 스포츠 정책은 우리나라와 같이 스포츠 참여자의 안전을 강화하고, 건강을 보호하면서 국민의 생활 스포츠 참여로 건강을 유지하며 사회적 단합을 목적으로 한다. 한편, 안전 강화는 물론 약물로부터 선수를 보호하기 위한 체육부의 조정과 중재 등을 최상위에 두고 있다. 체육부 장관은 지역 협회 및 후원하는 단체와 함께 스포츠 활동을 장려하고 사고 예방 활동을 의무적으로 이행할 뿐만 아니라 안전관리를 위하여 스포츠 활동과 스포츠 지도자 등의 권한을 조정하는 업무를 하여야 한다.

7 호주의 안전관리 기구 현황

가. 산업안전보건기관(Safe Work Australia, SWA)

호주는 산업안전보건법(Work Health and Safety Act, WHS Act) 제정으로 2009년 11월 1일에 산업안전보건기관(SWA)이 설립되었다. 초기에는 산업안전보건위원회(National Occupational Health and Safety Commission)로 1985년 12월에 설립되었으며, 2005년에 자문기관인 호주안전보상위원회(The Australian Safety and Compensation Council)로 변경하였다. 그 후 자문기관의 기능을 폐지하고 2009년에 WHS Act에 의거 법정 기관인 SWA를 독립기관으로 설립하였다. SWA는 연방, 주 그리고 테리토리의 근로자 및 고용주의 이익을 대표하는 국가 정책 기관이다.

SWA에서는 근로자 보상제도 및 산업재해 관련 정책 개선을 위한 역할을 하며 노동부(Department of Employment and Workplace Relation, DEWR)의 승인과 연방, 주 그리고 테리토리 정부의 인정을 받아 업무를 수행한다. 주 정부에는 WorkCover 또는 WorkSafe라는 산업재해와 관련한 보험사로서의 역할을 하는 기관이 있다. 사고가 발생하면 고용주 혹은 사고 담당자에게 알리고 사상 내역 등의 사고 기록을 회사에 남겨야 하고, 사업주는 48시간 이내에 주 정부 산업재해 기관인 WorkCover 또는 WorkSafe에 알려야 할 의무를 규정하고 있다.

WHS Act는 최종적으로 2011년 6월에 입법을 완료하였다. 연방, 주, 테리토리 정부에서 각각 통제받으며 산재 보상 및 보험료, 근로자 보상 청구, 사고 보고 등이 이루어지도록 하였고 근로자들이 사업장에서 안전과 보건에 관한 권리를 쉽게 알 수 있도록 구성되었다. 작업 환경별 안전 수칙에서는 산업별 근로자들을 위해 11가지 종류(유해 화학물질, 석면, 농업, 채광, 건축업, 선박 내 하역업무, 다이빙 등)로 나누어 안전 수칙 및 필수사항들을 상세히 설명하였다.

SWA는 15인의 위원으로 구성되어있다. 독립적인 의장, 연방과 각 주 및 테리토리를 대표하는 9인, 근로자를 대표하는 2인, 사업주를 대표하는 2인, SWA의 최고경영자 등을 포함한다. 위원은 주무 장관 또는 조직이 지명하고, 3년 임기로 산업안전보건 문제를 책임지는 연방 장관이 임명한다. 매년 최소 3번 이상 회의에 참석하고 <표 7>과 같이 Safe Work Australia Act 2008에 명시된 임무를 수행해야 한다.

표 7 Safe Work Australia 위원의 임무

No	임 무	비 고
1	National policy and Strategy	
2	Model and legislative framework and other and material	
3	Workers compensation	
4	Evidence	
5	Education and communication	
6	Collaboration	
7	Advising the WHS Ministers	
8	Other conferred function	

SWA와 협력하는 일부 국제 조직으로는 UN, ILO, 화학 물질의 분류 및 표시에 대한 국제 조화 시스템(GHS), WHO, 직장 안전 보건 유럽 기관, OECD, APEC, ISO 등이 있다.

나. 호주 스포츠위원회(Australian Sports Commission, ASC)

호주 스포츠 위원회(ASC)는 스포츠 지원 및 투자를 담당하는 호주의 정부 기관이다. 1985년 호주 스포츠 위원회법(Australian Sports Commission Act 1989)에 따라 설립되었고, 공공 거버넌스, 성과 및 책임법(Public Goverment, Performance and Accountability Act 2013)에 의해 운영된다.

ASC의 이사회는 스포츠부 장관이 위원을 임명하고, ASC의 전반적인 정책을 결정한다. 스포츠 분야의 리더십과 개발, 재정 지원 및 호주 스포츠 연구소(Australian Institute of Sport, AIS) 운영을 통해 스포츠 참여를 늘리고 지속적인 국제적 스포츠 활동이 가능하도록 한다. AIS는 1981년 호주 정부가 과학적인 스포츠 연구 및 엘리트 선수 양성을 위해 ASC 산하의 독립적 연구기관으로 설립되었으며, 호주 선수들이 국제

적으로 우수한 스포츠인이 되도록 지원한다. ASC는 세 가지 분야로 조직되었다. AIS는 엘리트 체육을 관장하고, Sports Division은 국가 참여 프로그램을 관리하고, 부문 전반에 걸친 자원을 개발하며, 스포츠 관리자, 커뮤니티 코치 및 자원 봉사자를 지원하는 시스템을 구축하고 스포츠의 가치와 이점을 홍보한다. Corporate Division은 효과적이고 정렬된 지원 서비스 및 리소스를 통해 전략 전달을 지원하고 Goverment Relations, Communication & Research는 스포츠 관련 정보 및 연구 등을 관장한다.

호주 정부는 연방 정부의 문화유산스포츠레크레이션부에서 체육정책을 담당하며 ASC에 체육정책을 위임하여 정책을 결정하며 집행한다. 연방 정부에서는 별도의 스포츠 정책을 수립하지 않는다. ASC는 AIS를 통해 정책을 수립하고 집행한다. 호주의 스포츠 재정은 연방 정부(10%), 주 정부(40%), 테리토리 정부(50%)에서 분담하고 있다. 스포츠시설의 관리와 유지비도 이러한 제정에 포함되어 있다. 스포츠시설의 조성과 유지관리는 테리토리 정부가 주체가 되며 올림픽과 같은 국가적 시설은 재정을 일부 지원받는다. 호주의 스포츠시설 안전관리는 호주의 국가 건설 법규(National Construction Code, NCC) 중 호주 건축 법규(Buiding Code of Australia, BCA)를 적용한다. BCA는 호주 건축 법규 위원회(Australia Buiding Codes Board)에서 관장한다.

CHAPTER 04

안전관리시스템 현황

1 ISO(International Organization for Standarization) 체계의 안전관리

ISO 45001(안전보건경영시스템)이 국제표준으로 제정된 것은 2017년 3월이며, 한국 표준(KS Q ISO 45001:2018)으로 도입된 것은 2019년 1월이다.

ISO 45001은 OHSAS 18001을 토대로 하였으며, OSHAS 18001은 BS 8800을 기반으로 제정하였다. BS 8800(1996)은 영국의 내부 법규인 성공적인 안전보건관리지침(Successful Health and Safety Management Practical Guide, HS(G)65)과 사업장 안전보건관리규정(Management of Health and Safety at Work Regorastion, 1992) 그리고 환경경영시스템(ISO 14001)을 바탕으로 개발하였다. 1997년 ISO 총회에서 안전보건경영시스템의 표준인 ISO 1800을 제정하려 할 때 미국이 반대함으로써, BSI, DNV, 뷰로베리스타(BV) 등 세계 굴지의 13개 인증기관이 BS 8800을 토대로 1999년 11월에 민간단체 주도의 OSHAS 18001을 제정하여 발표하였다. 이렇게 OSHAS 18001을 추진해오던 유럽의 관점에서는 ISO 45001을 OSHAS 18001의 연장선 상에 있는 안전보건경영시스템으로 보고 있을 수도 있다.

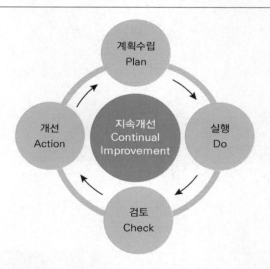

그림 19 **PDCA 사이클**

ISO 45001은 ISO가 국제표준제정위원회(ISO45001 PC283)를 2013년 6월에 구성하고, ISO와 ILO(Internatioonal Labour Organization, 국제노동기구)가 같은 해 8월에 협약을 체결하여 국제표준제정에 착수하였고 2015년 9월에 초안을 발표하였다. ISO 45001은 기본적으로 계획(P) – 실행(D) – 점검(C) – 개선(A)의 선순환 폐쇄회로 사이클로서 <그림 19>와 같이 ISO 9001과 ISO 14001의 공통 체계(Heirarchy)를 가지고 있다.

각각의 고유 시스템을 구축하는 경영시스템의 표준구조 즉, High Level Structure(HLS)에 따른다. 조직의 이해, 최고경영자의 리더십과 근로자의 참여, 기획, 지원, 운영, 성과평가, 개선의 과정 등을 HLS로 <그림 20>과 같이 구성하였다.

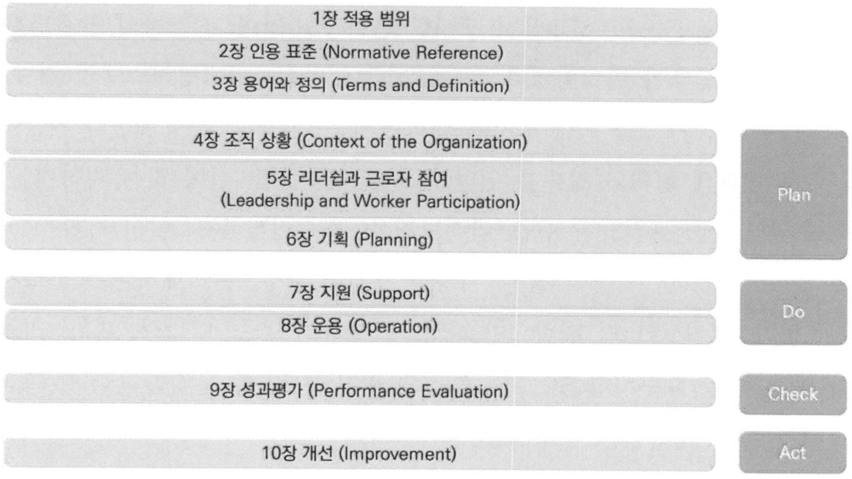

1장 적용 범위	
2장 인용 표준 (Normative Reference)	
3장 용어와 정의 (Terms and Definition)	
4장 조직 상황 (Context of the Organization)	Plan
5장 리더십과 근로자 참여 (Leadership and Worker Participation)	
6장 기획 (Planning)	
7장 지원 (Support)	Do
8장 운용 (Operation)	
9장 성과평가 (Performance Evaluation)	Check
10장 개선 (Improvement)	Act

그림 20 **High Level Structure (HLS)**

ISO의 경영시스템은 표준화를 구축하여 요구사항과 사용지침에 대한 공통의 용어 및 정의, 동일한 핵심 문장, 구조의 통일(번호와 제목) 등을 사용한다.

구조의 통일은 PDCA 사이클 구조로서, Plan 단계는 4장 조직상황, 5장 리더십, 6장 기획, Do 단계는 7장 지원, 8장 운영, Check 단계는 9장 성과평가, Act 단계는 10장 개선으로 이루어져 있다.

Plan 단계는 조직과 조직 상황의 이해, 근로자 및 기타 이해관계자의 니즈와 기대 이해, 최고경영자의 리더십과 의지 표명, 안전보건방침, 조직의 역할 및 책임과 권한, 리스크 및 기회의 확인, 안전보건 목표와 목표 달성 등으로 구성되었으며 결과 도출에 필요한 프로세스이다. Do 단계는 구성원의 역량 및 적격성, 인식, 의사소통, 위험요인 제거와 안전보건 리스크 감소, 비상 시 대응과 대비 등으로서 계획한 프로세스이며, Check 단계는 모니터링, 측정, 분석 및 성과평가. 내부 평가, 경영검토 등으로 안전보건 방침 및 목표에 대한 실행 프로세스를 점검하여 결과를 보고한다. Act 단계는 사건, 부적합 및 시정조치 등으로 안전보건경영시스템 성과에 대한 개선 피드백을 지속적으로 시행한다.

이러한 구조는 품질 및 환경 그리고 안전보건경영시스템이 거의 유사하다. 그럼에도 불구하고 ISO 45001은 ILO에서 제시한 근로자의 참여, 경영자의 안전보건 방침, 안전보건문화 등을 추가 반영하였다. ISO45001은 "안전보건경영시스템의 개발, 기획, 실행, 성과 평가 및 개선을 위한 조치에 대하여 모든 적용 가능한 계층과 기능에 근로자와 근로자 대표의 협의와 참여를 위한 프로세스를 수립, 실행 및 유지하여야 한다"고 정하고 있다. 안전보건방침 수립, 안전보건 목표 수립과 목표 달성 기획, 모니터링, 측정 및 평가에 필요한 사항의 결정, 지속적 개선의 보장 등에 대하여는 근로자와 협의하여야 한다. 뿐만 아니라 위험요인 파악 및 제거, 리스크 및 기회 평가, 리스크 감소 조치 결정, 역량 요구사항 및 교육·훈련의 평가, 사건 및 부적합의 조사 그리고 시정조치 결정 등에 대하여는 근로자를 참여시켜야 한다.

결론적으로 ISO 45001은 안전보건분야에 대하여 자율적인 PDCA 사이클을 작동시키며 계획 및 실행 그리고 성과를 내·외부 심사 등으로 평가하고, 그에 대한 경영검토·보고 및 지속적 개선을 위한 프로세스를 이행하는 것이다.

2 KOSHA-MS

안전보건공단(Korea Occupational Safety and Health Agency, KOSHA)에서 독자적으로

개발하여 운영하는 안전보건경영시스템이다. 국제노동기구(ILO)의 안전보건경영시스템 (ILO-OSH 2001 Guideline) 구축에 대한 권고와 국제표준기구의 ISO 45001 기준 체계 그리고 산업안전보건법의 요구조건을 반영한 자율적인 안전보건활동 촉진 시스템이다. 1999년에 안전보건공단에서 위험성평가를 기반으로 하여 재해예방활동을 자율적으로 운영할 수 있도록 『산업안전보건법』 제4조 제1항 제4호에 따라 KOSHA 18001을 개발하였다. 2018년 3월 ISO 45001이 제정되면서 이를 반영하며 2019년 7월에 KOSHA-MS로 변경되었다. 모든 사업 또는 사업장(건설업의 경우는 건설공사를 발주 또는 시공하는 사업·사업장)에 적용하며 국가 및 지방자치단체, 공공기관, 지방공기업도 해당한다. KOSHA-MS 인증 체계는 <그림 21>과 같다.

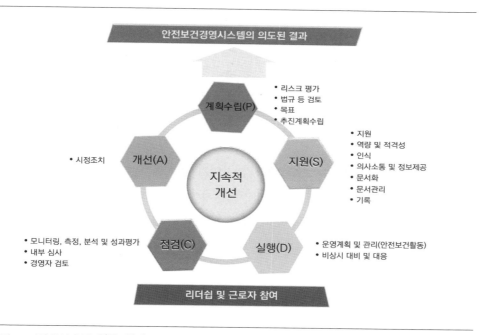

그림 21 KOSHA-MS 인증 체계

27개 항목의 안전보건경영 체제 분야와 14개 항목의 안전보건활동 수준 분야 그리고 6개 항목의 안전보건경영 관계자 면담 등 47개 항목의 인증 심사 항목으로 구성되어있다. ISO 45001과 다른 점은 KOSHA 18001의 특징인 안전활동 수준평가, 경영자 및 관리자 그리고 노동자 면담의 평가항목이 포함되어있다.

　　KOSHA－MS의 인증 기준은 모든 업종에 대하여 근로자 수 기준으로 50인 이상 사업장은 A형, 20인 이상 49인 미만 사업장은 B형, 20인 미만 사업장은 C형으로 구분한다. 다만 건설업종은 발주기관, 종합건설업체, 전문건설업체로 구분한다. KOSHA－MS 인증 절차는 <그림 22>와 같다.

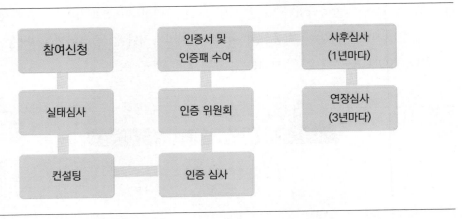

그림 22 KOSHA-MS 인증 절차

　　그러나 KOSHA－MS는 ISO45001과 차이가 있으며 일부는 ISO45001의 원리를 잘못 반영하고 있다는 지적이 있다. 안전보건경영시스템의 활성화 및 내실화 보다는 형식적인 인증에 비중을 두고 있으며, 용어의 오용과 부정확성으로 전문성이 미흡하다는 것이다.

　　그럼에도 불구하고 KOSHA－MS는 우리나라 산업현장에서 안전보건경영시스템을 구축할 수 있도록 체계를 만들고 보급하는 일에 중요한 역할을 하였다.

3 I2P2(Injury and Illness Prevention Program)

　　안전관리시스템에서 미국의 노동부(Department of Labor, DOL)와 OSHA가 제정한

"상해 및 질병 예방 계획(Injury and Illness Prevention Plan, I2P2)"은 규제 의무 안전 프로세스이며, 사용자가 작업장 위험요인을 찾아 해결하는 사전적 예방 프로세스이다. 이 규칙은 사용자가 안전 및 보건 위험요인에 대하여 작업자에게 노출을 최소화하는 프로그램을 개발하고 구현할 수 있도록 하고 있다. 경영진의 리더십과 근로자의 참여, 위험요인 파악 및 평가, 위험요인 예방 통제, 교육 및 훈련 그리고 프로그램 효과성 평가 등을 실행하는 PDCA 사이클로 설계되었다.

I2P2에 대한 사전 예방적 안전 계획의 6가지 핵심 요소는 다음과 같이 구성되었다.

- **경영 리더십**
  - 안전보건 목표를 명확하게 수립하고 목표 달성에 필요한 조치를 규정한다.
  - 프로그램 이행 및 유지관리의 총책임자를 개인적으로 한 명 이상 지정한다. 효과적인 프로그램 이행을 위해 충분한 자원을 제공한다.
- **근로자 참여**
  - 프로그램 개발 및 이행에 대하여 근로자와 협의하고 최신화 및 평가에 근로자를 참여시킨다.
  - 작업장 검사 및 사고조사에 직원을 포함한다.
  - 작업자가 위험요인, 부상, 질병 및 아차 사고와 같은 우려 사항을 보고하도록 권장한다.
  - 프로그램에 참여하는 근로자의 권리를 보호한다.
- **위험요인 파악 및 평가**
  - 작업자의 의견을 요청하고, 작업장을 검사하며, 위험요인에 대한 유용한 정보를 검토하여 작업장 위험요인을 파악, 평가 및 문서화한다.
  - 부상과 질병을 유발할 수 있는 위험요인을 파악하기 위하여 조사한다.
  - 위험요인을 작업자에게 알린다.
- **위험요인 예방 및 통제**
  - 파악된 위험요인을 통제하고 우선순위를 정하는 계획을 수립하고 이행한다.
  - 즉각 통제할 수 없는 위험요인으로부터 작업자를 보호하기 위해 임시 조치를 제공한다.

- 모든 통제 조치가 이행되는 것과 효과적인지 확인한다.
- 영향을 받는 작업자와 위험요인 관리 계획에 대해 논의한다.

- **교육 및 훈련**
  - 작업자가 이해할 수 있는 언어와 어휘로 교육 및 훈련을 제공하며 다음을 알려준다.
    * 부상, 질병, 안전 및 건강의 관심사를 보고하는 절차
    * 위험요인을 인식하는 방법
    * 위험요인을 제거, 통제 또는 감소시키는 방안
    * 프로그램의 요소
    * 참여하는 방법
  - 주기적으로 보수 교육 및 훈련을 시행한다.

- **프로그램 평가 및 개선**
  - 프로그램이 설계대로 이행되었고 목표를 향해 진행되고 있는지 확인하기 위해 주기적으로 검토를 수행한다.
  - 결함을 수정할 필요가 있을 때 프로그램을 수정한다.
  - 지속적으로 프로그램을 개선할 방안을 찾는다.

I2P2의 핵심인 상기의 6가지 요소는 상호 연관되어 있으며 상호 의존적이다. 그러나, 모든 작업장에 적합한 것은 아니다. 사업장의 규모, 업종 그리고 경영의 환경 등을 고려하여 현장에 적합하도록 조정 및 확장하며 운영할 필요가 있다.

4 그 밖의 안전관리 프로그램

미국 OSHA의 심층 연구 프로그램에 기반한 자발적 보호프로그램(Voluntary Protection Program, VPP)은 1982.7.2. 미국 연방규정 47 FR 29025에 따라 발효된 안전관리시스템이다. 사업장의 안전보건 수행 성과에 대하여 최소 수준을 규정한 것으로

작업자를 보호하기 위한 시스템이다. 법률의 제정과 관리 감독만으로는 산업현장에서 발생하는 위험요인 등에 전반적으로 대처할 수는 없다. OSHA는 그 각각의 사업장 특성에 적합하도록 특별한 맞춤형 안전프로그램을 만들어 작업자를 보호하기 위하여 종합적인 접근이 가능하도록 하였다. 사업자와 작업자 그리고 OSHA가 위험요인 예방과 통제, 현장 분석, 교육 및 훈련, 사업자의 헌신, 작업자의 참여 등에 초점을 맞추어 사망과 부상 및 질병을 예방하기 위하여 상호 협력하는 시스템이다. 이 프로그램은 사업자가 제공하여 작업자가 참여하는 경영시스템으로 위험요인 등을 예방하고 관리하도록 구축하였다.

한편 『Occupational Health and Safety Management Systems ANSI/ASSE Z10, 2012』은 미국국립표준협회(American National Standards Institute, ANSI)에서 개발한 자발적 합의 표준으로 산업 현장의 부상, 질병 및 사망을 최소화하는 지원 체계이다. OSHMS는 5개의 주요 요소로 구성되어있다. 경영진 리더십 및 근로자 참여(작업자 참여는 안전보건 정책, 책임과 권한, 작업자 참여), 기획(Planning / OSHMS 이슈의 파악 및 우선순위, 우선순위에 기반한 리스크 통제 목표 개발, 우선순위 목표 달성을 위한 이행 계획 수립,), 이행 및 운영(통재 계층구조, 변화 관리 및 검토 설계, 조달 및 계약, 비상 계획, 교육훈련 역량 강화), 평가 및 시정조치(모니터링, 성과측정, 평가, 사고조사, 감사), 경영진 검토(OSHMS의 연차 검토)로 이루어졌다. 이와 유사하게 캐나다에는 『Canadian Occupational Health and Safety Management Standard, Z1000-06』이 있다. CAS Z1000-/06은 OS&H 경영시스템, 기획, 이행, 문서, 평가 및 시정조치, 경영 검토의 6가지 핵심 요소로 구성되어있다.

영국은 산업혁명으로 인해 안전공학의 근원지가 되었으며 1996년 5월에 28개 기관이 모여서 규제 위주의 안전보건 정책에서 탈피하여 사업주와 작업자가 참여할 수 있도록 하는 안전보건경영시스템, 즉 『BS 8800』을 개발하였다. 2004년도에 개정한 BS 8800은 1996년도 BS 8800에 국내·외의 안전보건 문제를 반영하였다. BS 8800: 2004에는 효과적인 OH&S 경영시스템 촉진과 사고조사를 새로이 추가하여 제정하고, 리스크 평가 및 통제, 다른 경영시스템과의 통합을 위한 개정으로 다양한 규모의 조직에 적용할 수 있도록 하였다. BS 8800: 2004는 법률 개정 사항과 보건안전위원회

(HSC) 및 안전보건청(HSE)를 고려하여 리스크 평가 및 리스크관리와 같은 지침을 제정하여 제공하였다. 이는 영국표준협회(British Standard Institute, BSI)가 품질경영시스템, 환경경영시스템에 이어 의미있는 경영시스템을 채택한 것이다. 기업이 자발적으로 참여하여 산업안전보건경영시스템을 운영하여 좋은 성과를 거두도록 유도하며, 산업안전보건이 경영관리 전반에서 통합될 수 있도록 규정하였다.

『OSHAS 18001(Occupational Health and Safety Management Standard 18001)』은 산업안전보건경영시스템으로 영국표준(BSI)이 공식적인 합의 기준으로 채택한 표준이다. OSHAS 18001은 품질경영시스템(ISO 9001) 및 환경경영시스템(ISO 14001)과 통합이 용이하도록 하기 위하여 상호 호환이 가능하도록 개발하였다. 이 표준은 경영시스템에 대한 각 각의 요구사항을 제시하여 OS&H 리스크를 제어하고 성능을 개선하도록 하였다. 따라서 특정한 OS&H 성능 기준이나 경영시스템 설계를 위한 세부 사양을 제시하지 않았으며, 일반사항, 기획, 이행, 점검, 검토에 대한 요구사항으로 이루어졌다. OSHAS 18001은 새로운 국제표준 ISO 45001로 대체되며 철회되었고, OSHAS 18001 인증은 2021년 9월까지 ISO 45001 인증으로 전환되었다.

ILO는 2001년에 산업안전보건경영시스템에 대한 자발적 가이드 라인으로 『Occupational Safety and Health Management System, ILO-OSH 2001 Guideline』을 개발하였다. ILO-OSH 2001은 5개 요소로 구성되어있다. 정책(산업 안전보건 정책), 조직(책임과 권한, 역량 훈련, OSHMS 문서화, 의사소통), 기획 및 이행(초기 검토, 시스템 기획·개발·이행, 산업 안전보건 목표, 위험요인 예방), 평가(성과 모니터링 및 측정, 작업 관련 부상·질병·사고, 안전보건 성과 영향 조사, 회계감사, 경영검토), 개선 조치(예방 및 개선 조치, 지속적 개선)로 이루어져 있다. 2005년 ILO-ISO의 사회적 책임에 관한 양해각서(MOU)와 2013년 영국 BSI가 ILO에 OSHMS 제정 제안, 2013년 ILO-ISO 협약 등에 따라 ILO는 2013년부터 ISO-OSHMS를 4년동안 파일럿을 실행하였다. ILO-ISO는 상당한 부분에서 공동의 표준을 개발하였으나 최종적인 합의에 이르지 못하고 2017년에 ISO 주도로 ISO 45001이 제정되었다.

이러한 시스템들은 성공적인 안전 프로세스를 구조화하고 관리하는 방법에 관한 지침을 조직에 제공한다는 동일한 의도를 가지고 있다. 전 세계의 안전경영시스템을 검토 비교해보면, 기본적으로 핵심적인 요소는 Deming 사이클 즉, PDCA 사이클이라는 단순한 개념을 가지고 있다. 이는 품질경영 및 안전경영 프로그램의 근본이 되어왔다. 그 외에도 많은 안전경영 프로그램이 있으나, 구조적으로 유사하거나 동일한 형식과 개념을 가지고 있다. 안전경영시스템은 두 가지의 유형이 있다. 의무적이며 자발적인 정부 관련 시스템과 국가 및 국제적으로 인증하는 표준기관 및 전문단체가 개발한 자발적 시스템이 있다.

5 국제안전등급제(International Sustainability Rating System, ISRS)

ISRS는 조직 비즈니스 프로세스를 평가하는 시스템으로 DNV GL이 운영하는 정량적 기업 안전 수준 측정 모델이다. DNV GL은 1864년 선박의 등급을 정하는 회사로 출발하여 해상 시설물의 안전 평가 시스템인 ISRS(International Safety Rating System, ISRS)를 만들었다. 안전관리와 지속 가능성에 대하여 오랫동안 활용된 것으로써 1978년에 안전관리 분야의 개척자인 Frank E. Bird Jr가 최초로 175만 건에 대한 사고 원인 분석을 토대로 ISRS를 개발하였다. 1991년 Frank가 은퇴하며 DNV GL에 지적 재산권을 매각하였으며 전 세계의 수많은 현장에 구현되면서 안전관리의 우수성이 증명되어왔다. 2019년 4월에 버전이 업그레이드되어 ISRS 제9판이 개발되었으며, 현재의 위험 관리 수준은 물론 미래에 대한 위험관리기법까지 다양하게 다룰 수 있게 되었다. 산업안전, 산업보건, 환경, 품질, 공정 안전, 보안, 에너지, 자산관리, 지식 및 사회적 책임의 10항목에 대한 안전경영 범주를 체계적으로 분석하는 방법을 제공한다. 품질, 환경, 안전·보건 등에 대한 전체적 경영시스템을 15개 분야의 700개의 질문으로 평가하여 최저 1등급에서 최고 10등급까지 부여한다. 1에서 8등급은 안전보건경영시스템의 작동과 리스크관리의 수준을 평가하며, 9등급은 8등급 확보 후 무사고 3년, 10등급은 9등급 확보 후 무사고 3년이 경과하면 확보된다.

ISRS를 구성하는 15개 프로세스는 PDCA Cycle로 이루어져 있으며 <그림 23>

과 같다.

그림 23 ISRS 프로세스

1. 리더십(Leadership)

2. 기획 및 행정(Planning and administration)

3. 리스크 평가(Risk evaluation)

4. 인적자원(Human resources)

5. 준수사항 검증(Compliance assurance)

6. 사업관리(Project management)

7. 교육 훈련 및 역량(Training and competence)

8. 의사소통 및 홍보(Communication and promotion)

9. 리스크 관리(Risk control)

10. 자산관리(Asset management)

11. 협력업체 관리와 구매 활동(Contractor management and purchasing)

12. 비상사태 대비(Emergency preparedness)

13. 사고로부터의 학습(Learning from events)

14. 리스크 모니터링(Risk monitoring)

15. 결과 및 검토(Results and review)

또한 ISRS 제9판은 다음의 주요 국제표준 인증 요구사항을 포함하는 통합 시스템을 구축하고 인증 요구 사항을 충족하도록 조직을 지원한다. 보다 단순하고 효과적인 통합 평가를 위하여 ISO 표준의 요구사항을 분석하여 명확한 "핵심" 요건을 설명한다.

• Seveso III 지침 — 2012/18/UE(공정안전경영)

• ISO 55000:2014(자산경영)

• ISO 9001:2015(품질경영)

• ISO 14001:2015(환경경영)

• ISO 45001:2018(산업안전보건경영)

• ISO 50001:2019(에너지경영)

• OSHA 1910.119(공정안전경영)

한편, ISRS의 체계적 원인 분석 기법(Systematic Cause Analysis Technique SCAT)은 사고와 아차 사고를 학습하여 더 이상의 인명 피해와 환경 및 품질 손실을 예방할 수 있도록 지원하는 프로그램을 운영하고 있다. 손실 현상의 원인을 간단하게 조사하는 강력한 도구이다. SCAT는 운영 직원이 향후 유사한 사건이 발생하지 않도록 필요한 시정조치를 신속하게 식별하기 위해 사용한다. SCAT는 DNV의 손실 원인 모델을 기반으로 하였다. 사고가 발생하는 이유와 이러한 원인을 제어하기 위해 무엇을 해야 하는지 이해하도록 지원한다. 사고 손실은 주로 관리시스템 고장으로 인해 발생한다. 모든 사고를 유사한 기본 원인으로부터 결과를 도출한다.

6 Rasmussen의 안전관리 시스템

Jens Rasmussen(1926-2018)은 안전 과학, 인적 오류 및 사고 연구 분야에서 가장 큰 영향력을 발휘했으며, 심리학, 공학, 사회학 및 인간공학을 포함한 여러 분야의 연구자와 실무자에게 영향을 미치고 있다. "인적 오류 및 신뢰성 과학 및 공학에 기여하고 인간 행동 모델링에 기여한" 미국 국립 공학 아카데미의 회원이기도 했다. Rasmussen의 AcciMap 접근법(1997)은 복잡한 사회기술시스템으로부터 사고의 원인을 분석하기 위해 만들어낸 시스템이다. AcciMap은 항공, 철도, 석유화학, 의료, 국방 등 많은 분야에서 적용되고 있다. Hollnagen의 FRAM과 Leveson의 STAMP와 같은 체계적 접근 방식의 모델이다.

Rasmussen의 대표적인 인전관리시스템의 관심 이론은 사회기술시스템이다. 이 시스템은 ISO 45001에 융·복합하여 스포츠시설 안전관리를 평가하는 지표로 개발할 수 있다. 이 시스템은 기술의 빠른 변화 속도와 공격적이고 경쟁적인 환경 및 변화하는 규제와 대중의 여론에서 영향을 받는다. 즉, 적응형 사회기술시스템으로 말할 수 있다. 정치인, 경영자, 안전관리자, 작업 계획자는 위험요인을 통제하기 위하여 공식적인 수단 즉, 법률, 규칙 및 지침을 통해 안전관리에 참여한다. 근로자나 운영자의 행동을 규칙과 장비 설계로 제한하거나 교육·훈련 등으로 안전 성과를 확보하려 한다. 사회구조의 상부에서는 정치학과 법학으로 접근하고, 다음 계층인 이익 단체(산업협회 등)들은 경영학과 산업사회 심리학의 관점에서 산업심리와 인간-기계 상호작용 연구 분야로 이어간다. 재화나 용역을 생산하는 현장에서는 위험한 공정과 장비 설계 등을 표준화하려는 일반 공학이 작동한다.

이러한 상황에서 안전을 지키지 못하는 사고의 원인은 Chernobyl, Zeebrügge, Flixborough, 그리고 Bhopal과 같은 다양한 사고조사 보고서에서 분석한 자료를 볼 수 있다. 이 보고서들은 사고의 원인이 독립적인 실패와 인적 오류의 우연의 일치로 인해 발생하는 것이 아니라 공격적이고 경쟁적인 환경에서 비용 효율성에 대한 압력의 영향으로 사고를 향한 조직 행동이 체계적으로 이동하고 있다는 것을 언급하고 있다. 사고 기록에 대한 평가 결과는 인간-기계 인터페이스에 대한 관심을 높이면서 심리적 역량이 수반되는 인간 오류 분석 및 디스플레이 설계 분야 등으로 연구의 관점이 이동하게 된다. 근로자 또는 운영자의 안전 성과는 조직 과학적 연구를 통해 경영진 차원의 의사결정 오류 문제를 다루게 된다. 나아가 안전에 대한 경영진의 의지를 통제하려는 사회의 노력은 법제 분야로 이어진다.

이렇듯 안전을 통제하려는 사회기술시스템은 각 계층마다 여러 학문 분야가 관련되어 있다. 따라서, 계층별로 안전을 위한 학제 간 연구가 원활히 이루어져야 할 것이며, 안전관리는 인지심리학, 인간공학, 안전공학 분야와의 협력은 필요 불가결할 것으로 본다.

따라서 사회기술시스템에서 학제 간 연구를 위하여 각 단계에서 Rasmussen의 Human error가 다루어지기를 기대하며 Rasmussen의 대표 모델인 숙련, 규칙 그리고 지식 모델(Skill, Rule, and Knowledge Models, SRK Models)을 함께 고찰한다.

가. Rasmussen의 Human Error

Jens Rasmussen은 숙련, 규칙 그리고 지식 모델(Skill, Rule, and Knowledge Models, SRK Models), Risk 관리 프레임워크, 동적 안전 모델, AcciMap Approach 등의 이론을 창시하였다.

이 중에서 대표적인 SRK Models은 인적 오류를 숙련기반행동(Skill-based behavior, SBB), 규칙기반행동(Rule-based behavior, RBB), 지식기반행동(Knowledge-based behavior, KBB)의 3가지 모델로 분류하였다. Skill-based behavior(숙련기반행동)은 숙련자에게 나타나는 행동 단계로 자극과 상황을 인지하는 즉시 자동적이며 무의식적으로 반응하는 행동으로 효율성과 속도가 높은 행동이다. Rule-based behavior(규칙기반행동)는 작업에 대하여 중급자가 자극과 상황을 인지하면 자신의 경험을 기반으로 유추의 과정을 거쳐 자신만의 규칙을 사용하는 조건-반사의 조합으로 행동한다. Knowledge-based behavior(지식기반행동)은 작업의 초급자에게 발생하는 행동으로 자극이나 상황에 대한 정보가 없어, 인식하고 나면 해석 및 결정의 과정을 거쳐 행동에 이른다.

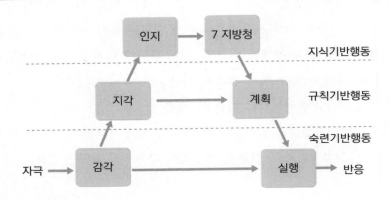

그림 24 Rasmussen의 3단계 사다리 모형

　　사람의 정보처리는 어떤 일에 대한 숙련도에 따라 처리 과정이 다르다. <그림 24>에서 보는 바와 같이 지식기반행동(KBB)은 초보자로서 자극을 받으면 감각-지각-인지-추론-계획-실행의 과정을 거치면서 작업을 한다. 규칙기반행동(RBB)은 중급자로서 자극에 대한 자신만의 규칙이 있으므로 인지-추론이 필요 없으며 감각-지각-계획-실행의 과정으로 작업을 한다. 숙련기반행동(SBB)은 숙련자로서 지각-인지-추론-계획의 과정 없이 감각에서 실행으로 바로 이어진다.

　　James Reason은 Jens Rasmussen의 3단계 사다리 모형과 Donald A. Norman의 행위 스키마를 결합하여 GEMs(Generic Error Modeling System) 모델을 발표하였다. James Reason은 인간의 불안전 행동을 의도되지 않은 행동과 의도된 행동으로 구분한다. 의도되지 않은 행동은 숙련기반행동(SBB)에서 기인하며 기억을 못 하는 망각 상태에서 나타나는 실수 즉, Lapes 및 부주의해서 발생하는 실수 즉, Slip으로 구분한다. 의도된 행동은 잘못되었다는 것을 모르고 행동하는 착오 즉, Mistake와 잘못된 것을 알고도 행동하는 위반 즉, Violation으로 구분한다. Violation은 일상적 위반, 상황적 위반, 예외적 위반으로 구분되며 Mistake는 규칙기반행동(RBB)과 지식기반행동(KBB)으로 구분하였다. 이를 도식화하면 <그림 25>와 같다.

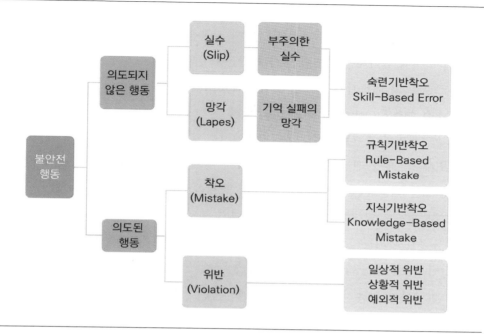

그림 25 James Reason의 GEMs 모델 시스템

나. Rasmussen의 사회기술 시스템

Jens Rassmussen은 역동적인 사회에서 대규모 사고의 인과관계를 조사·분석할 수 있는 적절한 모델이 있는지에 대한 질문을 던졌다. 리스크관리와 관련된 사회기술 시스템(Socio—technical system)은 입법자, 관리자, 작업 계획자 그리고 시스템 운영자에 이르는 단계를 포함하는 모델이며, 인간—기계 인터페이스 문제로부터 인적 오류 분석, 운영자 모델링 및 디스플레이 설계까지 다룬다. Rasmussen은 운영자의 근무 환경과 성과, 경영진의 의사결정, 사회적 이슈, 법률 분야 등의 전문가들이 참여하는 연구를 진행하였다.

Rasmussen은 제어 이론 개념에 기반한 시스템 지향의 접근 방식을 채택하고 사고의 전제 조건을 생성하는 조직, 관리 및 운영 구조를 모델링하기 위한 프레임워크를 제안했다. Rasmussen의 리스크관리를 위한 프레임워크는 **구조와 역학**(Structure and

Dynamics)의 두 부분으로 구성된다.

기술의 복잡성과 급속한 발전으로 인해 시장경쟁, 경제적 및 정치적 압력, 입법 및 안전에 대해 높아지는 사회적 인식과 같은 매우 변동적이고 역동적인 환경에서 운영되는 고위험의 사회기술 시스템이 개발되었다.

구조적 계층(Structural Hierarchy)

리스크관리와 관련된 사회기술시스템에서는 <그림 26>에서 보는 바와 같이 입법자, 조직 및 운영 관리의 시스템 운영자에 이르는 여러 단계의 계층을 포함한다. Rasmussen은 리스크관리를 물리적 과정의 통제력 상실로 인해 인명 피해, 환경오염 및 재정적 재난이 발생하는 사회기술시스템의 제어 문제로 보았다.

역동적인 사회는 산업 분야의 리스크관리를 위한 몇 가지 조건에서 급속도의 변화를 가지게 된다. 운송, 해운, 제조 산업 등과 같은 영역에서 기술의 매우 빠른 변화 속도를 발견하게 된다. "5세대 기술에 대한 2세대 경영(Second generation management of fifth generation technology)"이라고 말하기도 한다. 시스템에서 가장 큰 문제는 입법 과정의 지연이다. 사회의 동적 상호작용에서 계층별 변화에 대한 지연은 중요한 문제가 된다. 더불어 산업 시설의 규모의 지속적 증가로 대형 사고의 잠재력을 가지게 되므로 사회적 수용을 위해서는 리스크의 관리로 사고 확률 저감을 증명해야 한다. 뿐만 아니라, 정보통신 기술의 급속한 발전으로 고도의 시스템 통합과 결합으로 빠르고 광범위한 전파력의 효과를 가져온다. 이에 따라 소규모의 로컬 실험으로 시스템을 독립적으로 모델링하고 평가하는 것이 어려워지고 있다. 또한, 기업은 공격적이고 경쟁적인 환경에서 경영하기 때문에 기업이 생존을 위해 복지, 안전, 환경에 대한 단기적인 의사결정에 집중하게 된다. 따라서, 근본적으로 시스템 행동 모델링에 접근하기 위해서는 구조적 분해(Structural decoposition) 대 기능적 추출(Functional abstract)의 문제와 학제 간 연구(Cross-desciplinary research) 대 다분야 협력(Multi-disciprinary co-opetration)의 문제가 제기된다.

사회기술시스템에서 일반적인 접근법은 각각의 모델링 요소를 구조적으로 분해하는 것이다. <그림 26>에서 보는 바와 같이 리스크관리를 포함한 사회기술 시스템은 **조직 단계(Structural Level)에 따라 분해하고 각 단계는 다른 학문 분야별로 연구한다.**

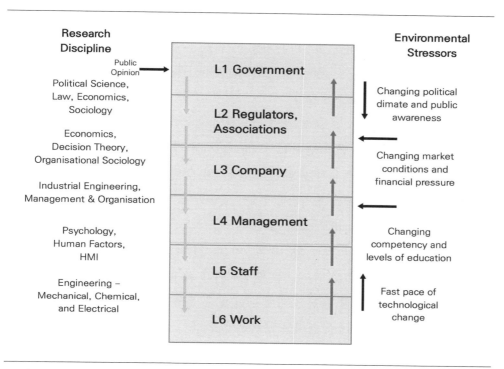

그림 26 Hierarchical model of Socio-technical system

상위 단계의 리스크관리는 기술적 위험요인의 출처에 따라 수평적 연구를 지향하며 조직의 집단적 표본 분석을 기초로 하고, 분석은 산업 전반의 설문과 통계를 기반으로 한다. 상위 단계의 리스크관리는 하위 단계의 프로세스를 자세히 고려하지 않고 연구된다. 즉, 현실적으로 기업의 경영이론은 본질적인 사업 영역을 조직이 지원하기 위한 재정 운영(Finacial operations)에 초점을 맞추는 것으로 나타난다. 기업의 경영이 본질적인 사업 경영 전문가 보다는 금융권과 투자자들에 의해 의사가 결정되므로 해당 산업 분야의 안전이 중시되지 않는다. 이러한 상황을 고려한다면 사회기술시스템에서 계층 간의 수직적 상호작용에 대하여 많은 연구의 필요성이 제기된다. 하위 단계의 프로세스에 대한 정보는 계층구조의 상위로 전파되어야 한다. 이 수직적 정보흐름은 전체 사회기술시스템의 안전에 필수적인 역할을 하는 폐쇄 루프 피드백 시스템을 형성해야 한다.

최상부 단계(L1, Govermemnt)는 법·제도를 통해 안전을 통제하려 하므로 정치학과 법학 분야에서 연구한다. 안전은 높은 우선순위를 가지고 있지만 법·제도는 상호 충돌하는 목표의 우선순위를 명시하고 수용 가능한 조건의 경계를 명시해야 한다. 다음 단계(L2, Regulators & Associations)는 당국(Authority)과 산업협회, 노동조합 및 기타 이익 단체의 역할이 안전을 통제하므로 경제학과 조직 사회학에서 연구한다. 여기서 법률은 특정 분야 사업장 및 특정 분야 근로자의 활동을 통제하기 위한 규칙으로 해석되고 적용된다. 다음은 운영 단계(L3, Company)로서 적용되는 업무 프로세스와 장비를 고려해 특정 기업에 적용되는 업무 프로세스와 장비 등을 맥락을 고려해 규칙을 해석해야 하므로 산업공학과 경영조직학에서 연구한다. 다음은 규칙을 작동시키는 단계(L4, Managemnet / L5, Staff)로 로컬 조건과 프로세스에서 도출한 많은 세부 사항이 상호 작용하므로 작업 심리학과 인간공학, 인간－기계 상호작용과 같은 새로운 분야가 관련된다. 마지막 단계(L6, Worker)는 생산적이고 잠재적이며 위험한 프로세스와 장비의 설계와 고장을 포함한 운영 상태에 대한 표준 운영 절차 개발과 관련된 기계·전기·화학 등 일반 엔지니어링 분야를 충족해야 한다.

그러나 작업 지침이나 표준운영절차를 행동의 판단 기준으로 삼을 수 없고 국지적인 우발상황을 예측할 수 없으므로 추가 이행 기준을 가정하여 해결하여야 한다. 어떤 경우는 오래된 관행을 이행하므로서 실제로는 법률, 규칙 및 지침을 규정대로 실행하지 않는다. 원자력 운전과 같은 업무에서 운전원의 형식적인 규칙의 위반은 실제 작업량과 시간을 고려할 때는 상당히 합리적으로 보일 때도 있다. 행위자 행동을 모델링하는 것은 동적 환경에서는 신뢰할 수 없으며 과업 분석 모델링은 기술 시스템의 제어 요건에서 엄격하게 통제될 때만 유용하다.

행동 분해의 다른 예시는 별도의 의사결정을 통한 행동 통제 모델링이다. 그러나 작업 현장에서 적절한 의사결정을 분리하는 것은 매우 어려운 일이다. 익숙한 환경에서 행동은 대안을 암기하고 있으므로 지식기반의 분석적 추론 및 계획은 숙련 기반 및 규칙 기반으로 대체된다. 별도의 의사결정은 어려우며 사회적 맥락과 가치 체계 그리고 그것이 통제하고자 하는 역동적인 업무 프로세스에 대한 동시 연구가 분리될 수 없다.

시스템 역학(System Dynamics)

모든 작업 시스템에서 작업을 수행하는 작업자의 행동은 목표와 제한조건에 의해 이루어진다. 이러한 목표는 작업 부하, 비용 효율성, 리스크관리의 실패 등과 같은 적응형 탐색을 통해 개별 작업자가 접근해야 한다. 이 탐색 중에 작업자가 자유롭게 처리할 수 있는 작업 공간은 행정, 기능 그리고 안전과 관련한 제한조건의 경계 범위 내에 있다.

적응형 탐색 중에 작업자는 작업 부하가 적은 방향으로 움직이는 경향성을 나타내고, 경영진은 일반적으로 경제적으로 효율성을 우선하여 비용이 적게 드는 경향성을 제공한다. 그 결과 작업자는 기능적으로 수용 가능한 행동의 경계를 향해 체계적으로 이동할 가능성이 매우 높다. 경계를 넘을 경우 오류나 사고가 발생할 수 있다. <그림 27>에서 보는 바와 같이 작업자의 노력과 경영진의 비용 효율성이 낮아지면 수용할 수 없는 안전의 경계에 이르게 된다.

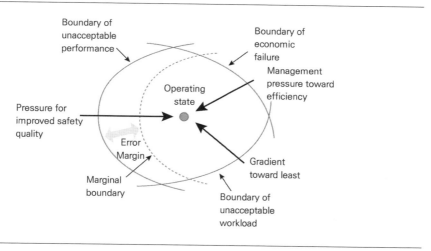

그림 27 **Boundaries of Safe Operation(Rasmussen 1997)**

설계가 잘된 작업 시스템에서는 '심층 방어' 설계 전략을 사용하여 작업자를 현장의 리스크에서 보호하고 중대 사고로부터 보호하기 위해 수많은 예방 조치를 취한다. 그러나 기본적인 문제 중 하나는 기능적으로 중복된 보호 방어 시스템에서 하나의 지엽적인 위반사항이 발생해도 즉각적이고 가시적인 영향이 나타나지 않으며 작업에서 관찰되지 않을 수 있다는 것이다. 이 상황에서 특정 작업자의 '안전한 행동의 경계 (The boundary of behavior)'는 다른 작업자가 경계를 넘어가게 되면 방어 체계는 퇴보할 가능성이 있다. 따라서 시간이 지나면서 경제적으로 비용 효율성(Cost-effetive)에 대한 압력이 지배하게 된다. 중요한 문제는 사고 과정 단계가 비용 효율성에 대한 지속적인 요청으로 누군가의 행동에 영향을 주어 아주 정상적인 변화를 가져와서 사고를 유발할 수 있다.

리스크관리와 관련하여 조직을 관리하는 의사 결정권자가 전체적으로는 안전 요구사항과 일치하지 않을 가능성이 있다. 인간 행동의 경우 작업 분석에 사용되는 단계보다 더 높은 단계의 기능적 추출(Functional abstraction)이 필요하다. 이러한 표현에는 작업 공간의 경계 조건과 이 공간에서 표류하는 프로세스 기준 측면에서 기울기의 식별이 포함된다. 이 접근법은 위험원의 분류와 통제 특성의 분석이 필요하다. 작업 시스템의 수단-목적 관계에 대한 상세한 연구 그리고 고유한 작업 프로세스 및 위험 원인으로 특징지어지는 시스템에 초점을 맞춘 연구의 필요성이 포함된다.

사고 원인 모델링에 대한 이러한 접근 방식의 변화는 미리 특정한 경로에서 벗어나는 행동을 제어하기보다는 경계를 명확히 정하여 알리고 그 경계에서 대처하게 한다. 정상 작동으로부터 통제력 상실의 경계까지의 폭을 늘리면 경계에 대하여 자연스럽게 적응하고 사고에 무감각해질 가능성이 매우 높다. 또한, 교육 및 동기 부여 캠페인을 통해 경계에 대한 인식을 높일 수도 있다. 안전 캠페인은 '비용 효율성' 기울기에 대한 '반대 기울기'를 생성하여 정상과 경계의 폭을 유지하는 역할을 할 수 있다. '안전 문화'를 위한 현실적 경쟁은 끝나지 않을 것이다. 작업 환경의 기능적 압력을 보상하는 지속적인 압력으로 작용한다. 이 경험적 접근 방식으로 달성한 현재의 높은 단계의 산업안전은 상당한 추가 개선을 위해서는 특정 프로세스 환경의 행동 형성 요인에 대해 선택적으로 접근하는 접근 방식이 필요하다. 개선된 리스크관리에 대한 가장 유망한 일반적인 접근 방식은 안전한 운영의 경계를 명시적으로 확인하고 이러한 경계를 작업자가 볼 수 있도록 하여 경계에 대처하는 방법을 배울 수 있는 기회를 제공하는 것이다.

CHAPTER 05

국내 스포츠시설 안전 관리 관련 법률

1 국민체육진흥법

국민체육진흥법은 '국민체육을 진흥하여 국민의 체력을 증진하고, 건전한 정신을 함양하여 명랑한 국민생활을 영위하게 하며, 나아가 체육을 통하여 국위 선양에 이바지함을 목적으로 한다(법 제1조)'고 정하고 있다. 체육의 진흥을 위하여 해야 할 사항(법 제2장)과 국민체육진흥기금의 조성 및 사용(법 제3장), 체육진흥투표권의 발행(법 제4장) 그리고 체육단체의 육성(법 제5장)에 관한 내용을 전반적으로 다루고 있다.

국민체육진흥법은 스포츠시설의 안전과 관련한 내용은 특별히 다루고 있지는 않다. 다만, 법 제22조에서 국민체육진흥계정(국민체육진흥기금은 법 제19조에 따라 국민체육진흥기금계정과 사행산업 중독예방 치유계정으로 구분됨)의 재원을 공공체육시설의 개보수에 지원하도록 하였으며 그 중에서 같은 법 시행령 제23조의2 제2항 제3호에 따라 '이용자 등의 건강과 안전에 위해를 끼칠 우려가 있는 체육시설'에 대하여 <표 8>과 같이 지원하여 공공의 안전을 확보하도록 하고 있다.

표 8 긴급히 개수보수가 필요한 체육시설 기준(문화체육관광부 고시 제2014-31호)

"이용자 등의 건강과 안전에 위해를 끼칠 우려가 있어 긴급히 개수·보수가 필요한 체육시설의 기준"이라 함은 다음 각 호의 어느 하나에 해당하는 경우를 말한다.

1. 유해성분이 검출된 실내·외 체육시설
2. 체육관, 운동장, 운동경기 관람장 등의 안전울타리, 추락 방지망, 대피 유도 안내판 등 안전 관련 시설
3. 체육시설 주요 구조체의 변형 및 마감재 탈락, 소방 및 전기 설비 노후 등으로 보수·보강이 필요한 체육시설
4. 체육공원, 간이 운동장에 설치된 실외 운동기구 중 지반에 고정하기 위한 별도의 토목공사를 필요로 하는 것으로서 파손, 변형되어 보수·보강이 필요한 체육시설
5. 천재지변으로 인해 붕괴, 파손, 망실된 체육시설. 단, "재난구호 및 재해 복구비용 부담 기준 등에 관한 규정"제4조 제2호 사목에 의거 지원받는 체육시설은 제외
6. 시설물의 안전관리에 관한 특별법 제6조 내지 제7조에 따른 안전점검 및 정밀안전진단 결과 개수·보수가 필요하다고 판단되는 시설

국민체육진흥법은 공공체육시설 등의 안전 관련 예산을 확보하도록 하고 있다. 체육시설법 제5조의 전문체육시설과 같은 법 제6조의 생활체육시설 그리고 초중등교육법 제32조 제2호의 공립학교, 고등교육법 제3조의 공립학교에 설치되어 지역 주민에게 개방되는 시설에 한정하여 지원하고 있다. 체육시설법에 의한 체육시설업 즉, 등록 체육시설업 및 신고 체육시설업 그리고 법외 체육시설업에 대하여 국가에서 안전 관련 예산을 지원하는 제도는 마련되어 있지 않다.

한편, 최근 체육시설의 대형 안전사고, 즉 경주 마우나리조트 체육관 붕괴(2014.2.17) 및 재천스포츠센터 화재(2017.12.21)로 체육시설의 안전관리가 사회적 이슈로 부각되면서 체육시설 안전관리를 위하여 체육진흥기금의 재원을 체육시설 안전관리에 사용할 수 있도록 하는 국민체육진흥법의 일부개정(안)이 <표 9>와 같이 발의된 바 있다(노웅래 의원, 2018. 2. 20). 이 개정안은 법 제22조 제1항 제2호의 '체육시설 확충을 위한 지원 사업'을 '국민체육시설 확충 및 안전관리를 위한 지원 사업'으로 개정하여 체육진흥기금을 체육시설의 확충 뿐만이 아니라 안전관리에도 지원할 수 있도록 하는 것이었으나 개정에 이르지 못하고 폐기되었다.

표 9 **국민체육진흥법 일부 개정안 (안전관련)**

현 행	개 정 안
제22조(기금의 사용 등) ① 국민체육진흥계정은 다음 각 호의 사업이나 지원 등을 위하여 사용하고, 사행산업중독예방치유계정은 「사행산업통합감독위원회법」 제14조의4에서 정하는 바에 따라 사용한다.	제22조(기금의 사용 등) ① ----------------- --- --- --- ------.
1. (생 략)	1. (현행과 같음)
2. 국민체육시설 <u>확충</u>을 위한 지원 사업	2. ---------<u>확충 및 안전관리를</u>-------------
3. ~ 12. (생 략)	3. ~ 12. (현행과 같음)
② ~ ④ (생 략)	② ~ ④ (현행과 같음)

2 시설물 안전 및 유지관리에 관한 특별법

체육시설의 안전점검 항목 및 대상에서 시설물 분야는 '시설물의 안전 및 유지관리에 관한 특별법(이하 '시설물 안전법'이라 함)'에 따른 안전점검(법 제11조) 또는 정밀안전진단(법 제12조)을 받은 경우에는 체육시설의 안전점검을 받지 않아도 되는 것으로 규정하고 있다. 안전점검은 '경험과 기술을 갖춘 자가 육안이나 점검기구 등으로 검사하여 시설물에 내재(內在)되어 있는 위험요인을 조사하는 행위'를 말하며, 점검의 목적 및 점검의 수준을 고려하여 국토교통부령으로 정하는 바에 따라 정기안전점검 및 정밀안전점검으로 구분한다. 정밀안전진단은 '시설물의 물리적·기능적 결함을 발견하고 그에 대한 신속하고 적절한 조치를 위하여 구조적 안전성과 결함의 원인 등을 조사·측정·평가하여 보수·보강 등의 방법을 제시하는 행위'를 말한다.

시설물안전법은 '시설물의 안전 점검과 적정한 유지관리를 통하여 재해와 재난을 예방하고 시설물의 효용을 증진시킴으로써 공중의 안전을 확보하고 나아가 국민의 복리 증진에 기여함을 목적'으로 한다(법 제1조). 여기에서 시설물이란 '건설공사를 통하여 만들어진 교량·터널·항만·댐·건축물 등 구조물과 그 부대시설로서 제7조 각호에 따른 제1종 시설물, 제2종 시설물 및 제3종 시설물'을 말한다(법 제2조 제1항).

시설물안전법의 종별 시설물 중 체육시설과 관련된 시설물을 구분해보면 <표 10>과 같이 제1종 시설물은 '연면적 3만 제곱미터 이상인 관람장', 제2종 시설물은 '연면적 5천 제곱미터 이상의 문화체육시설 및 운동시설', 제3종 시설물은 '준공 후 15년이 경과된 연면적 1,000㎡ 이상~5,000㎡ 미만의 문화 및 집회시설, 운동시설 및 500㎡ 이상~1,000㎡ 미만의 운동시설'이다.

표 10 **시설물의 종류(시행령 제4조 관련)**

제1종 시설물	제2종 시설물	제3종 시설물
연면적 **3만 제곱미터 이상**의 철도역시설 및 **관람장**	제1종 시설물에 해당하지 않는 건축물로서 **연면적 5천 제곱미터 이상**(각 용도별 시설의 합계를 말한다)의 **문화 및 집회시설**, 수련시설, **운동시설**	○ 준공 후 **15년이 경과**된 연면적 1,000㎡ 이상~5,000㎡ 미만의 **문화 및 집회시설**, 위락시설, 수련시설, **운동시설** ○ 준공 후 **15년이 경과**된 연면적 500㎡ 이상~1,000㎡ 미만의 **운동시설**

시설물안전법은 국가 및 지방자치단체가 국민의 생명·신체 및 재산을 보호하기 위하여 시설물의 안전 및 유지관리에 관한 종합적인 시책을 수립·시행하여야 한다. 관리주체는 시설물의 안전을 확보하고 지속적인 이용을 도모하기 위하여 필요한 조치를 하여야 한다. 관리주체는 공공관리주체와 민간관리주체로 구분한다. 공공관리주체는 국가·지방자치단체, 「공공기관의 운영에 관한 법률」 제4조에 따른 공공기관, 「지방공기업법」에 따른 지방공기업을 말하며, 민간관리주체는 공공관리주체 외의 관리주체를 말한다. 모든 국민은 국가 및 지방자치단체, 관리주체가 수행하는 시설물의 안전 및 유지관리 활동에 적극 협조하여야 한다.

3 다중이용업소의 안전관리에 관한 특별법

다중이용업소의 안전관리에 관한 특별법(이하 "다중이용업소법"이라 한다)은 '다중이용업소의 안전시설 등의 설치·유지 및 안전관리와 화재위험평가 등에 필요한 사항을 정함으로서 공공의 안전과 복리 증진에 이바지함을 목적'으로 한다(법 제1조). 다중이용업이란 '불특정 다수인이 이용하는 영업 중 화재 등 재난 발생 시 생명·신체·재산상의 피해가 발생할 우려가 높은 것으로서 대통령령으로 정하는 영업'을 말한다(법 제2조 제1항 제2호).

다중이용업소법 시행령 제2조 제7의3호 및 제7의4호에 따르면 문화체육관광부에서 분류하는 공공체육시설 22개종 중 실내권총 사격장(시행령 제2조 제7의3)과 신고 체육시설업 14개 업종 중 가상체험 체육시설업(실내에 1개 이상의 별도의 구획된 실을 만들어 골프 종목의 운동이 가능한 시설을 경영하는 영업으로 한정 / 시행령 제2조 제7의4)의 2개 체육시설이 다중이용업소에 해당하며 <표 11>, <표 36>에서 보는 바와 같이 체육시설법에 따른 체육시설(업)에 속하여 소방시설분야의 점검이 다중이용업소법과 체육시설법에 따라 일부 중복 점검될 수 있다.

표 11 **다중이용업소 중 체육시설 현황(시행령 제2조 관련)**

> ○ 7의3. 「사격 및 사격장 안전관리에 관한 법률 시행령」 제2조 제1항 및 별표 1에 따른 권총사
> 격장(실내사격장에 한정하며, 같은 조 제1항에 따른 종합사격장에 설치된 경우를 포함한다)
> ○ 7의4. 「체육시설의 설치·이용에 관한 법률」 제10조 제1항 제2호에 따른 골프연습장업(실내에
> 1개 이상의 별도의 구획된 실을 만들어 스크린과 영사기 등의 시설을 갖추고 골프를 연습할
> 수 있도록 공중의 이용에 제공하는 영업에 한정한다)

그림 28 **소방시설**

　　소방청장은 화재 등 재난이나 위급한 상황으로 인적·물적 피해의 감소 등을 위하여 다중이용업소의 안전관리 기본계획을 5년마다 수립하며 그에 따른 연도별 안전관리계획을 매년 수립하여 시행하여야 한다(법 제5조). 소방본부장은 소방청장에게 안전관리계획에 따라 안전관리 집행계획을 수립·제출하여야 한다(법 제6조).

　　다중이용업주는 업장의 안전관리를 위하여 안전시설 등에 대하여 정기적으로 점검을 실시하고 1년간 그 결과서를 보관하여야 한다. 점검 주기는 매 분기 1회 이상이며, 점검대상은 <표 12>와 같은 안전시설 등이고, 점검의 방법은 유지관리 상태 및 작동 점검이다.

표 12 안전시설 등(시행령 제2조의2 관련)

1. **소방시설**
   가. 소화설비
     1) 소화기 또는 자동 확산소화기
     2) 간이스프링클러설비(캐비닛형 간이스프링클러설비 포함)
   나. 경보설비
     1) 비상벨설비 또는 자동 화재탐지설비 / 2) 가스누설경보기
   다. 피난설비
     1) 피난기구
       가) 미끄럼대 / 나) 피난사다리 / 다) 구조대 / 라) 완강기 / 마) 다수인 피난장비 /
       바) 승강식 피난기
     2) 피난유도선 / 3) 유도등, 유도표지 또는 비상조명등 / 4) 휴대용비상조명등
2. **비상구**
3. **영업장 내부 피난통로**
4. **그 밖의 안전시설**
   가. 영상음향차단장치 / 나. 누전차단기 / 다. 창문

상기에서 언급한 다중이용업소법에 따른 다중이용업소는 <표 13>과 같다.

표 13 다중이용업소 현황

1. 「식품위생법 시행령」 제21조 제8호에 따른 식품접객업 중 다음 각 목의 어느 하나에 해당하는 것
   가. 휴게음식점영업·제과점영업 또는 일반음식점영업으로서 영업장으로 사용하는 바닥면적(「건축법 시행령」 제119조 제1항 제3호에 따라 산정한 면적을 말한다. 이하 같다)의 합계가 100제곱미터(영업장이 지하층에 설치된 경우에는 그 영업장의 바닥면적 합계가 66제곱미터) 이상인 것. 다만, 영업장(내부계단으로 연결된 복층구조의 영업장을 제외한다)이 다음의 어느 하나에 해당하는 층에 설치되고 그 영업장의 주된 출입구가 건축물 외부의 지면과 직접 연결되는 곳에서 하는 영업을 제외한다.
     1) 지상 1층
     2) 지상과 직접 접하는 층
   나. 단란주점영업과 유흥주점영업

1의2. 「식품위생법 시행령」 제21조 제9호에 따른 공유주방 운영업 중 휴게음식점영업·제과점

영업 또는 일반음식점영업에 사용되는 공유주방을 운영하는 영업으로서 영업장 바닥면적의 합계가 100제곱미터(영업장이 지하층에 설치된 경우에는 그 바닥면적 합계가 66제곱미터) 이상인 것. 다만, 영업장(내부계단으로 연결된 복층구조의 영업장은 제외한다)이 다음 각 목의 어느 하나에 해당하는 층에 설치되고 그 영업장의 주된 출입구가 건축물 외부의 지면과 직접 연결되는 곳에서 하는 영업은 제외한다.

   가. 지상 1층
   나. 지상과 직접 접하는 층

2. 「영화 및 비디오물의 진흥에 관한 법률」 제2조 제10호, 같은 조 제16호 가목·나목 및 라목에 따른 영화상영관·비디오물감상실업·비디오물소극장업 및 복합영상물제공업

3. 「학원의 설립·운영 및 과외교습에 관한 법률」 제2조 제1호에 따른 학원(이하 "학원"이라 한다)으로서 다음 각 목의 어느 하나에 해당하는 것
   가. 「소방시설 설치 및 관리에 관한 법률 시행령」 별표 4에 따라 산정된 수용인원(이하 "수용인원"이라 한다)이 300명 이상인 것
   나. 수용인원 100명 이상 300명 미만으로서 다음의 어느 하나에 해당하는 것. 다만, 학원으로 사용하는 부분과 다른 용도로 사용하는 부분(학원의 운영권자를 달리하는 학원과 학원을 포함한다)이 「건축법 시행령」 제46조에 따른 방화구획으로 나누어진 경우는 제외한다.
     (1) 하나의 건축물에 학원과 기숙사가 함께 있는 학원
     (2) 하나의 건축물에 학원이 둘 이상 있는 경우로서 학원의 수용인원이 300명 이상인 학원
     (3) 하나의 건축물에 제1호, 제2호, 제4호부터 제7호까지, 제7호의2부터 제7호의5까지 및 제8호의 다중이용업 중 어느 하나 이상의 다중이용업과 학원이 함께 있는 경우

4. 목욕장업으로서 다음 각 목에 해당하는 것
   가. 하나의 영업장에서 「공중위생관리법」 제2조 제1항 제3호 가목에 따른 목욕장업 중 맥반석·황토·옥 등을 직접 또는 간접 가열하여 발생하는 열기나 원적외선 등을 이용하여 땀을 배출하게 할 수 있는 시설 및 설비를 갖춘 것으로서 수용인원(물로 목욕을 할 수 있는 시설부분의 수용인원은 제외한다)이 100명 이상인 것
   나. 「공중위생관리법」 제2조 제1항 제3호 나목의 시설 및 설비를 갖춘 목욕장업

5. 「게임산업진흥에 관한 법률」 제2조 제6호·제6호의2·제7호 및 제8호의 게임제공업·인터넷

컴퓨터게임시설제공업 및 복합유통게임제공업. 다만, 게임제공업 및 인터넷컴퓨터게임시설제공업의 경우에는 영업장(내부계단으로 연결된 복층구조의 영업장은 제외한다)이 다음 각 목의 어느 하나에 해당하는 층에 설치되고 그 영업장의 주된 출입구가 건축물 외부의 지면과 직접 연결된 구조에 해당하는 경우는 제외한다.

   가. 지상 1층

   나. 지상과 직접 접하는 층

6. 「음악산업진흥에 관한 법률」 제2조 제13호에 따른 노래연습장업

7. 「모자보건법」 제2조 제10호에 따른 산후조리업

7의2. 고시원업[구획된 실(室) 안에 학습자가 공부할 수 있는 시설을 갖추고 숙박 또는 숙식을 제공하는 형태의 영업]

7의3. 「사격 및 사격장 안전관리에 관한 법률 시행령」 제2조 제1항 및 별표 1에 따른 권총사격장(실내사격장에 한정하며, 같은 조 제1항에 따른 종합사격장에 설치된 경우를 포함한다)

7의4. 「체육시설의 설치·이용에 관한 법률」 제10조 제1항 제2호에 따른 가상체험 체육시설업(실내에 1개 이상의 별도의 구획된 실을 만들어 골프 종목의 운동이 가능한 시설을 경영하는 영업으로 한정한다)

7의5. 「의료법」 제82조 제4항에 따른 안마시술소

8. 법 제15조 제2항에 따른 화재위험평가결과 위험유발지수가 제11조 제1항에 해당하거나 화재발생시 인명피해가 발생할 우려가 높은 불특정다수인이 출입하는 영업으로서 행정안전부령으로 정하는 영업. 이 경우 소방청장은 관계 중앙행정기관의 장과 미리 협의하여야 한다.

  1. 전화방업·화상대화방업 : 구획된 실(室) 안에 전화기·텔레비전·모니터 또는 카메라 등 상대방과 대화할 수 있는 시설을 갖춘 형태의 영업
  2. 수면방업 : 구획된 실(室) 안에 침대·간이침대 그 밖에 휴식을 취할 수 있는 시설을 갖춘 형태의 영업
  3. 콜라텍업 : 손님이 춤을 추는 시설 등을 갖춘 형태의 영업으로서 주류판매가 허용되지 아니하는 영업
  4. 방탈출카페업 : 제한된 시간 내에 방을 탈출하는 놀이 형태의 영업

5. 키즈카페업 : 다음 각 목의 영업
　　가. 「관광진흥법 시행령」 제2조 제1항 제5호 다목에 따른 기타유원시설업으로서 실내공간에
　　　서 어린이(「어린이안전관리에 관한 법률」 제3조 제1호에 따른 어린이를 말한다. 이하 같
　　　다)에게 놀이를 제공하는 영업
　　나. 실내에 「어린이놀이시설 안전관리법」 제2조 제2호 및 같은 법 시행령 별표 2 제13호에 해
　　　당하는 어린이놀이시설을 갖춘 영업
　　다. 「식품위생법 시행령」 제21조 제8호 가목에 따른 휴게음식점영업으로서 실내공간에서 어린
　　　이에게 놀이를 제공하고 부수적으로 음식류를 판매·제공하는 영업
6. 만화카페업 : 만화책 등 다수의 도서를 갖춘 다음 각 목의 영업. 다만, 도서를 대여·판매만
　하는 영업인 경우와 영업장으로 사용하는 바닥면적의 합계가 50제곱미터 미만인 경우는 제외
　한다.
　　가. 「식품위생법 시행령」 제21조 제8호 가목에 따른 휴게음식점영업
　　나. 도서의 열람, 휴식공간 등을 제공할 목적으로 실내에 다수의 구획된 실(室)을 만들거나 입
　　　체 형태의 구조물을 설치한 영업

4 화재의 예방 및 안전관리에 관한 법률

　　체육시설법에 따른 소방시설분야의 안전점검은 공공체육시설과 등록 체육시설업
및 신고 체육시설업을 대상으로 실시한다. 다만, 화재의 예방 및 안전관리에 관한 법
률(이하 "화재예방법"이라 한다) 제7조에 따라 화재안전조사를 최근 1년 이내에 받은 경
우는 체육시설법에 따른 안전점검은 제외하도록 하고 있다. 화재안전조사를 받는 대
상 시설은 <표 14>와 같고 조사항목은 <표 15>와 같다.

표 14 **화재안전조사 대상 시설(화재예방법 제7조 제1항)**

1. 「소방시설 설치 및 관리에 관한 법률」 제22조에 따른 자체점검이 불성실하거나 불완전하다
　고 인정되는 경우
2. 화재예방강화지구 등 법령에서 화재안전조사를 하도록 규정되어 있는 경우
3. 화재예방안전진단이 불성실하거나 불완전하다고 인정되는 경우
4. 국가적 행사 등 주요 행사가 개최되는 장소 및 그 주변의 관계 지역에 대하여 소방안전관리
　실태를 조사할 필요가 있는 경우

5. 화재가 자주 발생하였거나 발생할 우려가 뚜렷한 곳에 대한 조사가 필요한 경우
6. 재난예측정보, 기상예보 등을 분석한 결과 소방대상물에 화재의 발생 위험이 크다고 판단되는 경우
7. 제1호부터 제6호까지에서 규정한 경우 외에 화재, 그 밖의 긴급한 상황이 발생할 경우 인명 또는 재산 피해의 우려가 현저하다고 판단되는 경우

표 15 화재안전조사 항목(소방예방법 제7조 제2항)

1. 화재의 예방조치 등에 관한 사항
2. 소방안전관리 업무 수행에 관한 사항
3. 피난계획의 수립 및 시행에 관한 사항
4. 소화·통보·피난 등의 훈련 및 소방안전관리에 필요한 교육(이하 "소방훈련·교육"이라 한다)에 관한 사항
5. 소방자동차 전용구역의 설치에 관한 사항
6. 시공, 감리 및 감리원의 배치에 관한 사항
7. 소방시설의 설치 및 관리에 관한 사항
8. 건설현장 임시소방시설의 설치 및 관리에 관한 사항
9. 피난시설, 방화구획(防火區劃) 및 방화시설의 관리에 관한 사항
10. 방염(防炎)에 관한 사항
11. 소방시설등의 자체점검에 관한 사항
12. 안전관리에 관한 사항
13. 위험물 안전관리에 관한 사항
14. 초고층 및 지하연계 복합건축물의 안전관리에 관한 사항
15. 그 밖에 소방대상물에 화재의 발생 위험이 있는지 등을 확인하기 위해 소방관서장이 화재안전조사가 필요하다고 인정하는 사항

소방시설 설치 및 관리에 관한 법률(이하 "소방시설법"이라 한다)에 따른 소방시설이란 '소화설비, 경보설비, 피난구조설비, 소화용수설비, 그 밖에 소화활동설비로서 대통령으로 정하는 것'을 말한다. 대통령령으로 정하는 소방시설은 <표 16>과 같다.

표 16 소방시설(시행령 제3조 관련)

1. 소화설비: 물 또는 그 밖의 소화약제를 사용하여 소화하는 기계·기구 또는 설비로서 다음 각 목의 것
    가. 소화기구
        1) 소화기
        2) 간이소화용구: 에어로졸식 소화용구, 투척용 소화용구 및 소화약제 외의 것을 이용한 간이소화용구
        3) 자동 확산 소화기
    나. 자동 소화 장치
        1) 주거용 주방자동 소화 장치 / 2) 상업용 주방자동 소화 장치
        3) 캐비닛형 자동 소화 장치 / 4) 가스자동 소화 장치 / 5) 분말자동 소화 장치
        6) 고체 에어로졸 자동소화 장치
    다. 옥내소화전설비(호스릴 옥내소화전설비를 포함한다)
    라. 스프링클러설비 등
        1) 스프링클러설비 / 2) 간이스프링클러설비(캐비닛형 간이스프링클러설비를 포함한다)
        3) 화재조기진압용 스프링클러설비
    마. 물분무 등 소화설비
        1) 물분무 소화설비 / 2) 미분무 소화설비 / 3) 포 소화설비 / 4) 이산화탄소소화설비
        5) 할론 소화설비 / 6) 할로겐화합물 및 불활성기체 소화설비
        7) 분말 소화설비 / 8) 강화액 소화설비
    바. 옥외소화전설비
2. 경보설비: 화재발생 사실을 통보하는 기계·기구 또는 설비로서 다음 각 목의 것
    가. 단독 경보형 감지기
    나. 비상경보설비
        1) 비상벨설비 2) 자동식사이렌설비
    다. 시각경보기 / 라. 자동 화재탐지설비 / 마. 비상방송설비 / 바. 자동 화재속보설비
    사. 통합감시시설 / 아. 누전경보기 / 자. 가스누설경보기
3. 피난구조설비: 화재가 발생할 경우 피난하기 위하여 사용하는 기구 또는 설비로서 다음 각 목의 것
    가. 피난기구
        1) 피난사다리 / 2) 구조대 / 3) 완강기
        4) 그 밖에 법 제9조제1항에 따라 소방청장이 정하여 고시하는 화재안전기준(이하 "화재안전기준"이라 한다)으로 정하는 것

나. 인명구조기구

　　1) 방열복, 방화복(안전헬멧, 보호 장갑 및 안전화를 포함한다)

　　2) 공기호흡기

　　3) 인공소생기

다. 유도등

　　1) 피난유도선 / 2) 피난구유도등 / 3) 통로유도등 / 4) 객석유도등 / 5) 유도표지

라. 비상조명등 및 휴대용비상조명등

4. 소화용수설비: 화재를 진압하는 데 필요한 물을 공급하거나 저장하는 설비　로서 다음 각 목의 것

　가. 상수도소화용수설비

　나. 소화수조·저수조, 그 밖의 소화용수설비

5. 소화활동설비: 화재를 진압하거나 인명 구조 활동을 위하여 사용하는 설비로서 다음 각 목의 것

　가. 제연설비 / 나. 연결송수관설비 / 다. 연결 살수 설비 / 라. 비상콘센트설비

　마. 무선통신보조설비 / 바. 연소방지설비

체육시설법에 의한 점검 내용은 '① 화재경보기, 스프링클러 등의 정상 작동 여부, ② 소화기 등 방화 장비의 적정 보유 및 정상 작동 여부, ③ 피난안내도의 비치 또는 피난안내 영상물의 상영 여부, ④ 비상구 및 영업장 내부 피난통로의 설치 여부, ⑤ 누전차단기 등 전기시설의 정상 작동 여부'이므로 <표 16>의 시설 중에서 해당하는 시설에 대해서만 점검이 이루어진다.

또한, 체육시설은 대부분 소방시설법에 의한 특정소방대상물에 해당하므로 소방시설을 화재안전기준의 성능 기준과 기술기준에 적합하도록 설치하고 유지관리하여야 한다. 체육시설 중 특정소방대상물에 해당하는 시설은 <표 17>과 같다.

표 17 체육시설 중 특정소방대상물(제5조 관련)

2. 근린생활시설
마. 탁구장, 테니스장, 체육도장, 체력단련장, 에어로빅장, 볼링장, 당구장, 실내낚시터, 골프연습장, 물놀이형 시설(「관광진흥법」 제33조에 따른 안전성검사의 대상이 되는 물놀이형 시설을 말한다. 이하 같다), 그 밖에 이와 비슷한 것으로서 같은 건축물에 해당 용도

로 쓰는 바닥면적의 합계가 500㎡ 미만인 것

3. 문화 및 집회시설
   가. 공연장으로서 근린생활시설에 해당하지 않는 것
   나. 집회장: 예식장, 공회당, 회의장, 마권(馬券) 장외 발매소, 마권 전화투표소, 그 밖에 이와 비슷한 것으로서 근린생활시설에 해당하지 않는 것
   다. 관람장: 경마장, 경륜장, 경정장, 자동차 경기장, 그 밖에 이와 비슷한 것과 체육관 및 운동장으로서 관람석의 바닥면적의 합계가 1천㎡ 이상인 것

11. 운동시설
   가. 탁구장, 체육도장, 테니스장, 체력단련장, 에어로빅장, 볼링장, 당구장, 실내낚시터, 골프연습장, 물놀이형 시설, 그 밖에 이와 비슷한 것으로서 근린생활시설에 해당하지 않는 것
   나. 체육관으로서 관람석이 없거나 관람석의 바닥면적이 1천㎡ 미만인 것
   다. 운동장: 육상장, 구기장, 볼링장, 수영장, 스케이트장, 롤러스케이트장, 승마장, 사격장, 궁도장, 골프장 등과 이에 딸린 건축물로서 관람석이 없거나 관람석의 바닥면적이 1천㎡ 미만인 것

5 간이스프링클러설비의 화재안전기술기준(NFTC 103A)

『간이스프링클러설비의 화재안전기술 기준(이하 "화재 안전 기준"이라 한다)』은 "소방시설 설치 및 관리에 관한 법률 시행령" 별표 제1호 마목의 스프링클러 설비와 과 "다중이용업소의 안전관리에 관한 특별법" 제9조에 따른 간이스프링클러 설비의 설치 및 관리에 적용된다.

이 화재안전기준은 2023년 2월 10일부터 시행하였으며 체육시설업이 근린생활시설에서 다수 설치되어 있으므로 스프링클러설비에 대하여 특별히 해당 사항을 기술한다. 소방본부장이나 소방서장은 기존 건축물이 증축이나 개축 그리고 대수선이 되거나 용도변경이 되는 경우도 적용되나 스프링클러의 배관 및 배선 등의 공사가 현저하게 어려울 경우에는 적용하지 않을 수도 있다. 이 화재안전기준의 기술기준은 다음과 같다.

가. 수원

간이스프링클러의 수원은 상수도직결형의 경우에는 수돗물로 하고 수조("캐비닛형"을 포함한다)를 사용하고자 하는 경우에는 적어도 1개 이상의 자동급수장치를 갖추어야 하며, 2개의 간이헤드에서 최소 10분(특별한 경우 즉, 5개의 간이헤드에서 최소 20분) 이상 방수할 수 있는 양 이상을 수조에 확보하여야한다. 간이스프링클러설비의 수원을 수조로 설치하는 경우에는 소화설비의 전용 수조로 해야 한다. 다만, 다음의 어느 하나에 해당하는 경우에는 그렇지 않다.

- 간이스프링클러설비용 펌프의 풋밸브 또는 흡수배관의 흡수구(수직회전축펌프의 흡수구를 포함한다. 이하 같다)를 다른 설비(소화용 설비 외의 것을 말한다. 이하 같다)의 풋밸브 또는 흡수구보다 낮은 위치에 설치한 때
- 고가수조로부터 소화설비의 수직 배관에 물을 공급하는 급수구를 다른 설비의 급수구보다 낮은 위치에 설치한 때

그림 29 **간이스프링클러 설비 조작반**

저수량을 산정함에 있어서 다른 설비와 겸용하여 간이스프링클러설비용 수조를 설치하는 경우에는 간이스프링클러설비의 풋밸브·흡수구 또는 수직배관의 급수구와 다른 설비의 풋밸브·흡수구 또는 수직배관의 급수구와의 사이의 수량을 그 유효수량

으로 한다.

간이스프링클러설비용 수조는 다음의 기준에 따라 설치해야 한다.

- 점검에 편리한 곳에 설치할 것
- 동결방지조치를 하거나 동결의 우려가 없는 장소에 설치할 것
- 수조의 외측에 수위계를 설치할 것. 다만, 구조상 불가피한 경우에는 수조의 맨홀 등을 통하여 수조 안의 물의 양을 쉽게 확인할 수 있도록 해야 한다.
- 수조의 상단이 바닥보다 높은 때에는 수조의 외측에 고정식 사다리를 설치할 것
- 수조가 실내에 설치된 때에는 그 실내에 조명설비를 설치할 것
- 수조의 밑 부분에는 청소용 배수밸브 또는 배수관을 설치할 것
- 수조 외측의 보기 쉬운 곳에 "간이스프링클러설비용 수조"라고 표시한 표지를 할 것. 이 경우 그 수조를 다른 설비와 겸용하는 때에는 그 겸용되는 설비의 이름을 표시한 표지를 함께해야 한다.
- 소화설비용 펌프의 흡수배관 또는 소화설비의 수직배관과 수조의 접속부분에는 "간이스프링클러설비용 배관"이라고 표시한 표지를 할 것. 다만, 수조와 가까운 장소에 소화설비용 펌프가 설치되고 해당 펌프에 표지를 설치한 때에는 그렇지 않다.

나. 가압송수장치

방수압력(상수도직결형은 상수도압력)은 가장 먼 가지 배관에서 2개(특별한 경우 5개)의 간이 헤드를 동시에 개방할 경우 각각의 간이 헤드 선단 방수압력은 0.1MPa 이상, 방수량은 50L/min 이상이어야 한다. 다만, 주차장에 표준반응형 스프링클러헤드를 사용할 경우 헤드 1개의 방수량은 80L/min 이상이어야 한다.

전동기 또는 내연기관에 따른 펌프를 이용하는 가압송수장치는 다음의 기준에 따라 설치해야 한다.

- 쉽게 접근할 수 있고 점검하기에 충분한 공간이 있는 장소로서 화재 및 침수 등의 재해로 인한 피해를 받을 우려가 없는 곳에 설치할 것

- 동결방지조치를 하거나 동결의 우려가 없는 장소에 설치할 것
- 펌프는 전용으로 할 것. 다만, 다른 소화설비와 겸용하는 경우 각각의 소화설비 의 성능에 지장이 없을 때에는 그렇지 않다.
- 펌프의 토출 측에는 압력계를 체크밸브 이전에 펌프 토출 측 플랜지에서 가까운 곳에 설치하고, 흡입 측에는 연성계 또는 진공계를 설치할 것. 다만, 수원의 수 위가 펌프의 위치보다 높거나 수직회전축펌프의 경우에는 연성계 또는 진공계를 설치하지 않을 수 있다.
- 펌프의 성능은 체절운전 시 정격토출압력의 140%를 초과하지 않고, 정격토출량 의 150%로 운전 시 정격토출압력의 65% 이상이 되어야 하며, 펌프의 성능을 시 험할 수 있는 성능시험배관을 설치할 것. 다만, 충압펌프의 경우에는 그렇지 않다.

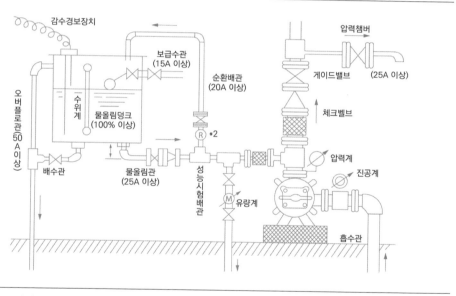

그림 30 **가압송수장치**

- 가압송수장치에는 체절운전 시 수온의 상승을 방지하기 위한 순환배관을 설치 할 것
- 기동장치로는 기동용수압개폐장치 또는 이와 동등 이상의 성능이 있는 것을 설

치할 것

- 기동용수압개폐장치를 기동장치로 사용할 경우에는 다음의 기준에 따른 충압펌프를 설치할 것. 다만, 캐비닛형 간이스프링클러설비의 경우에는 그렇지 않다.
- 펌프의 토출압력은 그 설비의 최고위 살수장치의 자연압보다 적어도 0.2MPa이 더 크도록 하거나 가압송수장치의 정격토출압력과 같게 할 것
- 펌프의 정격토출량은 정상적인 누설량보다 적어서는 안 되며, 간이스프링클러설비가 자동적으로 작동할 수 있도록 충분한 토출량을 유지할 것
- 수원의 수위가 펌프보다 낮은 위치에 있는 가압송수장치에는 다음의 기준에 따른 물올림장치를 설치할 것. 다만, 캐비닛형 간이스프링클러설비의 경우에는 그렇지 않다.
- 물올림장치에는 전용의 수조를 설치할 것
- 수조의 유효수량은 100L 이상으로 하되, 구경 15㎜ 이상의 급수배관에 따라 해당 수조에 물이 계속 보급되도록 할 것
- 내연기관을 사용하는 경우에는 제어반에 따라 내연기관의 자동기동 및 수동기동이 가능하고, 상시 충전되어 있는 축전지설비를 갖출 것
- 가압송수장치에는 "간이스프링클러소화펌프"라고 표시한 표지를 할 것. 이 경우 그 가압송수장치를 다른 설비와 겸용하는 때에는 그 겸용되는 설비의 이름을 표시한 표지를 함께해야 한다.
- 가압송수장치는 부식 등으로 인한 펌프의 고착을 방지할 수 있도록 다음의 기준에 적합한 것으로 할 것. 다만, 충압펌프는 제외한다.
- 임펠러는 청동 또는 스테인리스 등 부식에 강한 재질을 사용할 것
- 펌프축은 스테인리스 등 부식에 강한 재질을 사용할 것
- 고가수조의 자연낙차를 이용한 가압송수장치는 다음의 기준에 따라 설치해야 한다.
- 고가수조의 자연낙차수두(수조의 하단으로부터 최고층에 설치된 헤드까지의 수직거리를 말한다)는 다음의 식 (a)에 따라 산출한 수치 이상 유지되도록 할 것

$$H = h_1 + 10 \cdots (a)$$

H: 필요한 낙차(m) / h_1: 배관의 마찰손실수두(m)

- 고가수조에는 수위계·배수관·급수관·오버플로우관 및 맨홀을 설치할 것
- 압력수조를 이용한 가압송수장치는 다음의 기준에 따라 설치해야 한다.
- 압력수조의 압력은 다음의 식 (b)에 따라 산출한 수치 이상 유지되도록 할 것

$$P = p_1 + p_2 + 0.1 \cdots (b)$$

P: 필요한 압력(MPa)
p1: 낙차의 환산수두압(MPa) / p2: 배관의 마찰손실수두압(MPa)

- 압력수조에는 수위계·급수관·배수관·급기관·맨홀·압력계·안전장치 및 압력 저하 방지를 위한 자동식 공기압축기를 설치할 것
- 가압수조를 이용한 가압송수장치는 다음의 기준에 따라 설치해야 한다.
- 가압수조의 압력은 간이헤드 2개를 동시에 개방할 때 적정방수량 및 방수압이 10분(특별한 경우, 5개의 간이헤드에서 최소 20분) 이상 유지되도록 할 것
- 가압수조를 이용한 가압송수장치는 소방청장이 정하여 고시한 「가압수조식가압 송수장치의 성능인증 및 제품검사의 기술기준」에 적합한 것으로 설치할 것

그림 31 캐비닛형 간이스프링클러설비

- 캐비닛형 간이스프링클러설비를 사용할 경우 소방청장이 정하여 고시한 「캐비닛형 간이스프링클러설비의 성능인증 및 제품검사의 기술기준」에 적합한 것으로 설치해야 한다.
- 특정소방대상물의 경우에는 상수도직결형 및 캐비닛형 간이스프링클러설비를 제외한 가압송수장치를 설치해야 한다.

다. 간이스프링클러설비의 방호 구역 및 유수검수장치

간이스프링클러설비의 방호구역(간이스프링클러설비의 소화범위에 포함된 영역을 말한다. 이하 같다) 및 유수검지장치는 다음의 기준에 적합해야 한다. 다만, 캐비닛형의 경우에는 하나의 방호 구역은 2개 층에 미치지 않도록 하여야 한다.

- 하나의 방호구역의 바닥면적은 1,000제곱미터를 초과하지 않을 것
- 하나의 방호구역에는 1개 이상의 유수검지장치를 설치하되, 화재 시 접근이 쉽고 점검하기 편리한 장소에 설치할 것
- 하나의 방호구역은 2개 층에 미치지 않도록 할 것
- 유수검지장치는 실내에 설치하거나 보호용 철망 등으로 구획하여 바닥으로부터 0.8미터 이상 1.5미터 이하의 위치에 설치하되, 그 실 등에는 개구부가 가로 0.5미터 이상 세로 1미터 이상의 출입문을 설치하고 그 출입문 상단에 "유수검지장치실"이라고 표시한 표지를 설치할 것
- 간이헤드에 공급되는 물은 유수검지장치를 지나도록 할 것
- 자연낙차에 따른 압력수가 흐르는 배관 상에 설치된 유수검지장치는 화재 시 물의 흐름을 검지할 수 있는 최소한의 압력이 얻어질 수 있도록 수조의 하단으로부터 낙차를 두어 설치할 것
- 간이스프링클러설비가 설치되는 특정소방대상물에 부설된 주차장부분에는 습식 외의 방식으로 할 것

라. 제어반

간이스프링클러설비에는 다음의 어느 하나의 기준에 따른 제어반을 설치해야 한다.
- 상수도 직결형의 경우에는 급수배관에 설치되어 급수를 차단할 수 있는 개폐밸브 및 유수검지장치의 작동상태를 확인할 수 있어야 하며, 예비전원이 확보되고 예비전원의 적합여부를 시험할 수 있어야 할 것
- 상수도 직결형을 제외한 방식의 것에 있어서는 「스프링클러설비의 화재안전성능기준(NFPC 103)」 "수원 및 가압송수장치의 펌프 등의 겸용"를 준용할 것

마. 배관 및 밸브

배관과 배관 이음쇠는 배관 내 사용압력에 따라 다음의 어느 하나에 해당하는 것을 사용해야 한다.
- 배관 내 사용압력이 1.2메가파스칼 미만일 경우에는 다음 각 목의 어느 하나에 해당하는 것
  - 배관용 탄소 강관(KS D 3507)
  - 이음매 없는 구리 및 구리합금관(KS D 5301). 다만, 습식의 배관에 한한다.
  - 배관용 스테인리스 강관(KS D 3576) 또는 일반 배관용 스테인리스 강관(KS D 3595)
  - 덕타일 주철관(KS D 4311)
- 배관 내 사용압력이 1.2메가파스칼 이상일 경우에는 다음 각 목의 어느 하나에 해당하는 것
  - 압력 배관용 탄소 강관(KS D 3562)
  - 배관용 아크 용접 탄소강 강관(KS D 3583)

전술에도 불구하고 화재 등의 재해로 인하여 배관의 성능에 영향을 받을 우려가 적은 장소에는 소방청장이 정하여 고시한 「소방용합성수지배관의 성능인증 및 제품

검사의 기술기준」에 적합한 소방용 합성수지배관으로 설치할 수 있다.

- 급수배관은 전용으로 하고, 급수를 차단할 수 있는 개폐밸브는 개폐표시형으로 하며, 배관의 구경은 수리 계산에 의하거나 기준에 따라 설치해야 한다.
- 펌프의 흡입 측 배관은 다음 각 호의 기준에 따라 설치해야 한다.
  - 공기 고임이 생기지 않는 구조로 하고 여과장치를 설치할 것
  - 수조가 펌프보다 낮게 설치된 경우에는 각 펌프(충압펌프를 포함한다)마다 수조로부터 별도로 설치할 것
- 간이스프링클러설비의 배관을 연결송수관설비와 겸용하는 경우 주배관은 구경 100밀리미터 이상, 방수구로 연결되는 배관의 구경은 65밀리미터 이상의 것으로 해야 한다.
- 성능시험배관에 설치하는 유량측정장치는 성능시험배관의 직관부에 설치하되, 펌프 정격토출량의 175퍼센트 이상을 측정할 수 있는 것으로 해야 한다.
- 가압송수장치의 체절운전 시 수온의 상승을 방지하기 위하여 체크밸브와 펌프 사이에서 분기한 배관에 체절압력 이하에서 개방되는 릴리프밸브를 설치해야 한다.
- 동결방지조치를 하거나 동결의 우려가 없는 장소에 설치해야 한다. 다만, 보온재를 사용할 경우에는 난연재료 성능 이상의 것으로 해야 한다.
- 가지배관의 배열은 다음 각 호의 기준에 따른다.
  - 토너먼트(tournament)방식이 아닐 것
  - 교차배관에서 분기되는 지점을 기점으로 한쪽 가지배관에 설치되는 간이헤드의 개수(반자 아래와 반자속의 헤드를 하나의 가지배관 상에 병설하는 경우에는 반자 아래에 설치하는 헤드의 개수)는 8개 이하로 할 것
  - 가지배관과 스프링클러헤드 사이의 배관을 신축배관으로 하는 경우에는 소방청장이 정하여 고시한 「스프링클러설비신축배관 성능인증 및 제품검사의 기술기준」에 적합한 것으로 설치할 것
- 가지배관에 하향식간이헤드를 설치하는 경우에 가지배관으로부터 간이헤드에 이르는 헤드접속배관은 가지배관 상부에서 분기해야 한다.

- 준비작동식유수검지장치를 사용하는 간이스프링클러설비에 있어서 유수검지장치 2차 측 배관에는 평상시 소화수가 체류하지 않도록 하고, 준비작동식유수검지장치의 작동여부를 확인할 수 있는 장치를 설치해야 한다.
- 간이스프링클러설비에는 유수검지장치를 시험할 수 있는 시험 장치를 설치해야 한다.
- 배관에 설치되는 행거는 가지배관, 교차배관 및 수평주행배관에 설치하고, 배관을 충분히 지지할 수 있도록 설치해야 한다.
- 급수배관에 설치되어 급수를 차단할 수 있는 개폐밸브에는 그 밸브의 개폐상태를 감시제어반에서 확인할 수 있도록 급수개폐밸브 작동표시 스위치를 설치해야 한다.
- 간이스프링클러설비의 배관은 배수를 위한 기울기를 주거나 배수밸브를 설치하는 등 원활한 배수를 위한 조치를 해야 한다.
- 간이스프링클러설비의 배관 및 밸브 등의 순서는 헤드에 유효한 급수가 가능하도록 상수도직결형, 펌프형, 가압수조형, 캐비닛형에 따라 적합하게 설치해야 한다.
- 배관은 다른 설비의 배관과 쉽게 구분이 될 수 있도록 해야 한다.
- 확관형 분기배관을 사용할 경우에는 소방청장이 정하여 고시한 「분기배관의 성능인증 및 제품검사의 기술기준」에 적합한 것으로 설치해야 한다.

바. 간이헤드

간이헤드는 다음의 기준에 적합한 것을 사용해야 한다.
- 폐쇄형 간이헤드를 사용할 것
- 간이헤드의 작동 온도는 실내의 최대 주위 천장 온도에 따라 적합한 공칭 작동 온도의 것으로 설치할 것
- 간이헤드를 설치하는 천장·반자·천장과 반자 사이·덕트·선반 등의 각 부분으로부터 간이헤드까지의 수평거리는 2.3미터(「스프링클러헤드의 형식승인 및 제품검

사의 기술기준」에 따른 유효살수반경의 것으로 한다) 이하가 되도록 할 것. 다만, 성능이 별도로 인정된 간이헤드를 수리계산에 따라 설치하는 경우에는 그렇지 않다.

- 상향식, 하향식 또는 측벽형간이헤드는 살수 및 감열에 장애가 없도록 설치할 것
- 특정소방대상물의 보와 가장 가까운 간이헤드는 헤드의 반사판 중심과 보의 수평거리를 고려하여, 살수에 장애가 없도록 설치할 것
- 상향식간이헤드 아래에 설치되는 하향식간이헤드에는 상향식간이헤드의 방출수를 차단할 수 있는 유효한 차폐판을 설치할 것
- 간이스프링클러설비를 설치해야 할 특정소방대상물의 간이헤드 설치 제외에 관한 사항은 「스프링클러설비의 화재안전성능기준(NFPC 103)」 제15조 제1항을 준용할 것
- 주차장에는 표준반응형스프링클러헤드를 설치해야 하며 설치기준은 「스프링클러설비의 화재안전성능기준(NFPC 103)」 제10조를 준용할 것

사. 음향장치 및 기동장치

간이스프링클러설비의 음향장치 및 기동장치는 다음의 기준에 따라 설치해야 한다.

- 습식유수검지장치를 사용하는 설비에 있어서는 간이헤드가 개방되면 유수검지장치가 화재신호를 발신하고 그에 따라 음향장치가 경보되도록 할 것
- 음향장치는 습식유수검지장치의 담당구역마다 설치하되 그 구역의 각 부분으로부터 하나의 음향장치까지의 수평거리는 25미터 이하가 되도록 할 것
- 음향장치는 경종 또는 사이렌으로 하되, 주위의 소음 및 다른 용도의 경보와 구별이 가능한 음색으로 할 것
- 주 음향장치는 수신기의 내부 또는 그 직근에 설치할 것
- 층수가 11층(공동주택의 경우에는 16층) 이상의 특정소방대상물은 발화층에 따라 경보하는 층을 달리하여 경보를 발할 수 있도록 할 것
- 음향장치는 다음 각 목의 기준에 따른 구조 및 성능의 것으로 할 것
  - 정격전압의 80퍼센트 전압에서 음향을 발할 수 있는 것으로 할 것

    - 음량은 부착된 음향장치의 중심으로부터 1미터 떨어진 위치에서 90데시벨 이상이 되는 것으로 할 것

    간이스프링클러설비의 가압송수장치로서 펌프가 설치되는 경우에는 그 펌프의 작동은 습식유수검지장치의 발신이나 화재감지기의 화재감지 또는 기동용수압개폐장치에 따라 작동될 수 있도록 해야 한다.

    준비작동식유수검지장치의 작동 기준은 「스프링클러설비의 화재안전성능기준(NFPC 103)」 제9조 제3항을 준용한다.

    배선(감지기 상호간의 배선은 제외한다)은 내화배선 또는 내열배선으로 하되 다른 배선과 공유하는 회로방식이 되지 않도록 해야 한다.

아. 송수구

    간이스프링클러설비에는 소방차로부터 그 설비에 송수할 수 있는 송수구를 다음의 기준에 따라 설치해야 한다.

- 송수구는 송수 및 그 밖의 소화작업에 지장을 주지 않도록 설치할 것
- 송수구로부터 주배관에 이르는 연결배관에는 개폐밸브를 설치하지 않을 것
- 구경 65밀리미터의 단구형 또는 쌍구형으로 해야 하며, 송수배관의 안지름은 40밀리미터 이상으로 할 것
- 지면으로부터 높이가 0.5미터 이상 1미터 이하의 위치에 설치할 것
- 송수구의 가까운 부분에 자동배수밸브(또는 직경 5밀리미터의 배수공) 및 체크밸브를 설치할 것
- 송수구에는 이물질을 막기 위한 마개를 씌울 것

그림 32 **송수구**

자. 비상 전원

간이스프링클러설비에는 비상전원 또는 「소방시설용 비상전원수전설비의 화재안전성능기준(NFPC 602)」의 규정에 따른 비상전원수전설비를 간이스프링클러설비를 유효하게 10분(특별한 경우는 20분)이상 작동할 수 있도록 설치해야 한다.

차. 수원 및 가압송수장치의 펌프 등의 겸용

간이스프링클러설비의 수원을 옥내소화전설비·스프링클러설비·화재조기진압용 스프링클러설비·물분무소화설비·포소화전설비 및 옥외소화전설비의 수원과 겸용하여 설치하는 경우의 저수량은 각 소화설비에 필요한 저수량을 합한 양 이상이 되도록 해야 한다.

간이스프링클러설비의 가압송수장치로 사용하는 펌프를 옥내소화전설비·스프링클러설비·화재조기진압용 스프링클러설비·물분무소화설비·포소화설비 및 옥외소화전설비의 가압송수장치와 겸용하여 설치하는 경우의 펌프의 토출량은 각 소화설비에 해당하는 토출량을 합한 양 이상이 되도록 해야 한다.

옥내소화전설비·스프링클러설비·간이스프링클러설비·화재조기진압용 스프링클러설비·물분무소화설비·포소화설비 및 옥외소화전설비의 가압송수장치에 있어서 각 토출측 배관과 일반급수용의 가압송수장치의 토출측 배관을 상호 연결하여 화재 시 사용할 수 있다. 이 경우 연결 배관에는 개·폐표시형밸브를 설치해야 하며, 각 소화설비의 성능에 지장이 없도록 해야 한다.

간이스프링클러설비의 송수구를 옥내소화전설비·스프링클러설비·화재조기진압용 스프링클러설비·물분무소화설비·포소화설비·연결송수관설비 또는 연결살수설비의 송수구와 겸용으로 설치하는 경우에는 스프링클러설비의 송수구의 설치기준에 따르되 각각의 소화설비의 기능에 지장이 없도록 해야 한다.

6 사격 및 사격장 안전관리에 관한 법률

사격장은 『사격 및 사격장 안전관리에 관한 법률(이하 "사격장안전법"이라 한다) 제6조(사격장의 설치허가)』에 따라 "공기총(가스를 이용하는 것을 포함한다. 이하 같다)사격장 및 석궁사격장"은 경찰서장이 설치를 허가하고 그 외의 사격장은 시·도경찰청장이 설치를 허가한다. 한편, 사격장은 실내 사격장과 실외 사격장으로 구분한다.

그림 33 **실내 사격장**

사격장 설치자는 사격장안전법 제10조의2에 따라 안전점검 의무가 있다. 사격장 설치자는 사격 후 잔류화약 등이 사격장 안에 남아있지 아니하도록 월 1회 이상 안전점검을 실시하여야 한다. 안전점검 하여야 할 사항을 사격장안전법 시행령으로 정하여 <표 18>과 같다.

표 18 **사격장 안전점검 사항**

- 사격실 내부에 화약류 가루를 모을 수 있도록 설치된 받침에 물이 1센티미터 이상 고여 있는지 여부
- 사좌 및 사로(射路)의 바닥과 벽면 등에 화약류가 쌓여 있는지 여부
- 사격실 내부의 천장·측벽 및 바닥 등에 탄알이 튈 위험이 있는지 여부
- 표적과 탄알받이 사이에 탄알이 튀는 것을 방지하기 위하여 설치된 시설물의 적정 여부
- 조명 및 전기 설비의 파손 등으로 불꽃이 튀거나 화재가 발생할 위험이 있는지 여부
- 소방시설 및 안전시설이 정상적으로 작동하는지 여부
- 폐쇄회로 텔레비전이 정상적으로 작동하는지 여부
- 사격실 내부에 불필요한 물건이나 쓰레기가 방치되어 있는지 여부
- 그 밖에 화재 또는 안전사고 발생 요인의 유무 및 시설물의 적정 여부

사격장 설치자는 상기 사항에 대하여 안전점검을 실시하고 그 결과를 행정안전부령으로 정하는 사격장 안전점검 실시대장에 기록하여 1년간 보관하여야 한다.

또한, 사격장설치자는 같은 법 제11조에 따라 사격장마다 사격장관리자를 허가관청에 신고하여 선임하여야 한다. 사격장 안전관리자의 자격기준은 <표 19>와 같고 관리자의 직무는 <표 20>과 같다. 사격장관리자는 종업원을 관리·감독하고, 안전담당 종업원을 새로 고용하는 경우 등 필요하다고 인정될 때에는 해당 종업원에 대하여 총기 관리, 사격 통제, 사격장 시설 안전유지에 대한 교육을 실시하여야 한다.

표 19 **사격장 관리자의 자격기준**

사격장 관리자는 다음 각 호의 자격을 모두 갖추어야 한다.
- 20세 이상일 것
- <표 20>의 어느 하나에 해당하지 않을 것
- 권총실내사격장의 경우에는 「총포·도검·화약류 등의 안전관리에 관한 법률」 제48조에 따라

설립된 총포·화약안전기술협회에서 실시하는 사격 및 사격장 안전교육을 이수하였을 것
- 다음의 어느 하나에 해당하는 자격 또는 경력을 갖추었을 것
  ① 경찰의 교육기관·총기전담취급부서, 군의 병기학교·사격지도대 또는 「국민체육진흥법」 제33조에 따른 대한체육회(이하 "대한체육회"라 한다) 산하 경기단체에서 1년 이상 사격 경기 운영 등의 업무에 종사하였거나, 총기·석궁 취급 업무에 종사한 경험이 있을 것
  ② 총포·석궁의 제조·수리·판매 업소에서 3년 이상 총포·석궁 취급 업무에 종사한 경험이 있을 것
  ③ 대한체육회 산하 경기단체에 등록된 사격선수이거나 사격선수로 활동한 경력이 있을 것

사격장관리자는 사격장에서 사격으로 인하여 발생할 수 있는 위해를 방지하기 위하여 사격장 또는 사격자를 관리하여야 한다.

표 20 **사격장 관리자의 직무**

- 총기·석궁·실탄 또는 화살이 사격장의 구조·설비나 관계 법령에 적합하지 아니할 때에는 사용 금지
- 라이플격벽식사격장 및 권총사격장에서는 총탄이 튀어나가지 못하도록 탄알받이에 있는 폐탄(廢彈) 제거
- 라이플자연식사격장 및 권총사격장 외의 사격장에서는 철갑탄의 사용 금지
- 공기총자연식사격장 외의 사격장에서는 공기나 가스를 필요 이상 고압으로 주입하여 사격 금지
- 석궁사격장에서는 현(弦)과 화살의 상태가 양호한지 항상 점검하고, 현이 끊어질 우려가 있을 때에는 즉시 교환
- 총기나 석궁을 정당한 사유 없이 분해·조립 또는 구조변경 금지
- 권총실내사격장 안(사격실, 사격대기실 등 사격장 출입구 안쪽의 모든 공간을 말한다)에서는 흡연 금지
- 사좌 등 사격실 안에서는 사격자가 사격장관리자 또는 안전담당 종업원 없이 혼자 입실 금지 (다만, 사격자가 대한체육회에 가맹된 사격·석궁 관련 경기단체 또는 「초·중등교육법」 제2조에 따른 각급학교의 사격·석궁 관련 선수단에 소속된 선수인 경우에는 그러하지 아니하다.)
- 권총실내사격장은 사좌 및 사로 바닥과 벽면 등에 화약류가 쌓이지 않도록 수시로 청소
- 그 밖에 현장 상황 등을 고려하여 사격으로 인한 위해를 방지하기 위하여 필요한 조치
- 14세 미만인 사람이 사격경기용 총기 또는 석궁으로 사격을 하려는 경우에는 선수확인서 확인

사격장 안전관리자의 선임 자격에 대한 결격사유는 <표 21>과 같다.

표 21 사격장 설치허가 및 안전관리자 선임의 결격사유

- 피성년후견인 · 피한정후견인 · 미성년자
- 파산선고를 받고 복권(復權)되지 아니한 사람
- 마약, 대마(大麻), 그 밖의 향정신성의약품(向精神性醫藥品) 중독자. 다만, 정신과전문의가 사격장설치자로서 적합하다고 인정하는 사람은 그러하지 아니하다.
- 금고(禁錮) 이상의 형(刑)을 선고받고 그 집행이 끝나거나 집행을 받지 아니하기로 확정된 후 2년이 지나지 아니한 사람
- 금고 이상의 형을 선고받고 그 집행유예기간 중에 있는 사람
- 법이나 「총포 · 도검 · 화약류 등의 안전관리에 관한 법률」을 위반하여 벌금 이상의 형을 선고받고 그 집행이 끝나거나 집행을 받지 아니하기로 확정된 후 1년이 지나지 아니한 자
- 제18조제1항에 따라 사격장 설치허가가 취소된 날부터 3년이 지나지 아니한 자

CHAPTER 06

스포츠와 인간공학

인간공학의 어원은 그리스어인 작업 또는 일이라는 Ergon과 법칙이라는 Nomos 그리고 학문을 의미하는 Ics의 합성어로 일과 관련된 법칙을 연구하는 학문이다. 인간 공학의 용어는 1857년 폴란드의 과학자 Wojciech Jastrzebowski에 의해 만들어졌다. 공학자 Fredrick Taylor는 1883년에 현장의 작업 환경을 사용자에게 적합하도록 설계 하는 "과학적 관리 방법의 원리"를 적용하여 생산성을 향상시키는 일에 인간공학을 사용하였다. 1920년대 초에는 Gilbreth 부부가 동작 연구와 공장 경영 연구를 시작하 며 인간공학 연구의 시초를 이루었다.

인간공학은 유럽에서는 의학을 중심으로하여 인간이 최적의 힘을 내도록하는 Ergonomics라는 용어을 사용하였다. 그러나 미국에서는 공학과 심리학을 중심으로하 여 Human Factors라는 용어를 사용하였다. Human Factors가 우주 프로그램의 중요 한 요소가 되면서 1957년에 Human Factors Society(HFS)가 창립되면서 국제인간공학 회(International Ergonomics Association, IEA)가 형성되었다. HFS는 1992년에 단체명을 Human Factors and Ergonomics Society(HFES)로 변경하였다. 국제인간공학회(IEA)는 인간공학을 "인간과 시스템의 다른 요소 간의 상호작용에 대한 이해와 관련된 과학 분야이며 이론, 원칙, 데이터 및 방법을 디자인에 적용하여 인간의 웰빙과 전반적인 시스템 성능을 최적화하는 전문영역이다(2009)"고 정의하였다. 1980년대부터 2010년 사이에 Human Factors가 인간공학적으로 설계하는 분야로 널리 알려지면서 인간공 학의 용어가 Human factors and Ergonomics로 자리잡게 되었다.

인간공학은 다학제적 학문이며 융·복합적 응용학문이다. 생체역학적, 생리학적, 심리학적 역량 등과 사람의 한계에 대한 지식의 적용을 연구하는 학문이다. 인간공학 은 사람 신체의 가용 활동 범위와 심리 그리고 사람의 물리적 특성을 연구하고 환경 과의 상호 작용이 효율적으로 작용하는지를 확인한다. 통계학, 인체공학 그리고 해부 학은 인간공학과 융합하여 많이 응용 및 연구된다.

인간공학은 "시스템을 사람에 맞추는 것"이다. 다학제적 연구를 통하여 사람의 특성을 바탕으로 여러 시스템을 사람에 맞추고 전체 시스템의 효율성을 높인다. 사람 에 맞춘 시스템은 사람의 실수(Human error)를 감소시키고 신체적 부상이나 질병을 줄 인다. 활동 환경을 사람에게 맞추고 사람 중심의 설계로 사고를 예방한다.

인간공학은 시대적으로 나누어서 본다면 1950년대의 군사 인간공학, 1960년대의 산업 인간공학, 1970년대의 제품 인간공학, 1980년대의 HCI 인간공학, 1990년대의 인지 및 시스템 인간공학, 2000년대의 소통 및 환경 인간공학, 2010년대의 전자전기 기반의 IT 인간공학, 2020년대의 스마트 팩토리 기반의 스마트 인간공학으로 구분하고 있다.

국제인간공학회(International Ergonomics Association)는 1987년에 스포츠, 레저 및 인간공학에 관한 국제컨퍼런스를 시작하였으며 현재는 스포츠과학회의(Sports science meeting)를 4년마다 열리는 행사로 발전시켰다. Applied Ergonomics는 스포츠와 인간공학에 관한 논문을 출판하는 저널로서 '스포츠, 레저 및 인간 공학'이라는 주제를 공식적인 프로그램 영역으로 인정받았다.[1] 또한, 국제인간공학회는 인간공학을 물리적 인간공학, 인지적 인간공학, 시스템(조직적) 인간공학의 세 가지로 구분하였다. 스포츠 환경에서도 세 가지의 인간공학을 적용하여 다양한 문제를 연구하고 있다.

물리적 인간공학은 사람의 신체적, 생리적 측면에서 가해지는 일의 부하와 반응에 관하여 분야를 다룬다. 손과 발에 의한 외력의 작용이라든지 일하는 자리의 배치, 일의 계획과 순서, 일의 반복성과 외적 진동 그리고 열적 가열이 일어나는 위험요인과 정적, 동적 상황에서 취한 자세에서 발생할 수 있는 근골격계 질환 등을 다룬다. 스포츠 분야의 물리적 인간공학은 스포츠 장비 및 의류 디자인 (Lake, 2000, McGhee et al., 2013, Reilly and Lees, 1984)에서부터 스포츠 부상 (Theberge, 2011) 및 생체 역학 (Lees et al., 2000)을 연구한다.

인지적 인간공학은 인간 심리적인 정신 활동인 지각, 경계, 인지, 기억과 재생 등과 정신적 절차에 중점을 두고 사람과 시스템 사이의 상호작용에서 사람에게 미치는 영향을 다룬다. 정신적인 업무 부하, 불면증, 의사결정, 숙련작업, 심물리학, 인간 요인 오류, 인간과 컴퓨터 상호작용 등이 관련 분야이다. 스포츠 분야의 인지적 인간공학은 스포츠의 의사결정(Macquet and Fleurance, 2007)과 인지(McNeese et al., 2015)에서부터 상황인식(Macquet and Stanton, 2014 : Neville and Salmon, 2016), 감각 작용(Macquet과

---

1) Thomas Reilly (1991) Ergonomics and sport(Applied Ergonomics,Volume 22, Issue 5,October 1991, Page 290)

Kragba, 2015), 팀웍 (Mclean et al., 2018)에 이르는 범주에서 개인 및 팀과 관련된 다양한 인지 문제에 중점을 두고 있다.

시스템 인간공학은 인간공학을 거시적으로 접근하며 문제를 다루므로 거시적 인간 공학 또는 조직적 구조와 정책으로 인간공학을 다루므로 조직적 인간공학이라고도 한다. 즉, 사회기술 시스템(Socio-technical systems)의 최적화와 효율화를 연구한다. 스포츠 분야에서는 시스템 인간공학은 응용 프로그램을 통하여 사고 및 부상 예방 (Clacy et al., 2017, Hulme 외., 2017), 코칭 (Macquet 및 Kragba, 2015), 성능 분석 (Mclean et al., 2017) 그리고 관중과 군중 (Filingeri et al., 2017, Sun et al., 2016)과 같은 광범위한 스포츠 및 야외 레크리에이션 시스템 문제를 연구한다.[2]

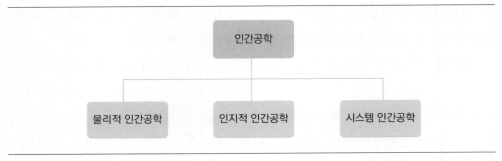

그림 34 인간공학의 구분

한편, 다른 측면에서는 인간공학을 "산업 인간공학"과 "작업 생체공학"으로 나눈다. 산업 인간공학은 인간의 인지 특성을 고려한 설계로 산업 특성에 적합한 정신적 부하 및 의사결정과 같은 심리적 측면에 중점을 둔다. 작업 생체공학은 신체적 및 생리적 특성을 고려한 설계로 행동자의 힘, 자세 및 반복과 같은 인간의 능력과 행동의 물리적 측면에 중점을 둔다.

일반적인 인간공학에서 학문 영역별로 세부적인 분류를 한다면 다음과 같이 할 수 있다. ① 인체측정학(Anthropometry)과 작업공간의 설계(Design of Workspace), ② 작

---

2) Human Factors and Ergonomics in Sport and Outdoor Recreation: From individuals and their equipment to complex sociotechnical systems and their frailties, Applied Ergonomics journal homepage: www.elsevier.com/locate/apergo

업생리학(Work Physiology), ③ 생체역학(Biomechanical), ④ 수동물자취급(Manual Material Handling), ⑤ 근골격계질환(Musculoskeletal Disoders), ⑥ 수공구 설계(Design of hand tools), ⑦ 정보시스템의 설계(Design of Information System), ⑧ 인간-컴퓨터 시스템 설계(Human-Computer Inteface, HCI), ⑨ 제품 개발과 인간공학(Product Design and Ergonomics & Human Factors), ⑩ 감성공학(Human Touch Product, Sensibility Ergonomics), ⑪ 제품 안전과 제조물 책임(Product Safety and Product Liability), ⑫ 작업 환경과 영향(Work Enviroment), ⑬ 인지공학(Cognitive Engineering), ⑭ 산업심리학(Industrial Psyuchology), ⑮ 사용자 인터페이스(HCI) 및 사용자 경험(Experience) 디자인, ⑯ 유니버셜(UX) 디자인, ⑰ 작업관리 등으로 구분한다.

1 인간공학의 학제 간의 속성

인간공학은 다양한 학문에서 산업환경과 다른 여러 환경으로부터 재화 및 서비스를 생산하기 위하여 인간에게 필요한 것을 해결하는 기술과 실용적 도구 그리고 이해를 찾아내는 지식과 이론의 총체적 학문 분야이다. 인간공학과 관련된 학문은 생리학, 심리학, 생체역학(때로는 인간공학의 한 부분으로 볼 수 있음), 물리학, 인체측정학 그리고 일반공학 등을 포함한다.

생리학은 인간의 신체적 측면이 동작 환경에 어떻게 반응하는지를 이해한다.

심리학은 인간의 인지적 측면에서 동작 환경과 상호작용하는 것을 이해한다.

생체역학은 살아있는 유기체의 기계적 요소에 관심을 가진다. 산업 생체역학은 움직이는 환경에서 인체와 그 요소의 기계적 특성과 동작 특성을 다룬다.

물리학은 과학과 공학 개념의 법칙을 사용하여 정상적인 일상 활동 및 행동 중에 이러한 신체 부위에 작용하는 초점과 다양한 부분이 겪은 동작을 설명한다.

인체측정학은 인류학적 비교를 위해 사람의 크기, 형태 및 능력에 대하여 신뢰할 수 있는 물리적 측정을 정의하려고 시도하는 경험적 과학 분야이다.

일반공학은 적합한 도구, 시설 그리고 장비 설계를 개발하기 위해 사용한다. 이러한 기초는 일반적으로 발생하는 인간공학적 문제의 유형을 분류하는 데 도움을 줄 수 있다. 건축공학, 토목공학, 기계공학, 전자전기공학, 소방학 등이다.

통계학은 다량의 데이터를 산술적 방법을 기초로 관찰 및 분석하고 정리하는 방법을 연구하는 분야이다.

인간공학은 다차원적으로 여러 학문을 아우르며 인간 중심의 사용자 친화적 설계를 한다. 인간에게 맞추기(Fitting to Human)와 인간 중심의 설계(Human centered Design)가 인간공학의 목표이다. 효율적으로 인간공학이 적용되기 위해서는 행동공간 설계(Workplace Design), 행동의 부하(Task Demands), 조직 요인(Organizational Factors), 환경 요인(Evironmental Issues)과 인간의 다양성을 고려하여야 한다. 원시적으로 인간을 행동의 공간에 맞추는 설계를 해서는 안 될 것이다.

인간의 실수(Human Error)는 사고로 바로 이어질 수 있다. 사고는 인간의 부상으로 어지고 소중한 생명을 잃을 수 있으며 재산상의 손실을 초래할 수 있다. 인간 실수를 최소화하기 위하여 인간에게 맞추는 인간 중심의 설계를 한다. 인간 실수는 인간에게 있어 발생할 수 밖에 없는 습성이다. 하지 말아야 할 것을 하거나, 해야할 일이 정해져 있는데 하지 않는 것이 인간 실수이다.

심리학과 인지과학에서 인간의 한계와 인지과정 및 인지 결정 과정에 대한 수 많은 연구와 실험으로 많은 경험적 지식을 축적했다. 제임스 리즌(James Reason)은 인간의 실수를 네 가지로 분류하였다. 부주의(Slip), 건망증(Lapse), 조작실수(Mistake), 고의 위반(Violation)이다. 네 가지 중 고의 위반을 제외하면 나머지는 의도하지 않아도 인간의 본성 때문에 나타나는 인간의 실수이다. 사고를 감소시키려면 인간의 심리, 행동, 인식의 과정을 포함하는 인간 실수에 대한 새로운 개념 정립과 안전 재난 대응 시스템과 제도의 변화가 요구된다.

인간공학이 다학제적 학문으로서 학제 간 연구를 통하여 인간의 행동과 행동 공간의 안전을 확보하고 위험요인을 줄여 사고를 최소화하는 일에 기여하게 될 것이다.

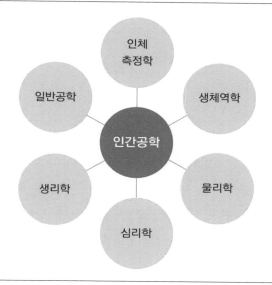

그림 35 **인간공학 관련 학문**

2 동작 관련 근골격계 질환

동작과 관련한 근골격계 질환(Work-Related Musculoskeletal Disorders, WMSDs)의 영향을 인식하고 있는, 세계보건기구(WHO)는 WMSDs를 다인성으로 특징을 지었다. 여러 가지 요소들이 근골격계 질환에 영향을 주고 질환을 악화시킨다. 이런 좋지 않은 영향은 행동 공간에 대한 위험요인을 파악하기 위한 직무평가 및 작업관리 원칙을 통해 해결할 수 있다. WMSDs는 근육, 인대, 힘줄, 관절, 말초신경, 연골(척추 디스크 포함), 뼈 또는 혈관 지지와 관련된 것이다. 위험요인들의 존재는 이러한 부상 발생을 증가시키고 WMSDs와 국제 보건의 문제를 발생시킨다. 이러한 유형의 연조직 손상은 WMSDs, 반복성 손상(RSI), 반복성 운동 손상(RMI) 및 누적 외상 장애(CDT) 또는 행동 과잉 증후군으로 알려져 있다.

미국의 산업안전보건청(OSHA)은 WMSDs와 관련된 물리적 리스크를 다섯 가지로 분류하였다.

- 근육, 신경 및 관절로의 혈류 감소

- 신경 압박
- 힘줄 또는 힘줄 피복 손상
- 근육, 힘줄 또는 인대 염좌 또는 긴장
- 관절 손상

이러한 위험요인으로 인한 미세 외상은 제한적으로 조직의 손상과 파열을 가져온다. 이 외상을 증상을 단계별로 표현할 수 있다. 외상이 누적되어 하루를 견디면 없어지는 증상은 1단계 증상이다. 누적된 잠재 외상이 휴식을 취하여도 고통이 가시지 않고 다음 날이나 일주일까지 이어지면 2단계 증상이다. 한편, 누적된 외상의 원인을 제거하지 않는 한 행동이 불가능한 상태까지 확산되면 3단계 증상이다.

가. 근골격계 질환의 동작 관련 위험요인

행위자의 동작과 관련한 물리적인 위험요인은 생체역학적으로 스트레스이다. 스포츠에서는 스트레칭 체조로 신체 온도를 높이며 근육, 신경계, 힘줄, 인대와 심장혈관계의 위험요인을 줄인다. 이로써 근육의 탄성을 증가시켜 부상의 가능성을 감소시키고 전체적인 유연성을 강화한다. 인간공학은 이용자 중심의 인간 친화적 설계와 동작으로 인체의 위험 부담을 줄이는 데 있다.

동작에서 최적의 신체 위치인 중립 자세는 신체의 스트레스를 최소화한다. 근육, 신경계, 힘줄, 관절 및 척추 디스크 등에 가장 작은 양의 긴장 및 압력이 가해진다.

무리한 힘과 행동의 반복, 불안전한 자세 그리고 비 휴식(지속 시간)과 같은 위험요인이 동시에 발생하거나 일부가 지속될 경우 근골격계 질환이 발생한다. 팔의 근육 강화를 위하여 아령 운동을 할 경우, 체력보다 무거운 중량으로 오랜 시간 반복한다면 부상의 위험과 근골격계 질환이 예상된다.

• 무리한 힘

힘은 동작에 필요한 에너지로 신체적 노력의 양이다. 무리한 힘이 가해지는 동작이나 행위는 힘줄, 근육 그리고 관절에 기계적으로 높은 압력을 가하게 되고 신체의 피로를 유발한다. 동작의 속도가 증가하거나 급격한 온도 변화 또는 주변 소음이나 진동 등이 있을 때 신체적으로 더 많은 물리적 노력이 필요하다. 가해지는 힘이 클 수록 근육의 피로가 더 빨라진다.

근육이 피로해지면 힘을 내는 근육의 능력이 감소하게 되고 심한 운동 후에 나타나는 근육의 피로는 모든 생물에게 나타난다. 근육에 젖산이 쌓이면 근육의 피로가 쌓인다는 주장이 있지만 오히려 젖산이 근육의 피로를 회복시킨다는 연구 결과도 있다. 근육세포의 칼슘이온($Ca2+$)이 근육의 피로를 증가시킨다는 주장도 있다.

• 행동의 반복

동작이 반복되고 그 수행 결과로 근육에 발생하는 물리적 위험요인이다. 동일한 동작을 반복하지 않는다면 근육은 부분적으로 휴지기를 가질 수 있다. 동작이 반복되는 것만으로는 문제가 되지 않지만 다른 위험요인과 겹쳐지면 근육에 압력을 가할 수 있다.

반복적인 행동이 많을수록 행위자가 느끼는 불쾌감과 피로감은 크고 만족감은 떨어질 수 있다. 근육 조직의 경직 및 손상을 촉발하고 육체적 부담은 물론 정신적 부담도 늘린다. 이는 스트레스에 대한 대응력이 낮아지고 근골격계 질환으로 이어진다.

• 불안전한 자세

어색한 자세 또는 중립이 아닌 자세가 불안전한 자세이다. 불안전한 자세는 신체적 한계를 넘어서고 신경을 압박하며 힘줄을 자극할 수 있다. 근육을 과도하게 사용하게 되어 근골격계질환을 유발시킨다. 불안전한 자세에서 근육, 힘줄 그리고 인대가 중립의 자세를 유지하기 위해 근육을 복원시키려 하기 때문에 쉽게 피로해진다. 중립의 자세에서 이탈의 정도가 크면 클수록 신체에 대한 스트레스는 늘어나고 부상의 확률은 높아진다.

산업안전보건법의 단순한 반복 작업 근로자 작업관리지침(노동부고시 제98−15호)에서 사업주는 근로자가 부적절한 자세나 동작으로 작업하지 않도록 적합한 작업 환경을 제공하도록 하고 있고 근로자는 사업주의 조치에 대하여 협조하여 다음과 같은 자세나 동작에서 작업하지 않아야 한다.

√ 장시간 불편하게 지속되는 고정된 자세

√ 손으로 잡기에 너무 작거나 큰 물건을 장시간 잡는 자세나 동작

√ 손목을 과도하게 굽히는 자세나 동작

√ 팔 또는 팔꿈치가 과도하게 비틀리게 되는 자세나 동작

√ 팔 또는 팔꿈치를 지지대 없이 장시간 들고 있는 자세나 동작

√ 팔 또는 팔꿈치를 과도하게 옆으로 벌리는 자세나 동작

√ 팔꿈치를 어깨 높이 이상으로 장시간 들고 있는 자세나 동작

√ 팔이 옆이나 뒤로 너무 뻗치는 자세나 동작

√ 머리와 목이 과도하게 앞으로 굽히거나, 뒤로 젖히거나, 옆으로 기울이거나 또는 비틀리게 되는 자세나 동작

● 비 휴식(지속 시간)

적절하게 쉬지 않고 행동하는 것이다. 산업안전보건법의 단순반복 작업 근로자 작업관리지침(노동부고시 제98 – 15호)에서 작업량, 작업속도, 작업강도를 근로자가 임의로 조정하기 어려운 경우를 단순 반복 작업을 하는 자로 정의하고 있다. 단순 반복 작업을 하는 자에 대한 작업 시간은 근골격계질환의 위험요인이 누적되지 않도록 적절한 휴식 시간을 제공하도록 하고 있다. 다만 빈번한 휴식시간을 제공할 수 없을 경우는 연속된 작업이 2시간을 초과하지 않도록 하고 있다. 아울러 한 자세가 지속 될 경우에 대한 근골격계의 스트레스도 예외는 아니다.

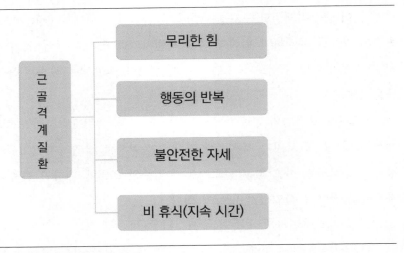

그림 36 동작 관련 근골격계 질환 주요 원인

나. 근골격계 질환의 개인적 위험요인

행위자의 개인적 위험요인 즉, 연령, 성별, 흡연, 피로, 취미, 이전 부상, 신체적 또는 의학적 상태와 같은 요인도 다른 위험요인과 결합하여 부상과 질병으로 이어질 수 있다.

연령 – 근골격계에 질환을 유발하는 요인으로써 연령에 따라 신체의 회복과정이 오래 걸린다.

성별 – 특정한 근골격계 질환이 여성에게 널리 나타나는 것은 호르몬 및 해부학적으로 차이를 가지고 있기 때문이다.

흡연 – 흡연으로 일산화탄소가 체내에 흡입되어 혈류의 산소를 감소시키고 신체의 부상 치유가 늦어지는 경향이 있고 이는 요통과 관련이 있다.

피로 – 근육의 피로는 동작 근육에 젖산이 축적되어 신체의 회복 시간을 필요로 한다. 과도한 동작과 부적절한 동작은 신체의 성능이 저하된다.

취미 – 개인적 취미 활동이 근골격계 질환에 영향을 미친다. 컴퓨터 게임, 축구, 수영, 뜨개질, 볼링 등 특정 근육을 활용하는 것에 따라 근육에 다르게 작용한다.

이전 부상 – 과거의 부상 병력이 근골격계 질환에 위험요인으로 작용할 수 있다.

신체적 상태 – 체중과 신장 그리고 시력 등 결합하여 신체 피로의 주요 원인이 되어 근골격계 원인이 될 수 있다.

다. 근골격계 질환의 사회심리적 위험요인

미국 국립산업안전보건연구원(NIOSH)는 사회심리적 위험요인이 동작과 관련한 근골격계 질환과 관련이 있다고 발표했다. 1997년에 사회심리적 요인과 동작 관련 근골격계 질환의 관계를 연구한 결과에 따르면 허리, 목, 어깨 부위의 질환이 손이나 손목 부위의 질환보다 더 많이 발생하는 것으로 나타났다. 근골격계 질환에 영향을 미치는 사회심리적 위험요인은 5가지로 구분하여 정리하였다.

직무 만족도 – 낮은 수준의 직무만족도는 높은 수준의 상지 근골격계 증상과 관련이 있다(Hopkins, 1990; Tola et al., 1988). 한편, 직무만족도가 낮은 수준일 때, 근골격계 증상의 발생은 물론 증상의 지속기간에 영향을 미친다는 것을 발견하였다(Bonger 등, 1993; Himmelstein 등, 1995; Viikari- Juntura 등, 1991).

단조로운 작업 - 단조롭고 반복되는 지루한 작업은 요통과 목의 증상과 관련이 있다(Hopkins 1990; Houtman 등, 1994;Linton, 1990; Svensson & Andersson, 1983).

직무 재량(job control) - 직무 재량은 가장 일관되게 연구되어 온 사회심리적 요인 중의 하나로서 근골격계 증상과 연관이 있다(Hales, 1994; Svensson과 Andersson, 1983; Theorell 등, 1991). 컴퓨터의 보급이 작업 재량의 부족과 업무 다양성의 감소, 업무 격리의 증가를 초래했다고 추정한다. 가정주부를 대상으로 실시한 조사 결과에 따르면 낮은 수준의 직무재량권을 가진 높은 수준의 육체적 부하는 어깨와 목의 근골격계 질환 발생을 증가시킨다(Johansson 1995).

사회적 지지 - 높은 수준의 육체적 요구와 결합된 부족한 사회적 지지는 근골격계 질환을 증가시킨다(Bonger 등, 1993). 동료와 상사로부터의 사회적 지지에 대한 연구 결과는 다양한 집단에서 일관되게 나타나는 것으로서 동료 지지의 감소가 통증 호소를 높인다는 것을 발견하였다(Feurstein, 1985).

노동강도 강화(intensified workload) - 노동강도 강화는 동작 관련 근육골격계 질환과 가장 큰 연관성이 있다. 시간 부하, 노동 강도, 직무압력(work pressure) 등이 노동강도의 변이성(workload variability)으로 평가된다(Bernard 등, 1993; Bonger 등, 1993; Hales 등, 1994; Theorell 등, 1991). 노동강도는 양적인 노동강도와 질적인 노동강도로 구분되며 각각 다른 기전을 통해 근로자의 건강에 나쁜 영향을 미친다. 질적인 부하(과도한 직무)가 정신적 과로와 육체적 편안함에 영향을 미치는 반면 양적인 부하(무리한 작업량, 장시간 작업, 빠른 작업)는 생체역학적인 인자와 스트레스에 영향을 준다. 정신적 부하를 육체적 부하와는 다르게 정신적 요구도가 높으며 특히 목과 어깨를 포함한 일반적인 근골격계의 민감도와 관련이 있다.

3 인체측정학

1985년 케틀레(Queteler)는 신체 측정을 연구하기 위하여 인체 측정값은 정규분포에 따른다는 통계 기록에서 시작되었다. 통계학자들이 샘플 수가 많으면 집단에서 측정치와 표본을 정규분포에 따라 해석한다는 방향성을 제시하였다.

인체측정학은 인체의 길이, 무게, 질량, 밀도, 부피, 중심, 질량 관성모멘트, 중력 등 신체적 특성을 측정하는 학문이다. 신장, 앉은 키, 어깨-팔꿈치 길이, 팔꿈치-손가락 끝 길이, 팔 길이, 머리 길이, 손 길이, 발 길이, 어깨 높이, 팔꿈치 높이, 엉덩이 높이, 손가락 끝 높이, 손가락 관절 높이, 앉은 눈높이, 앉은 팔꿈치 높이, 앉은 어깨 높이, 앉아 있는 무릎 높이, 앉은 허벅지 높이, 낮은 무릎 높이, 오버헤드 그립 도달거리, 앞쪽 잡기 도달거리, 아래쪽 잡기 도달거리, 가슴 깊이, 복근 깊이, 어덩이 무릎 깊이, 머리 폭, 손 너비, 발 폭, 중량 등 다양한 인체의 값을 측정한다. 인체측정학은 인간 중심의 설계를 위하여 인간 측정 자료를 제시하고 사용하는 방법과 응용할 수 있도록 보여주고 있다.

인체측정학은 다양한 산업 분야에서 응용하고 있다. 가장 좋은 사례가 의류 산업이다. 의복은 우리 생활의 기본적 요소로써 연령별로 체형이 다르고 인종별로 다르며 지역별로 다르다. 이와 같은 다양한 인체 측정 자료가 의류 산업에서 디자인 설계에 응용한다. 스포츠산업에서는 스포츠시설 설계와 스포츠 선수들의 운동 기량향상에도 응용될 수 있다. 생체역학적 생리학적 학문과 결합하여 스포츠 종목별로 경쟁력있는 선수를 선발하고 과학적인 훈련을 통하여 좋은 기록에 도달할 수 있도록 한다.

인체측정학은 다양한 산업 분야에서 필요한 동작과 관련한 데이터를 확보하고 사람이 사용하는 물품(제품, 건축물 등) 설계에 필요한 동작 관련 데이터를 확보하며 산업 제품 및 시스템 개발을 위한 기초 데이터베이스를 구축하는 자료 수집을 한다.

가. 인체측정학 응용 원칙

다양한 형태의 인체 측정값은 크기와 형태 측면에서 모집단을 반영하는 평균

(Mean), 중앙값(Median), 표준편차(Std) 및 백분위수(Percentile)를 포함하는 많은 자료가 수집된다. 국제 인체 측정표는 연령, 인종, 민족 등의 남성 및 여성의 신장 자료를 포함한다.

인체공학적 설계는 평균 사람(Average person)보다는 50분위수에서 95분위수에 대한 설계를 한다. 95%의 사람이 안전하게 사용할 수 있도록 설계한다. 예를 들면 출입문을 설계할 때 이용자의 95%가 안전하게 통과할 수 있는 높이와 넓이를 결정한다. 이렇듯 사람의 한계와 특성을 고려한 인간공학적 설계의 응용 원칙은 다음과 같다.

극단치 설계(Design for the extremes) – 최대치 설계와 최소치 설계의 두 가지 극단적인 설계가 있다. 출입문을 설계할 때 남성의 95퍼센타일(100명 중 95번째 큰 신장)에 맞추어 설계하면 거의 모든 사람이 통과하도록 하는 것과 같이 공간 여유를 결정할 때 최대치 설계를 적용한다. 반면 최소치 설계는 주방 싱크대 높이를 키가 작고 팔꿈치 높이가 낮은 사람에 맞추어 많은 사람을 수용하는 것과 같이 높이나 거리를 결정할 때 적용한다.

범위 설계(Design for a range) – 인간의 체격에 맞도록 조절이 가능한 방식으로 설계한 것으로 가장 이상적이며 조절식 설계라고도 한다. 일정한 범위의 사람을 위한 설계로 일반적인 설계 원리이다. 여성의 5퍼센타일에서 남성의 95퍼센타일까지 수용이 가능한 설계를 한다. 자동차의 좌석 조절이나 사무실의 의자 높이 조절 등이 이에 해당한다.

평균 설계(Design for the everage) – 실제로는 존재하지 않는 평균 인간(보통 사람)을 위한 설계를 한다. 극단치 설계나 범위 설계의 방식으로 만들면 대다수의 사람이 불편한 경우에 이렇게 설계한다. 식당의 식탁 의자나 버스의 의자, 은행의 카운터 높이 등은 평균 신장으로 설계하여야 다수의 사람이 편안하다. 공공시설의 설계에 적용하여 백분위 중 50번째 인간을 중앙에 위치시키고 설계한다.

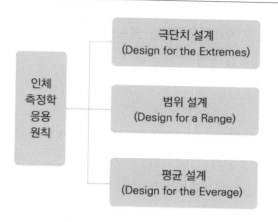

그림 37 **인체측정학 응용 원칙**

나. 인체측정의 표준화 용어

국민체위조사가 이루어진 1979년(1차) 및 1986년(2차)에 인체측정 용어의 표준의 필요성이 대두되었고, 1988년에 외래식(일본) 표현을 우리말로 용어를 정의하였다. 1992년(3차)과 1997년(4차) 국민체위조사에서 재차 변경하여 인체측정 관련과 관련한 우리말 용어는 한국어, 일어, 영어로 다양하게 표현하고 있다.

미국식 표현의 용어를 많이 사용하는 분야와 일본식 표현의 용어를 많이 사용하는 분야가 있다. 기준점이나 측정항목의 용어는 같으나 내용이 다른 경우가 있고 측정 방법이 같은데 다른 명칭의 항목으로 표현되기도 한다. 통일되지 않은 인체측정 용어는 인체측정 관련 분야의 연구자들에게 혼란이 발생하기도 한다.

한국인의 인체치수를 조사하는 사이즈 코리아(Size Korea)는 용어 표준화 기준을 위하여 인체의 기준면과 방향, 측정 기준점 및 측정항목 등에 대하여 용어의 통일을 이루고자 아래와 같이 기준을 설정하였다.

- 우리말 해부학 용어와 우리말 사전을 기초로 우리말 인체측정 용어를 사용한다.
- 특정 분야에서 사용하는 용어를 배제하고 인체측정 관련 분야에서 공통으로 사용할 수 있는 용어로 구성한다.
- 방향을 가리키는 말은 신체 부위를 나타내는 말 뒤에 오도록 한다.

- 서로 다른 신체 부위 사이를 측정할 경우의 측정항목 용어는 서로 다른 부위의 명칭을 나열하고, 이때 단어 사이를 띄우지 않는다.
- 기준점 용어와 측정점 용어는 모두 붙여 쓴다.
- 측정항목 요어에서 기준점 용어를 쓸 경우 "인체부위＋점"을 뺀 기준점 용어를 사용한다.
- 인체의 한 부위까지의 거리를 측정하는 항목 용여에서 체표면을 따른 거리는 "~길이"로, 수평 방향의 직선거리는 "~수평거리"로, 수직 방향의 직선거리는 "~수직길이"로, 방향에 관계없는 직선거리는 "~직선거리"로 한다.
- 서 있는 바닥이나 앉은 면에서 인체 한 부위까지의 수직거리는 "~높이", 인체의 오른 쪽과 왼쪽 사이의 수평거리는 "~너비", 인체의 앞과 뒤 사이의 수평거리는 "~두께", 인체 한 부위의 체표면을 따라 한 바퀴 돈 길이는 "~둘레"로 한다.
- 앉아서 측정해야하는 항목은 용어 옆에 "앉은"이라는 접두사를 붙인다.
- 우리말 인체측정 용어에 대응하는 ISO 용어를 기초로 한다,

인체측정 자세는 선 자세와 앉은 자세의 두 가지 용어로 그 기준을 정하고 있다. 인체측정 시의 선 자세는 해부학적 선 자세와 다르므로, 인체측정학적 선 자세와 인체측정학적 앉은 자세로 표준화 용어를 정의하여 해부학적 자세와 구분하여 사용한다.

또한, 선 자세 정의 속에 머리에 대한 언급이 있기는 하나 특히 머리 부위를 측정하는 항목은 머리 측정항목에 대한 보다 명확한 정의가 필요하여 머리수평면이라는 머리에 관한 측정항목 용어를 두었다.

표 22 **인제측정 자세 용어 비교**

표준화 용어	영어	구용어
인체측정학적 선 자세	Anthropometric Standing	선 자세
인체측정학적 앉은 자세	Anthropometric Sitting	앉은 자세
머리 수평면	Frankfurt Plane	이안수평

인체의 기준면과 방향은 일반적으로 해부학적 자세를 기준으로 정의된 용어를 사용한다. 예를 들어 기존의 용어인 안쪽과 바깥쪽을 안쪽과 가쪽으로 바꾸었는데, 바깥은 속의 상대적인 말로 안이 빈 장기의 바깥과 속 또는 몸의 겉으로 나온 것과 들어가 있는 것을 가리키는 말이고 정중면에 가깝고 먼 것을 상대적으로 나타낼 때는 안쪽과 가쪽을 쓴다는 해부학적 설명에 기초하였다. 또 윗쪽과 아랫쪽을 위쪽과 아래쪽으로 바꾼 것은 우리말 사전에 기초하였다.

표 23   인체의 기준면과 방향 용어 비교

표준화 용어	영어	구용어
정중면	Midsagittal Plane	정중면
정중선	Midsagittal Line	정중선
수평면	Transverse Plane	수평면
관상면	Coronal Plane	관상면, 전두면
앞쪽	Anterior	전, 복측
뒤쪽	Posterior	후, 배측
위쪽	Superior	상, 윗쪽
아래쪽	Inferior	하, 아랫쪽
안쪽	Medial	내측
가쪽	Lateral	외측, 바깥쪽
몸쪽	Proximal	근위
먼쪽	Distal	원위

인체 측정기는 Martin식 계측자를 사용하여 측정한다. 인체측정기 용어는 일어와 영어가 혼용되어 매우 혼란스럽다. 인체측정기의 표준화 용어를 기준점 용어 및 측정 항목 용어와 같이 우리말로 바꾸어 측정기의 특징을 잘 나타낼 수 있도록 하였다.

표 24 Martin식 인체측정기 용어 비교

표준화 용어	영어	구용어
수직자	Anthropometer	신장계
큰수평자	Large Sliding Caliper	간상계, 큰 캘리퍼스
둥근수평자	Spreading Caliper	촉각계
작은수평자	Sliding Caliper	활동계, 캘리퍼스
줄자	Measuring Tape	줄자

　　인체측정 면의 명칭은 신체의 상하부와 앞뒤 그리고 좌우로 나누어 면을 칭한다. 양발을 모으고 정면을 바라보고 똑바로 선 자세에서 양팔을 몸에 붙이고 손바닥을 앞으로 향하게 하고 선 자세가 해부학적 자세(Anatomical position)이다. 인체의 모든 방향에 대한 기준이 되며 이 자세를 기준으로 인체의 면과 축이 이루어진다.

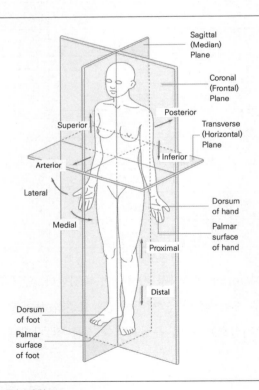

그림 38 인체의 기준면과 방향

시상면(Sagittal Plane) － 인체를 좌우로 나누는 가상의 면이다. 시상면의 정 가운데 있는 면이 정중면(Medsagittal plane) 즉, 인체의 좌우를 대칭으로 나누는 정중앙에 있는 면이다. 시상면 움직임은 굴곡, 진전과 같이 앞뒤로 일어나는 움직임이다.

　　관상면(Colonal Plane) － 인체의 앞쪽과 뒤쪽을 절반으로 나누는 가상의 면이다. 전두면(Frontal plane)이라고도 한다. 관상면 움직임은 외전, 내전과 같이 좌우로 일어나는 움직임이다.

　　수평면(Transvere Plane) － 인체의 상부와 하부를 반으로 나누어 평행이 되는 면이다. 횡단면(Horizontal plane)이라고도 한다. 수평면 움직임은 내회전, 외회전, 축회전 움직임이다.

　　방향을 나타내는 용어는 다음과 같다.

　　앞쪽(Anterior) － 전부

　　뒤쪽(Posterior) － 후부

　　위쪽(Superior) － 상부

　　아래쪽(Inferior) － 하부

　　안쪽(Medial) － 내측, 중간선과 가까워지는 쪽

　　가쪽(Lateral) － 외측, 바깥측, 중간선과 멀어지는 쪽

　　먼쪽(Distal) － 원위, 심장에서 멀어지는 쪽

　　몸쪽(Proximal) － 근위, 심장에서 가까워지는 쪽

　　미골부(Caudal) － 꼬리 끝 및 더 아래쪽에서 보는 쪽

　　등쪽(Dorsal) － 등과 관련된 후부

　　배쪽(Ventral) － 앞쪽과 관련된 전부

　　동측(Ipilateral) － 같은 면

　　반대쪽(Contralateral) － 반대쪽 면

　　심층(Deep) － 다른 구조와 상대적으로 신체 표면에서 멀어지는 위치에 있는 것

　　표층(Superficial) － 신체의 표면 쪽에 가까운 구조

움직임을 나타내는 용어는 다음과 같다.

굴곡(Flexion) － 굽힘

폄(Extension) － 신전

과신전(Hyperextention) － 정산 범위를 넘어선 신전

돌림(Rotation) － 회전

휘돌림(Circumduction) － 회선

외전(Abduction) － 벌림

내전(Adduction) － 모음

엎침(Pronation) － 회내

뒤침(Supination) － 회외

발바닥 굽힘(Plantar Flextion) － 족저굴

발등 굽힘(Dorsali Flexion) － 족배굴

손바닥 굽힘(Palmar Flexion) － 수저굴

손등굽힘(Doprsal Flexion) － 수배굴

안쪽돌림(Inversion) － 내번

가쪽돌림(Eversion) － 외번

내밈(Protraction) － 전인

당김(Retraction) － 후인

올림(Elevation) － 거상

내림(Depression) － 하강

맞섬(Opposition) － 대립

다. 인체측정의 응용

스포츠에서 경기력의 향상은 경기 기술과 체력 그리고 환경적 요인의 결합으로 나타는 성과라고 할 수 있다. 경기력 향상은 반드시 경기에 대한 기술과 기능의 훈련 그리고 체력 증진이 필요하다. 이를 위해서는 경기에 대한 기술 분석 및 연구 개발에 필요한 다양한 과학적 접근 방법이 요구된다. 인체의 움직임과 사용하는 운동 기구의

관계를 전반적으로 분석하고 인체의 구조와 기능 그리고 운동에 필요한 제반 원리를 연구하여 효율적인 운동이 이루어지도록 해야 한다.

스포츠에서 경기 기술 향상을 위해서는 운동학적 분석으로 동작을 교정하여 가장 효과적인 동작을 찾아낼 수 있다. 이는 개개인의 인체측정학 자료를 기반으로 최적화된 동작 구현으로 구체적인 새로운 기술과 함께 향상된 성과에 기여할 수 있다. 경기력 향상을 위한 스포츠 장비와 안전 보호 장구 개발을 위해서 인체의 기본 구조와 기능 분석에 필요한 인체측정 자료를 활용한다. 인체의 동작을 분석하는 동작분석 방법과 생리적으로 능력을 측정하고 분석하는 생리학적인 방법 그리고 정신적 상태를 측정하고 분석하는 심리학적 방법으로 개개인의 경기력을 향상시킬 수 있다.

개개인의 상해 방지를 위해서 많이 접근하는 연구 방법은 스포츠 시뮬레이션이다. 시뮬레이션은 인체를 여러 분절의 강체로 보고 기본적으로 5개의 분절 즉, 몸통과 상지, 하지로 구분하거나, 머리와 목을 몸통에서 분리하여 6개의 분절로 구분하여 모델링한다. 연구자가 정밀한 인체 동작을 구현하고자 할 때는 머리와 목으로 나누고, 몸통도 2부분, 상지는 상완과 하완, 손으로 하고, 하지는 넓적다리와 정강이, 발로 분절하여 모델링한다. 시뮬레이션을 많이 활용하는 스포츠 종목은 운동이 공중에서 주로 이루어지고 부상의 위험이 높은 체조나 다이빙, 넓이 뛰기, 높이 뛰기 종목이다. 동작의 결과가 공이나 원반, 창 그리고 포환 같은 운동 기구의 행적에 나타나는 야구, 투원반, 투창, 투포환이다. 많은 스포츠 종목에서 인체를 모델링하고 인체측정학 자료를 활용하여 경기력 향상과 부상 예방을 위한 연구 자료로 활용한다.

스포츠 장비를 통한 경기력 향상과 부상 방지를 위한 스포츠 안전 장비의 개발은 일반공학과의 학제 간 교류 협력이 중요하다. 빙상경기용 헬멧이나 권투용 헤드기어, 자동차 경주용 헬멧은 외부 충격에도 안전성을 확보할 수 있도록 머리에 가해지는 충격량을 예측하여 충격을 흡수할 수 있는 재질과 디자인이 필요하다. 스포츠에 대한 이해와 지식을 가진 스포츠학자와 장비 개발에 필요한 해당 공학자의 지식이 결합하여야 오류 상황이 발생하지 않는다. 이 과정에서도 개개인의 인체측정 자료가 활용될 것이다. 이것을 스포츠공학이라 할 수 있을 것이다.

우리나라에서는 이러한 스포츠공학이 엘리트 선수들의 경기력 향상에만 적용되어 왔다. 이제 스포츠 참여자의 안전을 확보하기 위한 스포츠 안전 장비에도 다각적인 관심이 필요하다. 스포츠 참여자와 지도자 그리고 각 종목별 협회에서 스포츠 안전을 위하여 경기력 향상과 부상 예방을 위하여 공학자들과 학제간 교류를 활발히 해야 할 것이다. 공학자들 또한 스포츠 과학의 발전을 위해 스포츠에 관심을 가지고 참여하여 스포츠공학을 발전시킬 수 있도록 해야 한다.

우리 일상에서 인체공학이 가장 많이 응용되는 것이 의복이다. 의복은 안전성과 편안함이 중요하다. 달리기, 뛰기, 춤추기 등의 동작에 불편함이 없어야 한다. 인체측정학 자료는 활용된다. 목둘레와 머리둘레, 팔과 발의 길이, 허리둘레와 허벅지둘레 등 연령에 적합한 인체측정 자료가 필요하다. 인체의 측정은 마틴(Martin)식 계측자로 인체 치수를 측정하는 방법과 인체가 움직이는 상태로 동적 정보를 측정하는 동적 측정이 있다. 아울러 3차원(3D) 측정은 3차원 인체 측정기로 인체 형상에 대한 정보를 스캔한다. 3D 기술은 인체의 실제 형태를 포착할 수 있어 인체의 주요 부위를 자동으로 생성할 수 있다.

다양한 산업 분야가 인간 친화적으로 발전해오면서 사용하기 편리하고 효율성 높은 제품 디자인을 기대하게 된다. 따라서, 인간의 선천적 능력과 한계를 다원적으로 예측하고 분석하는 연구가 필요하다. 그동안 불편했던 상황이나 제품들에 대하여 인체적 특성을 고려한 디자인을 할 것이다. 인체의 특성을 반영한 디자인이나 동작의 연구가 산업 현장에서 호평을 받으며 성공적 결과를 가져오므로 인체측정학의 중요성은 더욱 확산될 것이다.

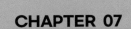

CHAPTER 07

스포츠시설 안전관리 · 점검

스포츠시설의 안전관리와 안전점검에 대하여 규정하고 있는 법률은 『체육시설의 설치 및 이용에 관한 법률』이다. 이 법은 체육시설의 설치·이용을 장려하고, 체육시설업을 건전하게 발전시켜 국민의 건강 증진과 여가 선용(善用)에 이바지하는 것을 목적으로 하고 있다(체육시설법 제1조). 체육시설을 설치·운영하는 자 및 체육시설을 위탁받아 운영·관리하는 자는 해당 체육시설의 기능 및 안전성이 지속적으로 유지되도록 체육시설에 대하여 유지·관리를 하도록 하고 있다(체육시설법 제4조 제4항).

1 체육시설 안전관리에 관한 기본계획

체육시설 안전관리에 관한 기본계획 등의 수립은 체육시설법 제4조의2에 따른다. 주무부처의 장은 체육시설(공공체육시설 및 등록·신고체육시설에 한정한다)의 안전한 이용 및 체계적인 관리를 위하여 5년마다 체육시설 안전관리에 관한 기본계획(이하 "기본계획"이라 한다)을 수립·시행하여야 한다.

- 기본계획에는 다음의 사항이 포함되어야 한다.
- 체육시설에 대한 중기·장기 안전관리 정책에 관한 사항
- 체육시설 안전관리 제도 및 업무의 개선에 관한 사항
- 체육시설과 관련된 사고를 예방하기 위한 교육·홍보 및 안전점검에 관한 사항
- 체육시설 안전관리와 관련된 전산시스템의 구축 및 관리
- 체육시설의 감염병 등에 대한 위생·방역 관리에 관한 사항
- 체육시설 안전관리 전문기관의 육성·지원에 관한 사항
- 체육시설의 안전관리에 필요한 기술의 연구·개발에 관한 사항
- 체육시설 안전관리 표준 매뉴얼의 개발에 관한 사항
- 그 밖에 주무부처의 장이 체육시설의 안전관리를 위하여 필요하다고 인정하는 사항

또한, 주무부처의 장은 기본계획에 따라 매년 안전관리계획(이하 "관리계획"이라 한

다)을 수립·시행하여야 한다. 기본계획 및 관리계획의 수립·변경 또는 시행을 위하여 필요한 경우에는 관계 중앙행정기관의 장, 특별시장·광역시장·특별자치시장·도지사·특별자치도지사(이하 "시·도지사"라 한다) 또는 「공공기관의 운영에 관한 법률」 제4조에 따른 공공기관(이하 "공공기관"이라 한다)의 장에 대하여 관련 자료의 제출이나 협력을 요청할 수 있다. 기본계획 및 관리계획을 수립 또는 변경한 경우에는 관계 중앙행정기관의 장, 시·도지사 및 공공기관(체육시설 안전에 관한 업무를 수행하는 공공기관에 한정한다)의 장에게 통보하고, 인터넷 홈페이지 등을 통하여 공고하여야 한다.

2 체육시설 안전점검

체육시설은 체육시설법 제4조의3에 따라 체육시설의 안전관리와 안전점검을 정기적으로 시행하여야 한다.

체육시설 안전점검 실시자의 구성 및 자격, 안전점검계획, 안전점검 항목 및 결과보고의 내용과 절차 등의 사항을 구체적으로 정하여 재난관리책임기관이 체육시설 안전점검 업무를 효율적이고 통일되게 수행하도록 "체육시설안전관리지침"에 명시하였다. 체육시설안전관리리지침은 체육시설법 제4조의3(체육시설 안전관리점검 등의 위임·위탁), 제4조의4(안전점검 실시결과의 이행), 제4조의5(체육시설정보관리종합시스템 운영), 같은 법 시행령 제2조의3(체육시설 안전점검), 제2조의4(위임·위탁 대상 업무), 제2조의5(체육시설 안전관리점검 업무 등의 위임·위탁), 제2조의6(체육시설 안전점검 실시결과의 공개 및 통보 등) 그리고 같은 법 시행규칙 제1조의2(체육시설정보관리종합시스템의 정보)에 근거하여 작성하였다.

체육시설 안전점검을 위하여 "체육시설안전점검지침"을 적용해야 하는 유형별 점검 항목 및 주기는 <표 25>와 같다.

표 25 **시설유형별 점검 항목 및 주기**

구 분	기준 (해당 시설 연면적)	점검 분야			점검 주기	비고
		시설물	소방시설	체육시설법		
대형시설	5,000㎡ 이상	-	○	○	반기	시설물안전법 (1, 2종시설물)
중형시설	500㎡ ~ 5,000㎡ 미만	-	○	○	반기	시설물안전법 (3종시설물)
		○	○	○	반기	시설물안전법 (3종시설물 외)
소형시설	500㎡ 미만	○	○	○	반기	
자율점검 시설	소규모 체육시설업	-	○	○	반기	

※ 소규모 체육시설업은 체육시설법 시행규칙 제25조에 따른 체육도장업, 골프연습장업, 체력단련장업, 당구장업, 가상체육시설업, 체육교습업을 말하며, 안전점검은 자율점검을 실시하여 안전관리지침에 따라 자체적으로 안전점검을 실시하여 안전점검결과를 시장, 군수 또는 구청장에게 서면으로 또는 국민체육진흥공단이 운영하는 홈페이지(체육시설 알리미)를 통하여 제출하여야 한다.

체육시설의 안전점검 대상 시설은 체육시설법 제5조(전문체육시설), 제6조(생활체육시설), 제7조(직장체육시설)에 따라 설치·운영되는 공공체육시설 및 체육시설법 제10조(체육시설업의 구분·종류)에 따른 등록 및 신고 체육시설업의 시설 그리고 체육시설법 시행규칙 제25조 제3항에 따른 소규모 체육시설업의 시설이다.

주무부처의 장은 안전관리와 관련된 안전점검은 반기마다 정기적으로 실시하여야 한다. 체육시설 안전점검의 항목 및 평가기준은 <표 26>, <표 27>과 같다.

표 26 **체육시설 안전점검의 항목**

실시 대상	점검 항목
1) 시설물	
• 공공체육시설 • 등록 및 신고 체육시설업 *시설물의 안전 및 유지관리에 관한 특별법 제11조에 따른 안전점검 또는 같은 법 제12조에 따른 정밀안전진단을 받은 시설은 제외한다.	가) 기둥, 벽, 보, 마감재의 손상 균열 여부 나) 지반침하 등에 따른 구조물의 위험 여부 다) 절개지(切開地) 및 낙석 위험지역 방지망 등의 안전시설 설치 여부 라) 노후 축대·옹벽 등 위험시설의 보수·보강 등의 조치 상태 마) 시설의 연결, 변형, 청결 상태 바) 부대시설의 파손 상태 및 위험물질의 존재 여부

2) 소방시설	
• 공공체육시설 • 등록 및 신고 체육시설업 * 화재 예방 및 안전관리에 관한 법률 제7조에 따라 최근 1년 이내에 화재안전조사를 받은 시설은 제외한다.	가) 소화기, 스프링클러설비 등 소화설비의 정상 관리 여부 나) 단독경보형 감지기, 비상경보설비 등 화재경보설비의 정상 관리 여부 다) 유도등, 완강기 등 피난구조설비의 정상 관리 여부 라) 상수도소화용수설비 등 소화용수설비의 정상 관리 여부 마) 연결송수관설비 등 소화활동설비의 정상 관리 여부 바) 비상구, 피난통로, 방화문 등의 정상 관리 여부 사) 피난안내도의 비치 또는 피난안내 영상물의 상영 여부 아) 누전차단기 등 전기시설의 정상 관리 여부 자) 가스시설의 정상 관리 여부

3) 체육시설법 규정 준수	
• 공공체육시설 • 등록 및 신고 체육시설업	가) 법 제11조 제1항에 따른 시설 기준(안전관련 시설 기준으로 한정한다) 준수 여부 나) 법 제23조에 따른 체육지도자 배치 의무 준수 여부 다) 법 제24조에 따른 안전 기준 준수 여부 라) 법 제26조에 따른 보험가입 의무 준수 여부

※ 그 밖에 체육시설 안전을 위하여 필요한 항목으로서 문화체육관광부장관이 정하여 고시하는 항목. 이 경우 체육시설의 종류별 특성을 고려하여 항목을 달리 정하여 고시할 수 있다.

체육시설 안전점검 평가기준은 <표 27>과 같으며, 사용 중지를 하는 경우의 중대 결함은 <표 28>과 같다. 체육시설 안전점검 결과를 통보받은 체육시설의 소유자와 체육시설업자는 해당 체육시설에 <표 28>과 같은 중대한 결함이 있는 경우에는 그 결과를 **통보받은 날부터 1년 이내**에 보수·보강 등 필요한 조치에 착수해야 하며, 특별한 사유가 없으면 착수한 **날부터 2년 이내**에 **완료**해야 한다.

표 27 **체육시설 안전점검 평가기준**

평가 등급	평 가 기 준
양호	체육시설의 이용자에게 위해(危害)·위험을 발생시킬 요소가 없는 상태
주의	체육시설의 이용자에게 위해·위험을 발생시킬 수는 있으나 경미한 사안으로 즉시 수리가 가능한 상태
사용중지	체육시설의 이용자에게 위해가 발생한 경우 또는 제2조의6 제3항 각 호에 따른 중대한 결함으로 인하여 체육시설의 안전에 위험이 있어 즉각 사용을 중지하고 보수·보강 또는 개축을 해야 하는 상태

표 28 **체육시설의 사용중지에 필요한 중대결함**

> 1. 시설물 기초의 세굴(洗掘: 단면이 물에 의해 깎이는 현상)
> 2. 건축물의 기둥, 보 또는 내력(耐力)벽의 내력 손실
> 3. 철근콘크리트의 염해(鹽害: 염분 피해) 또는 중성화에 따른 내력 손실
> 4. 땅깎기·흙쌓기에 의한 경사면의 균열·이완 등에 따른 옹벽의 균열 또는 파손
> 5. 그 밖에 체육시설의 안전에 영향을 주는 결함으로서 주무부처의 장이 정하여 고시하는 결함

체육시설 안전점검의 절차와 방법 등에 관하여 주무부처의 장이 다음의 사항을 포함하여 안전점검지침을 작성하여 고시하여야 한다.

- 설계도면, 시방서 등 안전점검에 필요한 시공 관련 자료의 수집 및 검토에 관한 사항
- 안전점검 실시자의 구성 및 자격에 관한 사항
- 안전점검 계획의 수립·시행에 관한 사항
- 안전점검 장비에 관한 사항
- 안전점검 항목별 점검방법에 관한 사항
- 안전점검 결과 보고서의 작성에 관한 사항

가. 체육시설 안전점검의 시기

체육시설의 안전점검은 정기점검, 긴급점검, 정밀점검으로 구분하며 안전점검의 시기는 다음과 같다.
- 정기점검

정기점검은 시설물의 사용승인일(임시사용 포함)로부터 6개월에 1회 이상 실시하여야 하며 긴급점검 및 정밀점검 실시기간과 중복되는 경우에는 생략할 수 있다. 또한, 시설물안전법에 의한 정밀점검, 긴급점검 및 정밀안전진단의 실시기간과 중복되는 경우에는 생략할 수 있다.
- 긴급점검

체육시설 관리주체가 필요하다고 판단한 때 또는 주무부처의 장이나 점검기관이

필요하다고 판단하여 체육시설 관리주체에게 요청한 때에 실시한다. 긴급점검은 취약 시기(여름철, 해빙기, 겨울철 등) 또는 재해나 사고 발생 등 긴급점검이 필요하다고 판단 될 경우에 실시한다.

- **정밀점검**

정기점검 및 긴급점검 결과 다음과 같은 결함이나 재난 위험징후 등이 발생한 경 우에 실시한다.

- 재해나 사고에 의해 비롯된 구조적 손상 등이 발생한 경우
- 기초침하 또는 세굴과 같은 결함이 의심되는 경우
- 시설물의 계속 사용여부 등을 판단하기 위해 실시하는 경우
- 정기점검 결과 결함의 정도가 심각하여 정밀점검이 필요하다고 판단되는 경 우 등

나. 체육시설 안전점검 계획수립

체육시설 안전점검 계획은 안전점검기관에서 수립하며 체육시설정보관리시스템 에 입력하여 주무부처의 장에게 보고하여야 한다.

시·도지사는 시장·군수·구청장으로부터 체육시설 안전점검 계획을 제출받아 시·도의 안전점검 계획을 포함하여 매년 1월 말까지 주무부처의 장에게 보고하여야 하며, 국민체육진흥공단은 수립된 체육시설 안전점검 계획을 매년 12월 15일까지 주 무부처의 장에게 보고하여야 한다.

체육시설 안전점검 계획에 포함하여야할 내용은 다음과 같다.

- 소관 안전점검 대상시설 현황 및 추진 방향
- 안전점검 실시자 및 주요 점검 내용
- 안전점검 주기 및 점검 방법
- 안전점검 결과에 대한 조치사항
- 그밖에 안전점검에 필요한 사항

다. 안전점검 실시자의 구성 및 자격

체육시설 안전점검 계획에 따라 안전점검을 실시할 자의 구성은 다음과 같이한다.

- 재난관리책임기관의 장은 체육시설 특성 및 점검 목적에 맞추어 해당분야(시설물 분야, 소방시설 분야, 체육시설법 관련 규정 준수 분야) 공무원(담당자)과 민간전문가 등으로 점검반 구성
- 필요시 체육시설 안전점검 분야와 관련된 공공기관, 민간단체, 협회 등과 합동 점검반 구성

또한, 안전점검을 실시할 자의 자격은 다음과 같다.

- 안전점검업무 담당 부서의 장이 안전점검 업무 총괄
- 정기점검 및 긴급점검의 실시자는 공무원 또는 안전점검에 대한 경험과 기술을 갖춘 자
- 정밀점검의 실시자는 해당분야(건축, 건설안전, 토목, 소방시설 등)의 국가자격증 소지자로 고급기술인 이상 또는 이에 준하는 자격을 갖춘 자

라. 체육시설 안전점검 관련 자료의 수집 및 보존

체육시설 안전점검 관련 자료의 수집은 다음과 같다.

체육시설 관리주체는 안전점검과 관련된 자료를 해당 체육시설에 비치하여야 한다. 안전점검기관은 안전점검 시 관련 자료의 비치 여부를 확인하고 해당 자료를 활용하여 안전점검을 실시한다. 안전점검 결과 종합등급이 사용중지인 경우에는 안전점검과 관련, 필요한 자료를 수집하여야 한다.

- 안전점검 관련 자료는 다음과 같다.
- 시설물 분야 자료 : 설계도면, 시방서, 시설물의 안전 및 유지관리에 관한 특별법에 의한 안전점검기록 등
- 소방시설 분야 자료 : 소방작동기능점검 또는 종합정밀점검 기록 등

- 체육시설법 관련 규정 준수 분야 자료 : 체육시설업소 등록 및 신고 서류, 체육 지도자 자격서류, 책임배상보험증서 등
- 체육시설법에 의한 안전점검 결과통보서(최근 2년)

안전점검 관련 자료는 국토안전관리원의 시설물정보관리종합시스템(FMS), 해당 시·군·구 건축 담당 부서 등에서 수집할 수 있다.

체육시설 안전점검 자료의 등록 및 보존을 위하여 체육시설 안전점검기관은 안전점검과 관련된 자료 등을 국민체육진흥공단의 체육시설정보관리종합시스템(SFMS)에 등록하여 보존하여야 한다.

체육시설 안전점검과 관련된 자료의 범위는 다음과 같다.
- 체육시설 안전점검에 관한 자료로서 체육시설법 시행령 제2조의3에 의하여 실시하는 안전점검 실시자료 일체
- 안전점검 결과 발견된 중대한 결함에 대하여 실시한 보수·보강공사 자료 일체

마. 체육시설 안전점검 장비에 관한 사항

안전점검 시 사용하는 장비는 소요성능 및 측정의 정밀·정확도를 유지하도록 관리하여야 하며, 『국가표준기본법 및 계량에 관한 법률』에 의하여 검·교정을 받은 장비이어야 한다.

안전점검활동시 안전점검자는 안전모, 작업복, 작업화와 필요한 경우 청각, 시각 및 안면보호장비 등을 포함한 개인용 보호장구를 항시 착용하여야 하며 안전점검 장비 등을 항상 최적의 상태로 유지하여야 한다.

바. 체육시설 안전점검의 종류

안전점검은 경험과 기술을 갖춘 자가 육안이나 기구 등으로 시설물의 물리적·기능적 결함과 내재되어 있는 위험요인을 조사하는 행위이다. 아울러, 이에 대한 신속하

고 적절한 보수·보강 방법 및 조치방안 등을 제시함으로써 체육시설의 안전을 확보
해야 한다.

안전점검은 <그림 39>와 같이 점검의 목적 및 수준에 따라 정기점검, 긴급점검
및 정밀점검으로 구분한다. 이 중 긴급점검은 실시목적에 따라 손상점검 및 특별점검
으로 구분한다.

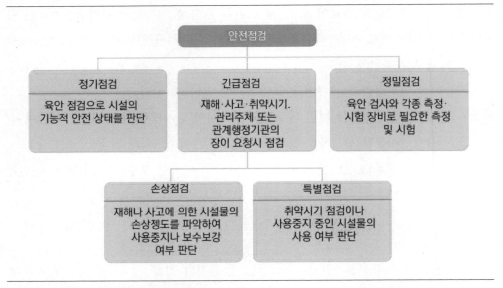

그림 39 **안전점검 종류 및 점검 방법**

• 정기점검

정기점검은 경험과 기술을 갖춘 자에 의한 세심한 육안점검으로 체육시설의 기
능적 안전 상태를 확인하여 현재의 사용요건을 지속적으로 만족시키고 있는지를 관찰
한다. 점검자는 체육시설의 전반적인 외관 및 관리 형태를 관찰하여 중대한 결함 여
부를 확인하여야 한다. 점검자는 정기점검결과 중대한 결함이 확인되었다면 그 결과
를 체육시설정보관리종합시스템에 입력하고 주무부처의 장에게 즉시 보고하여야 한
다. 체육시설 점검기관은 정기점검 결과에 따라 필요한 경우에는 결함의 정도에 따라
긴급점검 또는 정밀점검을 실시하도록 체육시설 관리주체에 통보하고 적절한 조치를
취하도록 하여야 한다.

- 긴급점검

긴급점검은 취약시기(여름철, 해빙기, 겨울철 등)점검이나 관리주체가 필요하다고 판단한 때 또는 관계 행정기관의 장이 필요하다고 판단하여 관리주체에게 요청한 때에 실시하는 안전점검이며 실시목적에 따라 손상점검과 특별점검으로 구분한다.

손상점검: 손상점검은 재해나 사고에 의해 비롯된 구조적 손상 등에 대하여 긴급히 시행하는 점검으로 시설물의 손상 정도를 파악하여 긴급한 사용중지의 필요 여부, 보수·보강의 긴급성, 보수·보강작업의 규모 및 작업량 등을 결정하기 위한 점검이다. 점검자는 사용 제한 및 사용중지가 필요할 경우에는 즉시 관리주체에 보고하여야 하며 관리주체는 필요한 조치를 취하여야 한다.

특별점검: 특별점검은 취약시기(여름철, 해빙기, 겨울철 등) 점검이나 관리주체, 관계 행정기관의 장이 필요하다고 판단하거나, 사용제한 중인 체육시설의 재사용여부 등을 판단하기 위해 실시하는 점검이다.

- 정밀점검

정밀점검은 체육시설의 현 상태를 정확히 판단하고 최초 또는 이전에 기록된 상태로부터의 변화를 확인하며 체육시설이 현재의 사용요건을 계속 만족시키고 있는지 확인하기 위하여 관련 법규에 의거 해당 분야의 전문지식을 가진 자가 외관 및 관리상태에 대한 면밀한 조사와 각종 측정·시험 장비로 실시하는 점검을 말한다. 정밀점검 결과가 결함이 광범위하게 발생하는 등 정밀안전진단이 필요하다고 판단될 경우에는 점검자는 체육시설 관리주체에게 즉시 통보하고 적절한 조치를 취하도록 하여야 한다.

사. 체육시설 안전점검의 절차

안전점검업무 담당자는 정기점검 및 긴급점검 결과가 사용중지 등급인 경우에는 즉시 재난관리책임기관의 장에게 보고하고 해당 체육시설 관리주체에 통보하여 정밀점검을 실시하도록 하여야 한다. 한편, 안전점검을 실시한 경우에는 안전점검 평가기준에 따라 평가한 안전점검 결과를 안전점검 종료일로부터 1개월 이내에 체육시설정보관리종합시스템에 입력하여야 한다.

체육시설 안전점검 결과는 <표 29>와 같다.

표 29 **안전점검 절차**

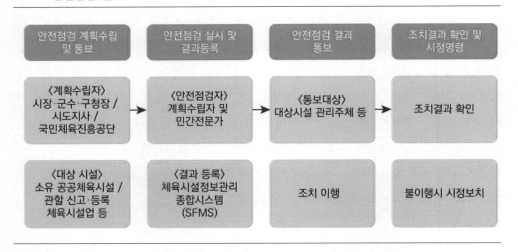

안전점검 계획수립 및 통보	안전점검 실시 및 결과등록	안전점검 결과 통보	조치결과 확인 및 시정명령
〈계획수립자〉 시장·군수·구청장 / 시도지사 / 국민체육진흥공단	〈안전점검자〉 계획수립자 및 민간전문가	〈통보대상〉 대상시설 관리주체 등	조치결과 확인
〈대상 시설〉 소유 공공체육시설 / 관할 신고·등록 체육시설업 등	〈결과 등록〉 체육시설정보관리 종합시스템 (SFMS)	조치 이행	불이행시 시정보치

3 체육시설 안전점검 등의 위임·위탁

체육시설의 안전점검은 주무부처의 장이 체육시설 안전관리 기본계획을 수립하고 매년 안전관리계획을 수립·시행하여야 하며 체육시설의 안전관리와 관련된 안전점검을 정기적으로 실시하여야 한다. 체육시설 안전관리를 위하여 수립된 기본계획 및 관리계획의 업무 수행을 위하여 다음의 업무를 「재난 및 안전관리 기본법」 제3조 제5항에 따른 재난관리책임기관에 위임·위탁할 수 있도록 하였다.

- 체육시설과 관련된 사고를 예방하기 위한 교육 및 홍보 활동
- 체육시설 안전관리와 관련된 안전점검
- 체육시설 안전관리와 관련된 전산시스템의 구축 및 관리
- 그 밖에 대통령령으로 정하는 사항

공공체육시설 즉, 전문체육시설 및 생활체육시설은 광역 또는 기초 지자체의 장

에게 위임하였다. 공공체육시설 중 국가체육시설, 체육시설안전관리와 관련된 전산시스템의 구축 및 관리 업무, 주무부처의 장이 정하는 안전관리 취약시설의 업무를 국민체육진흥공단에 위탁하였다.

위임·위탁받은 재난관리책임기관은 위임·위탁받은 업무의 수행 결과를 매년 3월 31일까지 주무부처의 장에게 보고하여야 한다.

4 체육시설 안전점검 실시 결과의 이행

체육시설법 제4조의3에 따라 실시한 체육시설의 안전점검 결과는 주무부처의 장이 공개하여야 하며, 체육시설의 소유자(체육시설을 위탁받아 운영·관리하는 자를 포함한다. 이하 같다)와 체육시설업자, 시·도지사, 시장·군수 또는 구청장(자치구의 구청장에 한정한다. 이하 같다)에게 지체 없이 통보하여야 한다.

안전점검 결과를 통보받은 체육시설의 소유자와 체육시설업자는 <표 26>과 같은 중대한 결함이 있는 경우에는 시설물의 보수·보강 등 필요한 조치를 하여야 한다. 필요한 조치는 그 결과를 **통보받은 날부터 1년 이내**에 보수·보강 등 필요한 조치에 착수해야 하며, 특별한 사유가 없으면 **착수한 날부터 2년 이내에 완료**해야 한다.

주무부처의 장 및 지방자치단체의 장은 체육시설의 소유자와 체육시설업자가 시설물의 보수·보강 등 필요한 조치를 하지 아니한다면 이에 대한 이행 및 시정을 명할 수 있다.

체육시설의 안전점검 결과에 대하여 체육시설정보관리종합시스템에 다음의 내용을 공개해야 한다.

- 체육시설의 명칭 및 소재지
- 체육시설 안전점검의 실시기간 및 실시자
- 체육시설 안전점검의 결과(중대한 결함이 있는 경우에는 그 내용을 상세하게 기재한다)
- 체육시설의 소유자와 체육시설업자가 조치해야 할 사항(조치한 경우에는 그 결과를 포함한다)

주무부처의 장은 다음의 사항을 포함하여 체육시설의 소유자와 체육시설업자, 시·도지사, 시장·군수 또는 구청장에게 체육시설 안전점검 결과를 통보해야 한다.

- 체육시설의 명칭 및 소재지
- 체육시설 소유자와 체육시설업자의 성명(법인인 경우에는 대표자의 성명을 말한다)
- 체육시설 안전점검의 실시기간 및 실시자
- 체육시설 안전점검의 결과(중대한 결함이 있는 경우에는 그 내용을 상세하게 기재한다)
- 체육시설의 소유자와 체육시설업자가 조치해야 할 사항
- 그 밖에 체육시설 안전관리에 필요한 사항

5 체육시설정보관리종합시스템 운영

주무부처의 장으로부터 업무를 위임·위탁받은 광역 및 기초지방자치단체와 국민체육진흥공단은 체육시설의 안전관리를 위하여 다음의 정보를 체육시설정보관리종합시스템으로 관리·운영한다.

- 체육시설 안전관리에 관한 기본계획 및 관리계획
- 체육시설 안전점검 결과
- 체육시설 안전점검 실시결과의 통보·이행 및 이에 대한 결과
- 공공체육시설의 현황
- 사업계획의 승인 및 변경승인 현황
- 사업계획 승인의 제한 현황
- 체육시설업의 등록 및 변경등록 현황
- 체육시설업의 신고 또는 변경 신고 현황
- 체육지도자의 배치 현황
- 보험 가입 현황
- 휴업 및 폐업 현황
- 시정명령 현황

- 행정처분 현황
- 과태료 부과 현황
- 체육시설에서 발생한 안전사고 발생 현황
- 그 밖에 체육시설의 정보로 관리할 필요가 있다고 주무부처의 장이 정하여 고시하는 사항

체육시설 안전관리점검 등의 업무를 위임·위탁받은 시·도지사 및 시장·군수 또는 구청장 그리고 국민체육진흥공단은 관련 정보를 체육시설정보관리종합시스템에 입력하여야 한다.

CHAPTER 08

스포츠시설 설치·이용에 관한 분석

스포츠시설의 설치와 이를 이용한 스포츠 활동의 지원에 관한 법률은『체육시설의 설치·이용에 관한 법률』에 정하고 있다. 우리나라에서는 스포츠와 체육을 혼용하고 있어 정확한 용어의 정의를 따르지 못하고 있다. 체육시설법의 경우, 스포츠시설에 관한 법률이지만 체육시설로 통칭하여 사용하고 있다. 외래어인 스포츠를 체육으로 혼용하여 사용하고 있다. 엄밀히 말하면 스포츠는 대체할 단어가 없어 대체하기 어려운 외래어인 차용어이다.

그런 의미에서 스포츠는 일정한 규칙에 따라 개인이나 단체끼리 속력, 지구력, 기능 따위를 겨루는 활동으로, 신체 활동을 비롯하여 도구 혹은 동물의 힘을 빌려 하는 여러 운동과 게임을 포함하여 말하고, 또한, 체육은 신체 활동을 통해 체력, 건강을 유지하고 증진 시킬 수 있도록 몸을 튼튼하게 단련하여 몸을 기르는 일이라는 정의를 따른다.

1 체육시설의 분류

체육시설은 공공체육시설과 등록 및 신고체육시설업(일명 민간체육시설)으로 분류한다. 공공체육시설은 전문체육시설과 생활체육시설 그리고 직장체육시설로 나누어진다. 민간의 체육시설업자는 영리를 목적으로 등록체육시설과 신고체육시설은 설치하고 체육시설업을 경영한다.

가. 공공체육시설

국가 또는 지방자치단체가 설치·운영하거나 직장의 장이 직장인의 체육 활동에 필요하여 설치·운영하는 체육시설이다.

- **전문체육시설**

국내·외 경기대회의 개최와 선수 훈련 등에 필요한 운동장이나 체육관 등 체육시설을 국가 또는 광역·기초지방자치단체가 설치·운영하는 체육시설이다. 시·도는 국제경기대회가 및 전국 규모의 종합경기대회를 개최할 수 있는 체육시설을 설치·운영하고 시·군은 시·군 규모의 종합경기를 개최할 수 있는 체육시설을 설치·운영한다. 전문 체육시설의 설치 기준은 <표 30>과 같다.

체육관은 체육, 문화 및 청소년 활동 등 필요한 용도로 활용될 수 있도록 설치되어야 한다. 체육시설의 사용을 촉진하기 위하여 지방자치단체는 「공유재산 및 물품 관리법」, 그 밖의 다른 법률의 규정에도 불구하고 그 사용료의 전부나 일부를 <표 31>과 같이 감면할 수 있다.

표 30 **전문체육시설의 설치기준**

1. 특별시·광역시·도 및 특별자치도

시설 종류	설치기준
종합운동장	대한육상경기연맹의 시설관계공인규정에 따른 1종 공인경기장
체육관	바닥면적이 1,056제곱미터(길이 44미터, 폭 24미터) 이상이고, 바닥에서 천장까지의 높이가 12.5미터 이상인 관람석을 갖춘 체육관
수영장	대한수영연맹의 시설관계공인규정에 따른 1급 공인수영장
그 밖에 전국 규모의 종합경기대회 개최종목시설	해당 종목별 경기단체의 시설규정에 따른 시설

2. 시·군

시설 종류	설치기준			
	구분	① 혼합형	② 소도시형	③ 중도시형
	적용기준	군지역 또는 인구 10만 명 미만인 시	인구 10~15만 명인 시	인구 15만 명 이상인 시
운동장	경기장 규격	공인 제2종	공인 제2종	공인 제2종
	관람석 수	5,000석	10,000석	15,000석
	경기장 면적	20,640㎡	20,640㎡	20,640㎡
	스탠드 면적 계	1,822㎡	3,526㎡	6,178㎡
	스탠드 면적 일반	273㎡	455㎡	455㎡
	스탠드 면적 본부석	4개소	8개소	14개소
체육관	경기장 규격	폭×길이×높이 24m×46m×12.4m	폭×길이×높이 24m×46m×12.8m	폭×길이×높이 24m×46m×13.5m
	부지 면적	6,109㎡	7,124㎡	8,236㎡

			1,864㎡	2,196㎡	2,472㎡
	건축 면적		1,864㎡	2,196㎡	2,472㎡
	연면적	계	2,541㎡	3,011㎡	3,743㎡
		지하층	367㎡	393㎡	467㎡
		1층	1,811㎡	1,926㎡	2,213㎡
		2층	363㎡	692㎡	1,063㎡
	관람석 수		500석	1,000석	1,420석
수영장	경기장 규격		3급 공인	3급 공인	2급 공인
	수영조 규격	길이	50m 또는 25m	50m 또는 25m	50m
		폭	21 ~ 25m	21 ~ 25m	21 ~ 25m
		레인 수	8 ~ 10레인	8 ~ 10레인	8 ~ 10레인
	관중석 수		-	-	300석
기타시설	해당 종목별 경기단체의 시설규정에 따른 시설				

※ 비고 : 위 설치기준은 해당 시·군의 인구·지형·교통 등 지역 여건을 고려하여 조정할 수 있음.

표 31 전문체육시설 및 생활체육시설의 사용료 감면

지방자치단체는 전문체육시설 및 생활체육시설이 제1호에 따른 행사에 사용되는 경우에는 사용료의 전부를 면제할 수 있고, 제2호부터 제7호까지의 규정에 따른 행사 또는 활동에 사용되는 경우에는 100분의 80의 범위에서 해당 지방자치단체의 조례로 정하는 바에 따라 사용료의 일부를 감경할 수 있다.

1. 국가나 다른 지방자치단체가 주최하거나 주관하는 행사
2. 다음 각 목의 단체(해당 단체의 지역단체, 가맹 경기단체 또는 회원단체를 포함한다)가 주관하는 행사
   가. 「국민체육진흥법」 제33조에 따른 대한체육회
   나. 「국민체육진흥법」 제34조에 따른 대한장애인체육회
3. 「국가유공자 등 예우 및 지원에 관한 법률」 제6조에 따라 등록된 국가유공자 및 그 유족 또는 가족을 위한 행사
4. 65세 이상의 사람, 장애인 및 「국민기초생활 보장법」에 따른 수급자를 위한 행사
5. 「초·중등교육법」 제2조에 따른 학교의 체육활동과 관련된 정규 수업 또는 방과 후 활동
6. 「학교 밖 청소년 지원에 관한 법률」제12조에 따른 학교 밖 청소년지원센터의 체육활동과 관련된 자립 지원 활동
7. 그 밖에 사용료 감경이 필요하여 지방자치단체의 조례로 정하는 행사 또는 활동

• 생활체육시설

국민이 거주지와 가까운 곳에서 쉽게 이용할 수 있도록 국가와 지방자치단체가 설치·운영하는 체육시설이다. 시·군·구는 지역 주민이 고루 이용할 수 있는 실내·외 체육시설을 설치·운영 하고, 읍·면·동은 지역 주민이 고루 이용할 수 있는 실외 체육시설을 설치·운영한다. 생활체육시설 설치 기준은 <표 32>와 같다.

표 32 생활체육시설의 설치기준

1. 특별자치시·특별자치도·시·군·구
체육관, 수영장, 볼링장, 체력단련장, 테니스장, 에어로빅장, 탁구장, 골프연습장, 게이트볼장 등의 실내·외 체육시설 중 지역 주민의 선호도와 입지 여건 등을 고려하여 설치
2. 읍·면·동
테니스장, 배드민턴장, 운동장, 골프연습장, 게이트볼장, 롤러스케이트장, 체력단련장 등의 실외체육시설 중 지역 주민의 선호도와 입지 여건 등을 고려하여 설치

생활체육시설을 운영하는 국가와 지방자치단체는 장애인이 생활체육시설을 쉽게 이용할 수 있도록 시설이나 기구를 마련하는 등의 필요한 시책을 강구하여야 한다. 체육시설의 사용을 촉진하기 위하여 지방자치단체는 「공유재산 및 물품 관리법」, 그 밖의 다른 법률의 규정에도 불구하고 그 사용료의 전부나 일부를 <표 31>과 같이 감면할 수 있다

• 직장체육시설

상시 근무하는 직장인이 500인 이상인 직장은 직장인의 체육 활동에 필요한 체육시설을 직장의 장이 설치·운영하여야 한다. 다만, <표 33>과 같이 직장은 직장체육시설의 전부 또는 일부를 설치·운영하지 아니할 수 있다.

표 33 **직장체육시설 미설치 가능 직장**

> 1. 「초·중등교육법」 및 「고등교육법」에 따른 학교
> 2. 체육시설의 설치·운영을 주된 업무로 하는 직장
> 3. 다음 각 목의 어느 하나에 해당하는 직장
>   가. 인구과밀지역인 도심지에 위치하여 직장체육시설의 부지를 확보하기 어려운 직장
>   나. 가까운 직장체육시설이나 그 밖의 체육시설을 항상 사용할 수 있는 직장
>   다. 그 밖에 시·도지사가 직장체육시설을 설치할 수 없는 부득이한 사유가 있다고 인정하는 직장
>
> 상기 제3호에 따른 직장의 장이 직장체육시설의 전부 또는 일부를 설치·운영하지 아니하려는 경우에는 별지 제1호서식의 직장체육시설 설치면제 신청서에 그 사유를 증명할 수 있는 서류를 첨부하여 관할 시장·군수 또는 구청장을 거쳐 시·도지사에게 제출하여야 한다.

직장체육시설을 설치하여야 하는 직장의 범위와 체육시설의 설치 기준은 <표 34>와 같다.

표 34 **직장체육시설의 설치기준**

구분	설치기준
직원이 500명 이상인 직장	<표 35>의 체육시설의 종류 중 두 종류 이상의 체육시설

직장체육시설의 설치·운영에 관하여는 시·도지사가 지도·감독한다. 다만, 군부대 직장체육시설의 설치·운영에 관하여는 국방부장관이 지도·감독한다.

한편, 직장의 장이 직장체육시설의 전부 또는 일부를 설치·운영하지 아니하려는 경우에는 체육시설법 시행규칙 별지 제1호서식의 직장체육시설 설치면제 신청서에 그 사유를 증명할 수 있는 서류를 첨부하여 관할 시장·군수 또는 구청장을 거쳐 시·도지사에게 제출하여야 한다.

표 35 **체육시설의 종류**

구분	체육시설종류
운동 종목	골프장, 골프연습장, 궁도장, 게이트볼장, 농구장, 당구장, 라켓볼장, 럭비풋볼장, 롤러스케이트장, 배구장, 배드민턴장, 벨로드롬, 볼링장, 봅슬레이장, 빙상장, 사격장, 세팍타크로장, 수상스키장, 수영장, 무도학원, 무도장, 스쿼시장, 스키장, 승마장, 썰매장, 씨름장, 아이스하키장, 야구장, 양궁장, 역도장, 에어로빅장, 요트장, 육상장, 자동차경주장, 조정장, 체력단련장, 체육도장, 체조장, 축구장, 카누장, 탁구장, 테니스장, 펜싱장, 하키장, 핸드볼장, 인공암벽장, 그 밖에 국내 또는 국제적으로 치러지는 운동 종목의 시설로서 주무부처의 장이 정하는 것
시설 형태	운동장, 체육관, 종합 체육시설, 가상체험 체육시설

※ 체육시설의 종류는 운동 종목과 시설 형태로 구분한다. 운동 종목은 국내외 경기대회가 가능한 종목을 말하며, 시설의 형태는 운동장, 체육관, 종합체육시설, 가상체험 체육시설을 말한다.

● 체육시설의 개방과 이용 및 위탁 운영

공공체육시설 중 전문체육시설과 생활체육시설은 경기대회 개최나 시설의 유지·관리 등에 지장이 없는 범위에서 지역 주민이 이용할 수 있도록 개방하여야 한다. 직장체육시설을 설치·운영하는 공공기관은 기관의 업무나 시설의 유지·관리 등에 지장이 없는 범위에서 해당 체육시설을 개방하여 지역 주민이 이용할 수 있도록 노력하여야 한다.

국가나 지방자치단체 그리고 직장이 공공체육시설을 지역 주민에게 개방하는 경우에는 개방시간과 이용방법 등을 잘 볼 수 있게 게시하여야 하며, 그 체육시설을 관리하는 데에 드는 경비의 범위에서 이용료를 그 이용자에게 부담시킬 수 있다.

또한 국가나 지방자치단체는 전문체육시설과 생활체육시설 그리고 직장체육시설 중 구가나 지장자치단체가 설치한 체육시설의 전문적 관리와 이용을 촉진하기 위하여 필요하면 그 체육시설의 운영과 관리를 개인이나 단체에 위탁할 수 있다.

나. 체육시설업

체육시설업은 등록체육시설업과 신고체육시설업으로 구분하며, 해당 체육시설업은 다음과 같다.

√ 등록체육시설업 : 골프장업, 스키장업, 자동차 경주장업

√ 신고체육시설업 : 요트장업, 조정장업, 카누장업, 빙상장업, 승마장업, 종합 체육시설업, 수영장업, 체육도장업, 골프 연습장업, 체력단련장업, 당구장업, 썰매장업, 무도학원업, 무도장업, 야구장업, 가상체험 체육시설업, 체육교습업, 인공암벽장업

체육시설업의 그 종류별 범위는 <표 36>과 같다. 또한, 회원 모집, 시설 규모, 운영 형태에 따른 세부 종류는 회원제체육시설업과 대중제체육시설업으로 나누며 다음과 같이 정한다.

√ 회원제체육시설업 : 회원을 모집하여 경영하는 체육시설업
√ 대중체육시설업 : 회원을 모집하지 않고 경영하는 체육시설업

표 36 **체육시설업의 종류별 범위**

업종	영업의 범위
1. 스키장업	눈, 잔디, 그 밖에 천연 또는 인공 재료로 된 슬로프를 갖춘 스키장을 경영하는 업
2. 썰매장업	눈, 잔디, 그 밖에 천연 또는 인공 재료로 된 슬로프를 갖춘 썰매장(「산림문화·휴양에 관한 법률」에 따라 조성된 자연휴양림 안의 썰매장을 제외한다)을 경영하는 업
3. 요트장업	바람의 힘으로 추진되는 선박(보조추진장치로서 엔진을 부착한 선박을 포함한다)으로서 체육활동을 위한 선박을 갖춘 요트장을 경영하는 업
4. 빙상장업	제빙시설을 갖춘 빙상장을 경영하는 업
5. 종합 체육시설업	법 제10조 제1항 제2호에 따른 신고 체육시설업의 시설 중 실내수영장을 포함한 두 종류 이상의 체육시설을 같은 사람이 한 장소에 설치하여 하나의 단위 체육시설로 경영하는 업
6. 체육도장업	문화체육관광부령으로 정하는 종목의 운동을 하는 체육도장을 경영하는 업
7. 무도학원업	수강료 등을 받고 국제표준무도(볼룸댄스) 과정을 교습하는 업(「평생교육법」, 「노인복지법」, 그 밖에 다른 법률에 따라 허가·등록·신고 등을 마치고 교양강좌로 설치·운영하는 경우와 「학원의 설립·운영 및 과외교습에 관한 법률」에 따른 학원은 제외한다)
8. 무도장업	입장료 등을 받고 국제표준무도(볼룸댄스)를 할 수 있는 장소를 제공하는 업
9. 가상체험체육시설업	정보처리 기술이나 기계장치를 이용한 가상의 운동경기 환경에서 실제 운동경기를 하는 것처럼 체험하는 시설 중 골프 또는 야구 종목의 운동이 가능한 시설을 경영하는 업
10. 체육교습업	체육시설을 이용하는 자로부터 직접 이용료를 받고 다음 각 목의 어느 하나에 해당하는 운동에 대하여 13세 미만의 어린이를 대상으로 30일 이상 교습

	행위를 제공하는 업(교습과정의 반복으로 교습일수가 30일 이상이 되는 경우를 포함한다) 가. 농구 나. 롤러스케이트(인라인롤러와 인라인스케이트를 포함한다) 다. 배드민턴 라. 빙상 마. 수영 바. 야구 사. 줄넘기 아. 축구 자. 가목부터 아목까지의 운동 중 두 종류 이상의 운동을 포함한 운동
11. 인공암벽장업	인공적으로 구조물을 설치하여 등반을 할 수 있는 인공암벽장을 경영하는 업

골프장체육시설업의 세부 종류는 회원제골프장업과 비회원제골프장업으로 구분하며 다음과 같다.

√ 회원제 골프장업 : 회원을 모집하여 경영하는 골프장업

√ 비회원제 골프장업 : 회원을 모집하지 아니하고 경영하는 골프장업

주무부처의 장은 국민체육진흥을 위하여 비회원제 골프장 중에서 <표 37>과 같이 이용료 등의 요건을 충족하는 골프장을 대중형 골프장으로 지정할 수 있다. 대중형 골프장으로 지정 된 경우 국가와 지방자치단체는 필요한 지원을 할 수 있다.

표 37 대중형 골프장의 지정 요건

1. 다음 각 목의 평균금액 및 과세금액의 차이를 고려하여 주무부처의 장이 매년 정하여 고시하는 금액보다 낮은 금액의 코스 이용료를 책정할 것
   가. 회원제 골프장의 비회원 대상 코스 이용료의 직전년도 평균 금액
   나. 회원제 골프장과 대중형골프장 간 과세금액의 차이
2. 「약관의 규제에 관한 법률」 제19조의3에 따른 표준약관 중 골프장 이용에 관한 표준약관을 사용할 것

   상기 제1호 가목에 따른 금액은 수도권(「수도권정비계획법」 제2조 제1호에 따른 수도권을 말한다)의 성수기(5월 및 10월을 말한다)를 기준으로 산정하며, 매년 물가상승률을 고려해야 한다.

> 대중형골프장의 지정기간은 3년으로 한다.
> 제1호 가목에 따른 금액을 산정하기 위하여 회원제 골프장의 비회원 대상 코스 이용료 책정
> 현황에 관한 실태조사를 실시할 수 있다.

대중형골프장의 지정을 받으려는 비회원제 골프장업자는 주무부처령으로 지정신청서에 골프장 이용약관 등 문화체육관광부령으로 정하는 서류를 첨부하여 주무부처의 장에게 제출해야 한다. 지정신청서를 제출받은 경우에는 지정 여부를 결정하고 그 결과를 신청서를 제출받은 날부터 30일 이내에 신청인에게 알려야 한다.

● 등록체육시설업

등록체육시설업은 골프장업, 스키장업, 자동차경주장업으로 3개의 체육시설업이 해당된다.

등록 체육시설업을 하려는 자는 시설을 설치하기 전에 체육시설법 시행규칙 <별지 제2호서식>에 따라 체육시설업의 종류별로 사업계획서를 작성하여 시·도지사의 승인을 받아야 한다. 사업계획 승인 신청서에 첨부할 서류는 다음과 같다.

√ 총용지 면적 및 토지이용계획서

√ 토지명세서

√ 부동산의 임대차계약서 등 사용권을 증명할 수 있는 서류(타인 소유의 부동산인 경우에만 해당한다)

√ 건축물의 층별 면적 및 시설내용

√ 공사계획 및 소요 자금의 조달 방법

√ 주요 설비·기기·기구 등의 설치계획

√ 운영계획서(체육지도자 배치 및 보험 가입 등)

√ <표 38>의 다른 법률에 따른 허가·해제 등의 의제 처리 협의에 필요한 서류

표 38 **다른 법률에 따른 허가·해제 등 사항**

1. 「농지법」 제34조 제1항에 따른 농지전용허가

2. 「산지관리법」 제14조 및 제15조에 따른 산지전용허가 및 산지전용신고, 같은 법 제15조의2에 따른 산지일시사용허가·신고, 「산림자원의 조성 및 관리에 관한 법률」 제36조 제1항·제5항에 따른 입목벌채등의 허가·신고. 다만, 사업계획 구역 내 형질 변경을 하지 아니하고 보전하는 산지의 경우에는 그러하지 아니하다.

3. 「사방사업법」 제20조에 따른 사방지 지정의 해제

4. 「초지법」 제23조에 따른 초지전용허가

5. 「하천법」 제33조에 따른 하천구역 안에서의 하천 점용 등의 허가

6. 「공유수면 관리 및 매립에 관한 법률」 제8조에 따른 공유수면의 점용·사용허가

7. 「사도법」 제4조에 따른 사도개설(私道開設)의 허가

8. 「도로법」 제61조에 따른 도로 점용의 허가

9. 「국유림의 경영 및 관리에 관한 법률」 제21조에 따른 국유림의 사용허가 또는 대부

10. 「건축법」 제83조 제1항에 따른 공작물 축조의 신고

11. 「수도법」 제52조 및 제54조에 따른 전용상수도 및 전용공업용수도 설치의 인가

12. 「장사 등에 관한 법률」 제27조 제1항에 따른 분묘 개장(改葬)의 허가

13. 「대기환경보전법」 제23조, 「물환경보전법」 제33조, 「소음·진동관리법」 제8조 및 「가축분뇨의 관리 및 이용에 관한 법률」 제11조에 따른 배출시설의 설치 허가 또는 신고

14. 「공간정보의 구축 및 관리 등에 관한 법률」 제86조 제1항에 따른 사업의 착수 및 변경 사실의 신고

그 사업계획을 변경하려는 경우에도 또한 같다. 다만, <표 39>와 같이 경미한 사항에 관한 사업계획의 변경은 제외한다. 사업계획 변경신청서는 체육시설법 시행규칙 <별지 제3호서식>에 따라 신청한다.

표 39 **사업계획의 경미한 변경 사항**

1. 사업계획의 승인을 받은 자가 법인인 경우 그 대표자의 성명·주소의 변경에 관한 사항(체육시설법 제27조 제3항에 따른 사업계획 승인의 승계의 경우는 제외한다)

2. 상호의 변경에 관한 사항

3. 주무부처의 장이 정하는 범위에서 시설물 설치를 변경하는 것에 관한 사항. 이 경우 사업계획의 승인을 받은 부지의 면적 및 경계는 변경(경계의 변경 없이 측량에 의하여 면적이

변경되는 경우는 제외한다)하지 아니하여야 한다.

4. 회원모집 예정 인원 및 입회금의 변경에 관한 사항

5. 시설 설치공사의 착공예정일 또는 준공예정일의 변경에 관한 사항

시·도지사는 등록 체육시설업에 대한 사업계획의 승인 또는 변경 승인을 하려면 다른 법률에 따른 허가·해제 등의 의제처리를 위하여 소관 행정기관의 장과 미리 협의하여야 한다. 다만, 경미한 사업계획의 변경인 경우에는 해당하지 않는다.

시·도지사는 국토의 효율적 이용, 지역간 균형 개발, 재해 방지, 자연환경 보전 및 체육시설업의 건전한 육성 등 공공복리를 위하여 필요하면 <표 40>의 경우는 사업계획의 승인 또는 변경승인을 할 수 없다.

표 40 **사업계획 승인의 제한 사항**

1. 비회원제 골프장업으로 승인을 받은 사업계획이나 등록한 시설의 전부 또는 일부를 회원제 골프장업의 사업계획이나 시설로 전환하려는 경우

2. 골프장업에 있어서는 자연환경 보전을 위하여 주무부처의 장이 관계 중앙행정기관의 장과 협의하여 고시하는 골프장의 입지 기준 및 환경 보전에 관한 사항에 적합하지 아니한 경우. 다만, 부지면적이 늘어나지 아니하는 다음 각 목의 사업계획 변경승인은 제한하지 아니 한다.

   가. 「물환경보전법」 제2조 제7호에 따른 수질오염물질 각 항목의 배출량을 증가시키지 아니하고 골프장업의 시설물을 고치거나 수리하는 경우

   나. 골프장업 부지면적의 100분의 10의 범위에서 「자연환경보전법」 제2조 제14호에 따른 생태·자연도(「자연환경보전법」 제34조 제1항 제4호의 별도관리지역은 제외 한다)의 등급이 높은 지역의 부지를 제외하고 낮은 지역의 부지를 편입시키거나, 「자연환경보전법 시행령」 제23조 제1항 제4호에 따른 녹지등급이 높은 지역의 부지를 제외하고 낮은 지역의 부지를 편입시키는 경우

3. 스키장업에 있어서는 부지 내 산림(「산림자원의 조성 및 관리에 관한 법률」 제2조 제1호에 따른 산림으로서 사업계획 승인 당시의 산림을 말하며, 사업부지가 변경되는 사업계획 변경의 경우에는 변경된 부지를 대상으로 한 사업계획 승인 당시 산림이었던 부분과 새로 부지가 된 부분의 산림을 합한 것을 말한다)의 면적에 대하여 원형이 보전(保全)되는 면적의 비율이 100분의 25 미만인 경우

시·도지사는 사업계획의 승인이 취소된 후 6개월이 지나지 아니한 때에는 같은 장소에서 그 사업계획의 승인이 취소된 자에게 그 취소된 체육시설업과 같은 종류의 체육시설업에 대한 사업계획의 승인을 할 수 없다. 다만, 회원을 모집하는 체육시설업에 대한 사업계획의 승인이 취소 된 경우 같은 장소에서 회원을 모집하지 아니하는 체육시설업에 대한 사업계획을 승인하는 경우에는 해당하지 않는다.

등록 체육시설업에 대한 사업계획의 승인을 받은 자(이하 "사업계획의 승인을 받은 자"라 한다)는 그 사업계획의 승인을 받은 날부터 4년 이내에 그 사업시설 설치 공사를 착수하여야 하며, 그 사업계획의 승인을 받은 날부터 6년 이내에 그 사업시설 설치 공사를 준공하여야 한다. 다만, 다음과 같은 사유로 설치 공사를 착수하거나 준공할 수 없는 경우에는 해당하지 않는다.

√ 천재지변으로 인한 경우

√ 법원 또는 행정기관으로부터 법령에 따라 공사중지명령 등을 받은 경우

상기의 사유로 설치 기간을 연장할 경우에는 필요한 사항을 체육시설법 시행규칙 <별지 제6호서식>에 따라 설치기간 연장 신청서에 설치기간 연장 사유를 증명할 수 있는 서류를 첨부하여 시·도지사에게 제출하여야 한다.

또한, 사업계획의 승인을 받은 자가 체육시설에 필요한 시설을 갖춘 때에는 영업을 시작하기 전에 체육시설법 시행규칙 <별지 제9호서식>에 따라 시·도지사에게 등록신청서를 제출하여 그 체육시설업의 등록을 하여야 한다. 등록 사항을 변경하려는 때에도 또한 같다. 다만 <표 41>와 같이 경미한 등록 사항은 해당하지 않는다.

표 41 **경미한 등록 사항**

1. 체육시설업의 승계로 인한 체육시설업자의 변경에 관한 사항
2. 부지면적 및 사업시설의 규모를 변경하지 아니하는 범위에서 시설을 고치거나 다시 만드는 것에 관한 사항
3. 스키장업의 시설물은 변경하지 아니하고 계절의 변화에 따른 휴업기간 중 다른 용도로 변경하는 것에 관한 사항

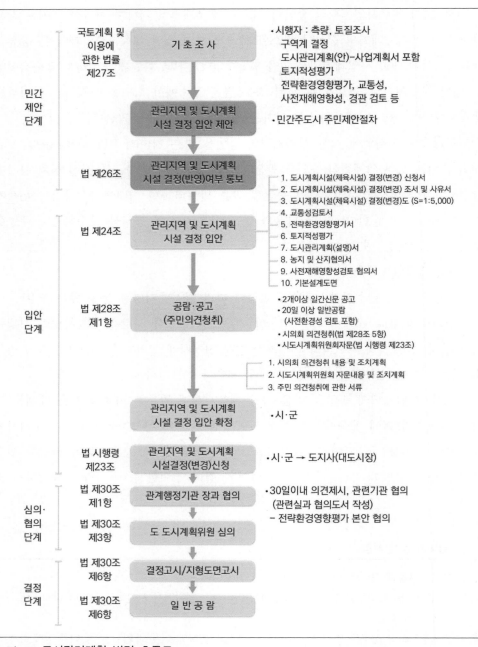

그림 40 **도시관리계획 변경 흐름도**

시·도지사는 골프장업 또는 스키장업에 대한 사업계획의 승인을 받은 자가 그 승인을 받은 사업시설 중 <표 42>와 같이 정한 규모 이상의 시설을 갖추었을 때에는 그 체육시설업을 조건부로 등록하게 할 수 있다. 다만, 그 사업계획의 승인을 받은 날로부터 6년 이내에 나머지 시설을 갖출 것을 조건으로 한다.

표 42 조건부 등록에 필요한 규모 이상의 시설

1. 골프장업 회원제골프장업의 경우에는 9홀 이상, 비회원제 골프장업의 경우에는 6홀 이상
2. 스키장업 3면 이상의 슬로프와 그 슬로프의 이용에 필요한 리프트

조건부로 등록한 자가 그 조건의 전부를 이행하였을 때는 해당 시설에 대하여 변경등록을 하여야 한다.

등록체육시설업은 사업계획서를 시·도지사에게 제출하면 『국토계획 및 이용에 관한 법률』 등에 따라 <그림 40>과 같이 도시관리계획 변경, 환경영향평가 등 관련 법률 절차가 진행된다. 민간이 주도하는 사업의 경우는 "관리지역 및 도시계획 시설 결정 입안 제안"을 민간 주도로 주민이 제안해야 한다. "관리지역 및 도시계획 시설 결정 입안 확정"은 시·군에서 하며 시·도지사에게 신청한다. 도시계획시설이 결정되면 <그림 41>과 같이 실시계획인가 절차를 이행한다. 이때, 농지전용, 산지전용 허가 등 의제 처리에 필요한 서류를 구비하여 실시계획인가 승인을 받는다.

한편, 체육시설 특히 골프장업에서 이용질서를 준수하여야 한다. 골프장업을 경영하는 경우에 회원제 골프장업자는 비회원제 골프장을 함께 운영할 경우 이용 방법과 이용료 등 그 운영에 관한 사항을 해당 회원제 골프장과 분리하여야 한다. 비회원제 골프장을 운영하는 자는 예약 순서대로 예약자가 골프장을 이용하도록 하되, 예약자가 없는 경우에는 이용자의 도착 순서에 따라 골프장을 이용하게 하여야 한다.

또한, 비회원제 골프장을 운영하는 자는 다음의 행위를 하여서는 안된다.

√ 회원을 모집하는 행위

√ 이용 우선권을 제공하거나 판매하는 행위

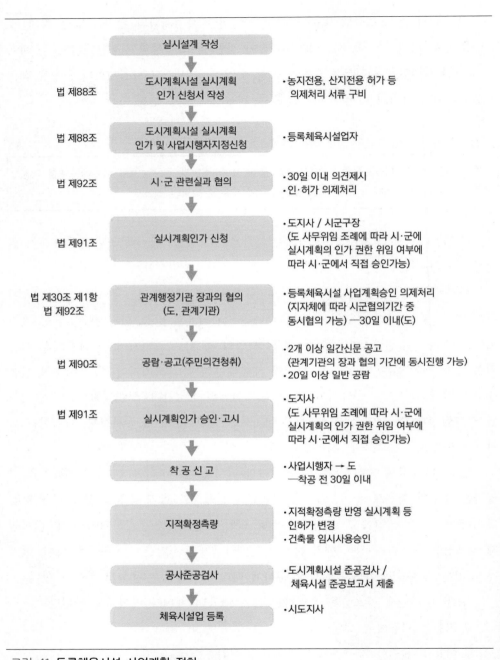

실시설계 작성

법 제88조 | 도시계획시설 실시계획 인가 신청서 작성 | •농지전용, 산지전용 허가 등 의제처리 서류 구비

법 제88조 | 도시계획시설 실시계획 인가 및 사업시행자지정신청 | •등록체육시설업자

법 제92조 | 시·군 관련실과 협의 | •30일 이내 의견제시 •인·허가 의제처리

법 제91조 | 실시계획인가 신청 | •도지사 / 시군구장 (도 사무위임 조례에 따라 시·군에 실시계획의 인가 권한 위임 여부에 따라 시·군에서 직접 승인가능)

법 제30조 제1항 법 제92조 | 관계행정기관 장과의 협의 (도, 관계기관) | •등록체육시설 사업계획승인 의제처리 (지자체에 따라 시군협의기간 중 동시협의 가능) —30일 이내(도)

법 제90조 | 공람·공고(주민의견청취) | •2개 이상 일간신문 공고 (관계기관의 장과 협의 기간에 동시진행 가능) •20일 이상 일반 공람

법 제91조 | 실시계획인가 승인·고시 | •도지사 (도 사무위임 조례에 따라 시·군에 실시계획의 인가 권한 위임 여부에 따라 시·군에서 직접 승인가능)

착 공 신 고 | •사업시행자 → 도 —착공 전 30일 이내

지적확정측량 | •지적확정측량 반영 실시계획 등 인허가 변경 •건축물 임시사용승인

공사준공검사 | •도시계획시설 준공검사 / 체육시설 준공보고서 제출

체육시설업 등록 | •시도지사

그림 41 **등록체육시설 사업계획 절차**

● **신고체육시설업**

신고체육시설업은 요트장업, 조정장업, 카누장업, 빙상장업, 승마장업, 종합 체육시설업, 수영장업, 체육도장업, 골프연습장업, 체력단련장업, 당구장업, 썰매장업, 무도학원업, 무도장업, 야구장업, 가상체험체육시설업, 체육교습업, 인공암벽장업이 있다.

신고체육시설업을 하려는 자는 해당 체육시설업의 시설을 갖추어 체육시설법 시행규칙 <별지 제13호서식>에 의거하여 체육시설업신고(변경신고)서를 작성하여 특별자치시장·특별자치도지사·시장·군수 또는 구청장에게 제출하여야 하며 신고 사항을 변경한 때에도 특별자치시장·특별자치도지사·시장·군수 또는 구청장에게 제출하여야 한다. 특별자치시장·특별자치도지사·시장·군수 또는 구청장은 체육시설업신고서를 신고받은 경우에는 신고를 받은 날부터 7일 이내에, 체육시설업변경신고서를 받은 경우에는 변경 신고를 받은 날부터 5일 이내에 신고수리 여부를 신고인에게 통지하여야 한다. 특별자치시장·특별자치도지사·시장·군수 또는 구청장이 정한 기간 내에 신고수리 여부나 민원 처리 관련 법령에 따른 처리 기간의 연장 여부를 신고인에게 통지하지 아니하면 그 기간이 끝난 날의 다음 날에 신고를 수리한 것으로 본다.

신고체육시설업 중에서 체육교습업은 어느 종류에 대하여 체육시설업을 등록 또는 신고한 자는 체육교습업을 신고하지 아니하고 그 체육시설에서 교습을 할 수 있다.

2 체육시설업자의 준수사항

체육시설업자가 체육시설업을 운영하면서 반드시 준수하여야 할 사항이 있다.

√ 「소음·진동 관리법」 등 개별법의 규정을 초과하는 소음·진동으로 지역 주민의 주거 환경을 해치지 아니하도록 할 것

√ 체육시설 업소 안에서 하는 도박이나 그 밖의 사행행위(射倖行爲)를 조장하거나 묵인하지 아니할 것

√ 이용약관 등 회원 및 일반이용자와 약정한 사항을 지킬 것

√ 다음 각 목의 어느 하나에 해당하는 경우로서 이용료 반환사유 및 반환금액에

관하여 일반이용자와 약정하지 아니한 때에는 <표 43>과 같이 정하는 반환 기준에 따라 일반이용자로부터 받은 이용료를 반환할 것
  - 일반이용자가 본인의 사정상 체육시설을 이용할 수 없게 된 경우
  - 체육시설업자가 체육시설업의 폐업, 휴업 등으로 영업을 계속할 수 없는 경우

표 43 **이용료의 반환기준**

구분	반환사유 발생일	반환금액
일반이용자가 본인의 사정상 체육시설을 이용할 수 없게 된 경우	이용 개시일 전	반환금액 = 이용료 - 위약금 ※ 위약금은 이용료의 1/10에 해당하는 금액을 말한다. 이하 이 표에서 같다
	이용 개시일 이후	1) 계약내용이 이용 기간으로 정해진 경우: 반환금액 $= [이용료 - (이용료 \times \frac{이미 경과한 기간(일수)}{계약상 이용 기간(일수)})] - 위약금$ 2) 계약내용이 이용 횟수로 정해진 경우: 반환금액 $= [이용료 - (이용료 \times \frac{이미 이용한 횟수}{계약상 이용 횟수})] - 위약금$
체육시설업자가 체육시설업의 폐업, 휴업 등으로 영업을 계속할 수 없는 경우	이전 개시일 전	반환금액 = 이용료 + 위약금
	이용 개시일 이후	1) 계약내용이 이용 기간으로 정해진 경우: 반환금액 $= [이용료 - (이용료 \times \frac{이미 경과한 기간(일수)}{계약상 이용 기간(일수)})] + 위약금$ 2) 계약내용이 이용 횟수로 정해진 경우: 반환금액 $= [이용료 - (이용료 \times \frac{이미 이용한 횟수}{계약상 이용 횟수})] + 위약금$

1. "이용 개시일"이란 계약 내용이 이용 기간으로 정해진 경우에는 이용 기간이 시작되는 첫날을 말하고, 계약 내용이 이용 횟수로 정해진 경우에는 이용을 시작하는 첫날을 말한다.
2. "이용료"란 일반이용자가 체육시설업자에게 계약 시 납부한 총 금액을 말하며, 계약금·입회금·가입비·부대시설 이용료 등의 금액을 모두 포함한다. 다만, 보증금은 이용료에 포함되지 않는다.

무도학원업자·무도장업자 및 체육교습업자는 <표 44>의 시설 및 운영 기준 등 을 준수하여야 한다.

표 44 **체육시설업자의 준수사항**

> ▣ 무도학원업자·무도장업자의 준수 사항
> 1. 공연이나 무대 연주를 위한 시설을 설치하지 아니할 것(무도장업자만 해당한다)
> 2. 업소에서 주류 또는 음식물을 판매하거나 제공하지 아니할 것. 다만, 「식품위생법 시행령」 제21조 제1호의 식품제조·가공업의 등록을 한 자가 제조·가공한 음료수와 자동판매기기에 의한 음료수의 판매는 제외한다.
> ▣ 체육교습업자의 준수 사항
> 1. 오전 0시부터 오전 5시까지는 교습을 하지 않을 것
> 2. 업소에서 주류를 판매하거나 제공하지 않을 것

3 체육지도자의 배치

체육시설업자는 체육시설업의 건전한 발전과 국민의 건강 증진을 위하여 일정 규모 이상의 체육시설에 체육지도자를 배치하여야 한다. 체육지도자의 배치해야 할 체육시설의 종류와 규모 그리고 배치 인원의 기준은 <표 45>와 같다.

표 45 **체육지도자 배치기준**

종류	규모	배치인원
골프장업	○ 골프코스 18홀 이상 36홀 이하 ○ 골프코스 36홀 초과	1명 이상 2명 이상
스키장업	○ 슬로프 10면 이하 ○ 슬로프 10면 초과	1명 이상 2명 이상
요트장업	○ 요트 20척 이하 ○ 요트 20척 초과	1명 이상 2명 이상
조정장업	○ 조정 20척 이하 ○ 조정 20척 초과	1명 이상 2명 이상
카누장업	○ 카누 20척 이하 ○ 카누 20척 초과	1명 이상 2명 이상
빙상장업	○ 빙판면적 1,500제곱미터 이상 3,000제곱미터 이하 ○ 빙판면적 3,000제곱미터 초과	1명 이상 2명 이상

승마장업	○ 말 20마리 이하 ○ 말 20마리 초과	1명 이상 2명 이상
수영장업	○ 수영조 바닥면적이 400제곱미터 이하인 실내 수영장 ○ 수영조 바닥면적이 400제곱미터를 초과하는 실내 수영장	1명 이상 2명 이상
체육도장업	○ 운동전용면적 300제곱미터 이하 ○ 운동전용면적 300제곱미터 초과	1명 이상 2명 이상
골프연습장업	○ 20타석 이상 50타석 이하 ○ 50타석 초과	1명 이상 2명 이상
체력단련장업	○ 운동전용면적 300제곱미터 이하 ○ 운동전용면적 300제곱미터 초과	1명 이상 2명 이상
체육교습업	○ 동시 최대 교습인원 30명 이하 ○ 동시 최대 교습인원 30명 초과	1명 이상 2명 이상

1. 체육시설업자가 해당 종목의 체육지도자 자격을 가지고 직접 지도하는 경우에는 그 체육시설업자에 해당하는 인원의 체육지도자를 배치하지 아니할 수 있다.
2. 종합 체육시설업의 경우에는 구성하고 있는 각각의 체육시설업의 해당 기준에 따라 체육지도자를 배치하여야 한다.
3. 체육교습업의 경우 주된 운동 종목의 체육지도자 자격으로 다른 체육교습업의 운동 종목을 부가적으로 교습할 수 있다.

체육지도자는 국민체육진흥법 제2조 제6호에 의한 정의에 따르면 학교·직장·지역사회 또는 체육단체 등에서 체육을 지도할 수 있도록 같은 법 제11조에 따라 자격을 취득한 사람을 말한다. 체육지도자의 종류와 해당 종목은 <표 46>과 같다.

표 46 **체육지도자의 종류 및 자격 종목**

종 류	자격 종목	
스포츠 지도사	정의 : 전문체육이나 생활체육을 지도하는 사람	
	전문 스포츠 지도사	가라테, 검도, 골프, 궁도, 근대5종, 농구, 당구, 럭비, 레슬링, 루지, 봅슬레이스 켈레톤, 바이애슬론, 배구, 배드민턴, 보디빌딩, 복싱, 볼링, 빙상, 사격, 사이클, 산악, 세팍타크로, 소프트볼, 소프트테니스, 수상스키, 수영, 수중, 스쿼시, 스키, 승마, 씨름, 아이스하키, 야구, 양궁, 역도, 요트, 우슈, 유도, 육상, 인라인스케이트, 조정, 체조, 축구, 카누, 컬링, 탁구, 태권도, 테니스, 트라이애슬론, 펜싱, 하키, 핸드볼, 댄스스포츠, 택견, 그 밖에 문화체육관광부장관이 정한 심사 기준과 심사절차에 따라 자격 종목으로 인정하여 고시하는 종목

	※ 전문스포츠지도사가 생활스포츠지도사, 유소년스포츠지도사 또는 노인스포츠지도사 자격을 취득하려는 경우 사이클과 자전거, 산악과 등산, 수중과 스킨스쿠버, 트라이애슬론과 철인3종경기는 동일한 종목으로 본다.	
	생활 스포츠 지도사	검도, 게이트볼, 골프, 복싱, 농구, 당구, 라켓볼, 럭비, 레슬링, 레크리에이션, 배구, 배드민턴, 보디빌딩, 볼링, 빙상, 자전거, 등산, 세팍타크로, 소프트테니스, 수상스키, 수영, 스킨스쿠버, 스쿼시, 스키, 승마, 씨름, 야구, 에어로빅, 오리엔티어링, 요트, 우슈, 윈드서핑, 유도, 인라인스케이트, 조정, 축구, 카누, 탁구, 태권도, 테니스, 행글라이딩, 궁도, 댄스스포츠, 사격, 아이스하키, 육상, 족구, 철인3종경기, 체조, 패러글라이딩, 하키, 핸드볼, 풋살, 파크골프, 그 밖에 문화체육관광부장관이 정한 심사기준과 심사절차에 따라 자격 종목으로 인정하여 고시하는 종목
	※ 생활스포츠지도사가 장애인스포츠지도사 자격을 취득하려는 경우 보유한 자격 종목명과 취득하려는 자격 종목명이 같은 경우 다른 종목으로 본다.	
건강운동 관리사	**정의** : 개인의 체력적 특성에 적합한 운동 형태, 강도, 빈도 및 시간 등 운동 수행방법에 대하여 지도·관리하는 사람	
장애인 스포츠 지도사	**정의** : 장애 유형에 따른 운동방법 등에 대한 지식을 갖추고 장애인을 대상으로 전문체육이나 생활체육을 지도하는 사람	
	가라테, 골볼, 농구, 레슬링, 론볼, 배구, 배드민턴, 보치아, 볼링, 사격, 사이클, 수영, 승마, 양궁, 역도, 오리엔티어링, 요트, 유도, 육상, 조정, 축구, 카누, 탁구, 태권도, 테니스, 트라이애슬론, 핸드볼, 댄스스포츠, 럭비, 펜싱, 스노보드, 아이스하키, 알파인 스키·바이애슬론·크로스컨트리, 컬링, 그 밖에 문화체육관광부장관이 정한 심사기준과 심사절차에 따라 자격 종목으로 인정하여 고시하는 종목	
	※ 장애인스포츠지도사가 생활스포츠지도사, 유소년스포츠지도사 또는 노인스포츠지도사 자격을 취득하려는 경우 보유한 자격 종목명과 취득하려는 자격 종목명이 같은 경우 다른 종목으로 본다.	
유소년 스포츠 지도사	**정의** : 유소년(만 3세부터 중학교 취학 전까지를 말한다. 이하 같다)의 행동양식, 신체발달 등에 대한 지식을 갖추고 유소년을 대상으로 체육을 지도하는 사람	
	검도, 게이트볼, 골프, 복싱, 농구, 당구, 라켓볼, 럭비, 레슬링, 레크리에이션, 배구, 배드민턴, 보디빌딩, 볼링, 빙상, 자전거, 등산, 세팍타크로, 소프트테니스, 수상스키, 수영, 스킨스쿠버, 스쿼시, 스키, 승마, 씨름, 야구, 에어로빅, 오리엔티어링, 요트, 우슈, 윈드서핑, 유도, 인라인스케이트, 조정, 축구, 카누, 탁구, 태권도, 테니스, 행글라이딩, 궁도, 댄스스포츠, 사격, 아이스하키, 육상, 족구, 철인3종경기, 체조, 패러글라이딩, 하키, 핸드볼, 풋살, 파크골프, 줄넘기, 플라잉디스크, 피구, 그 밖에 문화체육관광부장관이 정한 심사기준과 심사절차에 따라 자격 종목으로 인정하여 고시하는 종목	
	※ 유소년스포츠지도사가 장애인스포츠지도사 자격을 취득하려는 경우 보유한 자격 종목명과 취득하려는 자격 종목명이 같은 경우 다른 종목으로 본다.	
노인 스포츠 지도사	**정의** : 노인의 신체적·정신적 변화 등에 대한 지식을 갖추고 노인을 대상으로 생활체육을 지도하는 사람	
	검도, 게이트볼, 골프, 복싱, 농구, 당구, 라켓볼, 럭비, 레슬링, 레크리에이션, 배구, 배드민턴, 보디빌딩, 볼링, 빙상, 자전거, 등산, 세팍타크로, 소프트테니스, 수상스키, 수영, 스	

킨스쿠버, 스쿼시, 스키, 승마, 씨름, 야구, 에어로빅, 오리엔티어링, 요트, 우슈, 윈드서핑, 유도, 인라인스케이트, 조정, 축구, 카누, 탁구, 태권도, 테니스, 행글라이딩, 궁도, 댄스스 포츠, 사격, 아이스하키, 육상, 족구, 철인3종경기, 체조, 패러글라이딩, 하키, 핸드볼, 풋 살, 파크골프, 그라운드골프, 그 밖에 문화체육관광부장관이 정한 심사기준과 심사절차에 따라 자격 종목으로 인정하여 고시하는 종목

※ 노인스포츠지도사가 장애인스포츠지도사 자격을 취득하려는 경우 보유한 자격 종목 명과 취득하려는 자격 종목명이 같은 경우 다른 종목으로 본다.

4 체육시설의 검사 등

체육시설업자에 대하여 체육시설법 제21조의 "체육시설의 이용 질서"와 제22조 의 "체육시설업자의 준수사항"을 검사할 수 있다. 주무부처의 장, 시·도지사, 시장·군 수·구청장은 위반사항을 확인하기 위하여 관련 자료를 제출하게 할 수 있으며, 소속 공무원이 사무소나 체육시설 등에 출입하여 장부·서류 또는 그 밖에 필요한 사항을 검사하게 할 수 있다. 체육시설업자는 정당한 사유가 없이 이를 거부할 수 없다. 검사 하는 공무원이 그 권한을 표시하는 증표를 지니고 이를 관계인에게 보여주어야 한다.

□ 체육시설의 이용 질서

골프장업을 경영하는 경우에 회원제 골프장업자는 비회원제 골프장을 함께 운영할 경우 이 용 방법과 이용료 등 그 운영에 관한 사항을 해당 회원제 골프장과 분리하여야 한다. 비회원제 골프장을 운영하는 자는 예약 순서대로 예약자가 골프장을 이용하도록 하되, 예약자가 없는 경 우에는 이용자의 도착 순서에 따라 골프장을 이용하게 하여야 한다.
또한, 비회원제 골프장을 운영하는 자는 다음의 행위를 하여서는 안된다.
• 회원을 모집하는 행위
• 이용 우선권을 제공하거나 판매하는 행위

5 체육시설업의 보험 가입

체육시설업자는 체육시설의 설치·운영과 관련되거나 그 체육시설 안에서 발생한

피해를 보상하기 위하여 보험에 가입하여야 한다. 체육시설업자는 체육시설업을 등록하거나 신고한 날부터 10일 이내에 가입하여야 한다. 보험은 「자동차손해배상 보장법 시행령」 제3조 제1항에 따라 책임보험의 보험금은 피해자 1명당 금액으로 한다. 보험금은 사망한 경우는 1억 5천만 원의 범위 내에서 피해자에게 손해액, 다만 그 손해금액이 2천만 원 미만인 경우는 2천만 원으로 한다. 부상한 경우에는 <표 47>과 금액의 범위에서 피해자에게 발생한 손해액, 다만 그 손해액이 「자동차손해배상 보장법」 제15조 제1항에 따른 자동차보험 진료수가에 관한 기준에 따라 산출한 진료비 해당액에 미달하는 경우에는 <표 47>에서 정하는 금액의 범위에서 그 진료비 해당액으로 한다. 보험 가입은 단체로 할 수 있다.

표 47 **상해의 구분과 책임보험금의 한도금액**(약식 기재)

상해 급별	한도 금액	상해 내용
1급	3천만 원	1. 수술 여부와 상관없이 뇌손상으로 신경학적 증상이 고도인 상해(신경학적 증상이 48시간 이상 지속되는 경우에 적용한다) 2. 양안 안구 파열로 안구 적출술 또는 안구내용 제거술과 의안 삽입술을 시행한 상해 등
2급	1,500만 원	1. 뇌손상으로 신경학적 증상이 중등도인 상해(신경학적 증상이 48시간 이상 지속되는 경우로 수술을 시행한 경우에 적용한다) 2. 흉부 기관, 기관지 파열, 폐 손상 또는 식도 손상으로 절제술을 시행한 상해 등
3급	1,200만 원	1. 뇌손상으로 신경학적 증상이 고도인 상해(신경학적 증상이 48시간 미만 지속되는 경우로 수술을 시행한 경우에 적용한다) 2. 뇌손상으로 신경학적 증상이 중등도인 상해(신경학적 증상이 48시간 이상 지속되는 경우로 수술을 시행하지 않은 경우에 적용한다) 등
4급	1천만 원	1. 뇌손상으로 신경학적 증상이 고도인 상해(신경학적 증상이 48시간 미만 지속되는 경우로 수술을 시행하지 않은 경우에 적용한다) 2. 각막 이식술을 시행한 상해 등
5급	900만 원	1. 뇌손상으로 신경학적 증상이 중등도에 해당하는 상해(신경학적 증상이 48시간 미만 지속되는 경우로 수술을 시행한 경우에 적용한다) 2. 안와 골절에 의한 겹보임[복시(複視)]으로 안와 골절 재건술과 사시 수술을 시행한 상해 등
6급	700만 원	1. 뇌손상으로 신경학적 증상이 경도인 상해(수술을 시행한 경우에 적용한다) 2. 뇌손상으로 신경학적 증상이 중등도에 해당하는 상해(신경학적 증상이 48시간 미만 지속되는 경우로 수술을 시행하지 않은 경우에 적용한다) 등

7급	500만 원	1. 다발성 얼굴 머리뼈 골절 또는 뇌신경 손상과 동반된 얼굴 머리뼈 골절 2. 겹보임을 동반한 마비 또는 제한 사시로 사시수술을 시행한 상해 등
8급	300만 원	1. 뇌손상으로 신경학적 증상이 경도인 상해(수술을 시행하지 않은 경우에 적용한다) 2. 위턱뼈, 아래턱뼈, 이틀뼈 등의 얼굴 머리뼈 골절 등
9급	240만 원	1. 얼굴 부위의 코뼈 골절로 수술을 시행한 상해 2. 2개 이하의 단순 갈비뼈 골절 등
10급	200만 원	1. 3cm 이상 얼굴 부위 찢김상처(열상) 2. 안검과 누소관 찢김상처로 봉합술과 누소관 재건술을 시행한 상해 등
11급	160만 원	1. 뇌진탕 2. 얼굴 부위의 코뼈 골절로 수술을 시행하지 않는 상해 등
12급	120만 원	1. 외상 후 급성 스트레스 장애 2. 3cm 미만 얼굴 부위 찢김상처 등
13급	80만 원	1. 결막의 찢김상처로 일차 봉합술을 시행한 상해 2. 단순 고막 파열 등
14급	50만 원	1. 방광, 요도, 고환, 음경, 신장, 간, 지라 등 내부장기 손상(장간막파열을 포함한다)으로 수술을 시행하지 않은 상해 2. 손발가락 관절 염좌 등

※ 상세한 상해 급별, 상해 내용, 영역별 세부지침은 「자동차손해배상 보상법 시행령」 제3조 제1항 제2호를 참조하여 주시기 바랍니다.

손해보험에 가입한 체육시설업자는 그 사실을 증명하는 서류를 관할 지방자치단체에 지체 없이 제출하여야 한다.

√ 등록 체육시설업자 : 시·도지사

√ 신고 체육시설업자 : 특별자치시장·특별자치도지사·시장·군수 또는 구청장

다만, 소규모 체육시설업자 즉, 체육도장업, 골프 연습장업, 체력단련장업, 당구장업, 가상체험 체육시설업 및 체육교습업을 설치·경영하는 자는 보험에 가입할 의무는 없다.

6 체육시설업 등의 승계

체육시설업자가 사망하거나 그 영업을 양도한 때 또는 법인인 체육시설업자가 합병한 때에는 그 상속인, 영업을 양수한 자 또는 합병 후 존속하는 법인이나 합병(合倂)에 따라 설립되는 법인은 그 체육시설업의 등록 또는 신고에 따른 권리·의무(회원을 모집한 경우에는 그 체육시설업자와 회원 간에 약정한 사항을 포함한다)를 승계한다. 다음의 법률에 따라 체육시설업의 시설 기준에 따른 필수시설을 인수한 자에게 그 체육시설업의 등록 또는 신고에 따른 권리·의무(회원을 모집한 경우에는 그 체육시설업자와 회원 간에 약정한 사항을 포함한다)를 승계한 것으로 본다.

√ 「민사집행법」에 따른 경매

√ 「채무자 회생 및 파산에 관한 법률」에 따른 환가(換價)

√ 「국세징수법」·「관세법」 또는 「지방세징수법」에 따른 압류 재산의 매각

√ 그 밖에 상기의 규정에 준하는 절차

등록체육시설업을 승계한 경우에는 사업계획 승인도 승계에 한 것으로 본다.

7 휴업 또는 폐업 통보 등

체육시설업자가 3개월 이상 휴업하거나 폐업한 경우에는 휴업 또는 폐업한 날부터 30일 이내에 그 사실을 체육시설법 시행규칙 별지 제17호서식에 따라 휴업 또는 폐업 통보서를 특별자치시장·특별자치도지사·시장·군수 또는 구청장에게 통보 또는 제출하여야 한다. 다만, 수영장업자 중 실외수영장업과 썰매장업자와 같이 계절 변화에 따라 휴업을 하는 경우에는 휴업 신고를 하지 않아도 된다.

체육시설업자가 휴업 또는 폐업한 날부터 30일 이내에 휴업 또는 폐업 사실을 통보하지 아니하면, 특별자치시장·특별자치도지사·시장·군수 또는 구청장은 제세공과금 납부 여부 등 사실 조회와 현장 실사 등을 거쳐 휴·폐업 처리를 할 수 있다.

| 직권휴폐업 공시송달 예시 | 의견 제출서 양식 |

직권휴폐업 공시송달 예시

○○군 공고 제20☆☆ - 1911호

체육시설업 직권 휴·폐업 사전통지 공시송달 공고

「체육시설의 설치·이용에 관한 법률」 제29조(휴업 또는 폐업 통보 등) 규정을 위반한 업소에 대하여 동법 시행규칙 제26조의 규정에 의거 직권 휴·폐업 처분코자 처분사전통지서를 우편(등기)발송하였으나, 폐문부재 등의 사유로 반송, 송달이 불가능하여 행정절차법 제14조제4항(송달)의 규정에 의하여 아래와 같이 공시송달 공고 합니다.

20☆☆년 ☆☆월 23일

○ ○ 군 (인)

1. 제 목: 체육시설업 직권 휴·폐업 사전통지 공시송달 공고
2. 공고기간: 20☆☆. ☆☆. 23. ~ 20☆☆. ☆☆. 6. (15일간)
3. 행정처분 대상자 및 내용

업 종	상 호	소 재 지	대표자	위반사항	처분내용
체육시설업 / 당구장업	○○당구장	☆☆읍 △△길 2	**기	폐업통보 미이행	직권폐업
체육시설업 / 체력단련장업	○○헬스	☆☆읍 △△길 3	라***	휴업통보 미이행	직권휴업

4. 법적근거
   - 체육시설의 설치이용에 관한 법률 제29조 제2항 및 동법 시행규칙 제26조 제2항
5. 의견제출
   - 담당부서: ○○ ○○군청 ○○체육과 체육○○팀
   - 주 소: ○○ ○○군 ○○로 1**
   - 전화번호: (0**)***-**** / FAX (***)***-****
6. 기타사항
   - 당사자는 공고기간 내에 의견제출(서면 또는 구술)하여 주시기 바라며, 의견 제출이 없는 경우에는 의견이 없는 것으로 간주하여 해당 체육시설이 직권 휴·폐업 처리됨을 알려드립니다.

의견 제출서 양식

■ 행정절차법 시행규칙 [별지 제11호서식] <개정 2014.7.28>

의 견 제 출 서

※ 아래의 양식사항을 읽고 작성하시기 바랍니다.

의견제출인	성명		전화번호	
	주소			
① 예정된 처분의 제목				
의견제출 내용	당사자	성명(명칭)		
		주소		
		(전화번호:)		
	의견			
	기타			

「행정절차법」 제27조 제1항(제31조 제3항)에 따라 위와 같이 의견을 제출합니다.

년 월 일

의견제출인 (서명 또는 인)

△△ 군 수 귀하

유 의 사 항

1. 기재란이 부족한 경우에는 별지를 사용하실 수 있습니다.
2. 증거자료 등을 첨부하실 수 있습니다.
3. 위 의견제출과 관련하여 문서를 받으신 경우에는 문서번호와 일자를 □란에 함께 기재하여 주시기 바랍니다.

210㎜×297㎜(백상지 80g/㎡(재활용품))

그림 42 **체육시설업 직권 휴·폐업 시행 사례**

8 시정 명령

체육시설업자 또는 사업계획의 승인을 받은 자가 다음의 어느 하나에 해당하면 시·도지사, 시장·군수 또는 구청장은 기간을 정하여 그 시정을 명할 수 있다.

√ 체육시설업의 시설 기준을 위반한 때

√ 사업계획의 변경승인을 받지 아니하고 사업계획을 변경하여 시설을 설치한 때

√ 회원 모집에 관한 사항을 위반한 때

√ 회원 보호에 관한 사항을 위반한 때

√ 체육시설의 이용 질서를 위반한 때

√ 체육시설업자의 준수사항을 위반한 때

√ 체육시설업의 안전·위생 기준을 위반한 때

√ 보험에 가입하지 아니한 때

9 사업계획 승인의 취소

사업계획의 승인을 받은 자가 체육시설업의 등록 전에 다음의 어느 하나에 해당할 때에는 시·도지사는 그 체육시설업에 대한 사업계획의 승인을 취소할 수 있다.

- 거짓이나 그 밖의 부정한 방법으로 사업계획의 승인 또는 변경승인을 받은 경우
- 사업계획의 승인을 받은 날부터 4년 이내에 사업시설의 설치 공사를 착수하지 아니하거나 사업계획의 승인을 받은 날부터 6년 이내에 준공하지 아니한 경우
- 체육시설업을 등록을 하지 아니하고 영업을 시작한 경우

사업계획의 승인을 취소한 때에는 체육시설업과 관련된 인가·허가 등의 관계 행정기관의 장에게 시·도지사가 지체없이 이를 통보하여야 한다.

10 체육시설업의 등록·취소 등

등록 체육시설업자가 체육시설법 제19조 제2항에 따른 조건부 등록을 한 경우에 등록조건을 정당한 사유 없이 이행하지 않으면 시·도지사는 그 등록을 취소하여야 한다. 체육시설업자가 다음의 어느 하나에 해당하면 시·도지사, 시장·군수 또는 구청장은 그 등록취소 또는 영업 폐쇄 명령을 하거나 6개월 이내의 기간을 정하여 영업정지를 명할 수 있다.

- 안전점검 실시 결과 이행을 위한 시설물의 보수·보강 등 필요한 조치에 대한 이행 및 시정 명령을 준수하지 아니한 경우
- 거짓이나 그 밖의 부정한 방법으로 체육시설업의 등록이나 신고를 한 경우
- 체육시설업의 변경등록이나 변경신고를 하지 아니한 경우
- 체육시설의 이용질서 및 준수사항 위반 여부를 확인하기 위한 자료를 제출하지

아니하거나 허위로 제출한 경우 또는 관계 공무원의 출입·검사를 거부·방해 또는 기피한 경우
- 영업정지 처분을 받고 그 기간에 영업을 한 경우
- 시정명령을 받고 이를 이행하지 아니한 경우
- 「도로교통법」 제53조 제3항을 위반하여 어린이통학버스(같은 법 제52조에 따른 어린이통학버스 신고를 하지 아니한 경우를 포함한다)에 보호자를 함께 태우지 아니한 채 어린이 통학버스 운행 중 발생한 교통사고로 해당 어린이 통학버스에 탑승(승하차를 포함한다)한 어린이가 사망하거나 중상해(어린이의 신체를 상해하여 생명에 대한 위험을 발생하게 하거나, 신체의 상해로 인하여 불구(不具) 또는 불치(不治)나 난치(難治)의 질병)를 입은 경우

상기에 해당하는 행정처분의 세부 기준은 <표 48>과 같이 그 처분 사유와 위반 정도 등을 고려하여 정하였다.

표 48 **행정처분기준**

1. 개별기준

가. 등록 체육시설업자에 대한 행정처분기준

위반행위	행정처분기준			
	1차 위반	2차 위반	3차 위반	4차 위반
(1) 법 제4조의3 제3항에 따른 시설물의 보수·보강 등 필요한 조치에 대한 이행 및 시정 명령을 준수하지 아니한 경우	영업정지 6개월	등록취소 또는 영업 폐쇄명령		
(2) 법 제14조(비회원제 골프장의 병설) 위반				
(가) 병설 비회원제 골프장 준공기한의 연기를 받고 그 연기된 기한 내에 준공하지 않은 경우	영업정지 10일	영업정지 1개월	영업정지 2개월	등록취소
(나) 비회원제 골프장 조성비 예치기한의 연기를 받고 그 연기된 기한 내에 예치하지 않은 경우	영업정지 10일	영업정지 1개월	영업정지 2개월	등록취소
(3) 법 제19조(체육시설업의 등록) 위반				
(가) 경미한 사항을 거짓이나 그 밖의 부정한 방법으로 등록한 경우	경고	영업정지 10일	영업정지 1개월	영업정지 2개월
(나) 중대한 사항을 거짓이나 그 밖의 부정한 방법으로 등록한 경우	등록취소			
(다) 변경등록을 하지 아니하고 등록 사항을 변경	경고	영업정지	영업정지	영업정지

위반행위				
하여 영업을 한 경우		10일	1개월	3개월
(4) 법 제24조의2 제1항을 위반하여 자료를 제출하지 않거나 허위로 제출한 경우 또는 관계 공무원의 출입·검사를 거부·방해 또는 기피한 경우	경고	영업정지 10일	영업정지 1개월	영업정지 2개월
(5) 법 제32조 제2항에 따른 영업정지처분을 받고 그 기간 중에 영업을 한 경우	등록취소 또는 영업 폐쇄명령			
(6) 법 제30조(시정명령) 위반				
(가) 법 제11조제1항에 따른 시설 기준을 위반하여 시정명령을 받고 이를 이행하지 아니한 경우	영업정지 3일	영업정지 10일	영업정지 20일	영업정지 1개월
(나) 법 제12조에 따른 사업계획의 변경승인을 받지 아니하고 시설을 설치하여 시정명령을 받고 이를 이행하지 아니한 경우	영업정지 10일	영업정지 1개월	영업정지 3개월	등록 취소
(다) 법 제17조에 따른 회원 모집에 관한 사항을 위반하여 시정명령을 받고 이를 이행하지 않은 경우				
① 회원모집계획서를 제출하지 않고 회원을 모집한 경우	영업정지 3일	영업정지 10일	영업정지 20일	영업정지 1개월
② 사실과 다르게 기재한 회원모집계획서를 제출하여 회원을 모집한 경우	영업정지 3일	영업정지 10일	영업정지 20일	영업정지 1개월
③ 회원모집계획서대로 회원을 모집하지 않은 경우	영업정지 3일	영업정지 10일	영업정지 20일	영업정지 1개월
④ 회원의 모집 시기·모집 방법 및 모집 절차를 위반한 경우	영업정지 3일	영업정지 10일	영업정지 20일	영업정지 1개월
(라) 법 제18조에 따른 회원의 보호에 관한 사항을 위반하여 시정명령을 받고 이를 이행하지 아니한 경우				
① 회원의 자격 제한 기준에 해당되지 아니하는 경우임에도 양도·양수를 제한한 경우	영업정지 3일	영업정지 10일	영업정지 20일	영업정지 1개월
② 회원자격의 양도·양수에 따른 비용을 실비 수준 이상 징수한 경우	영업정지 3일	영업정지 10일	영업정지 20일	영업정지 1개월
③ 회원의 탈퇴자에게 입회금을 반환하지 아니한 경우	영업정지 3일	영업정지 1개월	영업정지 2개월	영업정지 3개월
④ 회원증을 발급하지 아니하거나 회원증의 확인·발급 방법을 준수하지 아니한 경우	영업정지 3일	영업정지 10일	영업정지 20일	영업정지 1개월
⑤ 회원의 요구가 있음에도 운영위원회를 두지 아니하거나 회원의 권익에 관한 사항을 운영위원회와 미리 협의하지 아니한 경우	영업정지 3일	영업정지 10일	영업정지 20일	영업정지 1개월
(마) 법 제21조에 따른 체육시설의 이용 질서를 위반하여 시정명령을 받고 이를 이행하지 않은 경우				
① 회원제 골프장업자가 비회원제 골프장의 이용 방법과 이용료 등 그 운영에 관하여	경고	영업정지 10일	영업정지 1개월	영업정지 2개월

위반행위	1차 위반	2차 위반	3차 위반	4차 위반
해당 회원제 골프장과 분리하지 않은 경우 ② 비회원제 골프장을 운영하는 자가 예약 순서대로 예약자가 골프장을 이용하도록 하지 않거나, 예약자가 없는 경우에 이용자의 도착 순서에 따라 골프장을 이용하게 하지 않은 경우	영업정지 3일	영업정지 10일	영업정지 20일	영업정지 1개월
③ 비회원제 골프장을 운영하는 자가 회원을 모집하는 행위 또는 이용 우선권을 제공하거나 판매하는 행위를 한 경우	영업정지 3일	영업정지 10일	영업정지 20일	영업정지 1개월
(바) 법 제22조에 따른 체육시설업자의 준수 사항을 위반하여 시정명령을 받고 이를 이행하지 아니한 경우				
① 법 제22조 제1항 제1호의 준수 사항 위반	영업정지 3일	영업정지 10일	영업정지 20일	영업정지 1개월
② 법 제22조 제1항 제2호의 준수 사항 위반	영업정지 3일	영업정지 10일	영업정지 20일	영업정지 1개월
③ 법 제22조 제1항 제3호의 준수 사항 위반	영업정지 3일	영업정지 10일	영업정지 20일	영업정지 1개월
④ 법 제22조 제1항 제4호의 준수 사항 위반	영업정지 3일	영업정지 10일	영업정지 20일	영업정지 1개월
(사) 법 제24조 제1항에 따른 안전·위생 기준을 위반하여 시정명령을 받고 이를 이행하지 아니한 경우	영업정지 10일	영업정지 1개월	영업정지 2개월	등록취소 또는 영업폐쇄
(아) 법 제26조에 따른 보험에 가입하지 아니하여 시정명령을 받고 이를 이행하지 아니한 경우	영업정지 3일	영업정지 10일	영업정지 20일	영업정지 1개월
(7) 「도로교통법」 제53조 제3항을 위반하여 어린이통학버스(같은 법 제52조에 따른 어린이통학버스 신고를 하지 아니한 경우를 포함한다)에 보호자를 함께 태우지 아니한 채 어린이통학버스 운행 중 발생한 교통사고로 해당 어린이통학버스에 탑승(승하차를 포함한다)한 어린이가 사망하거나 신체에 중상해를 입은 경우	영업정지 6개월	영업 폐쇄명령		

나. 신고 체육시설업자에 대한 행정처분기준

위반행위	행정처분기준			
	1차 위반	2차 위반	3차 위반	4차 위반
(1) 법 제4조의3 제3항에 따른 시설물의 보수·보강 등 필요한 조치에 대한 이행 및 시정 명령을 준수하지 아니한 경우	영업정지 6개월	영업 폐쇄명령		
(2) 법 제20조(체육시설업의 신고) 위반 (가) 경미한 사항을 거짓이나 그 밖의 부정한 방법으로 신고한 경우	경고	영업정지 10일	영업정지 1개월	영업정지 2개월

위반 사항				
(나) 중대한 사항을 거짓이나 그 밖의 부정한 방법으로 신고한 경우	영업 폐쇄명령			
(다) 변경신고를 하지 아니하고 신고 사항을 변경하여 영업을 한 경우	경고	영업정지 3일	영업정지 10일	영업정지 20일
(3) 법 제24조의2 제1항을 위반하여 자료를 제출하지 않거나 허위로 제출한 경우 또는 관계 공무원의 출입·검사를 거부·방해 또는 기피한 경우	경고	영업정지 10일	영업정지 1개월	영업정지 2개월
(4) 법 제32조 제2항에 따른 영업정지처분을 받고 그 기간 중에 영업을 한 경우	영업 폐쇄명령			
(5) 법 제30조(시정명령) 위반				
(가) 법 제11조 제1항에 따른 시설 기준을 위반하여 시정명령을 받고 이를 이행하지 아니한 경우	영업정지 3일	영업정지 10일	영업정지 20일	영업정지 1개월
(나) 법 제17조에 따른 회원 모집에 관한 사항을 위반하여 시정명령을 받고 이를 이행하지 않은 경우				
① 회원모집계획서를 제출하지 않고 회원을 모집한 경우	영업정지 3일	영업정지 10일	영업정지 20일	영업정지 1개월
② 사실과 다르게 기재한 회원모집계획서를 제출하여 회원을 모집한 경우	영업정지 3일	영업정지 10일	영업정지 20일	영업정지 1개월
③ 회원모집계획서대로 회원을 모집하지 않은 경우	영업정지 3일	영업정지 10일	영업정지 20일	영업정지 1개월
④ 회원의 모집 시기·모집 방법 및 모집 절차를 위반한 경우	영업정지 3일	영업정지 10일	영업정지 20일	영업정지 1개월
(다) 법 제18조에 따른 회원의 보호에 관한 사항을 위반하여 시정명령을 받고 이를 이행하지 아니한 경우				
① 회원의 자격제한 기준에 해당되지 아니하는 경우임에도 양도·양수를 제한한 경우	영업정지 3일	영업정지 10일	영업정지 20일	영업정지 1개월
② 회원자격의 양도·양수에 따른 비용을 실비 수준 이상 징수한 경우	영업정지 3일	영업정지 10일	영업정지 20일	영업정지 1개월
③ 회원의 탈퇴자에게 입회금을 반환하지 아니한 경우	영업정지 3일	영업정지 1개월	영업정지 2개월	영업정지 3개월
④ 회원증을 발급하지 아니하거나 회원증의 확인·발급 방법을 준수하지 아니한 경우	영업정지 3일	영업정지 10일	영업정지 20일	영업정지 1개월
⑤ 회원의 요구가 있음에도 운영위원회를 두지 아니하거나 회원의 권익에 관한 사항을 운영위원회와 미리 협의하지 아니한 경우	영업정지 3일	영업정지 10일	영업정지 20일	영업정지 1개월
(라) 법 제22조에 따른 체육시설업자의 준수사항을 위반하여 시정명령을 받고 이를 이행하지 아니한 경우				
① 법 제22조 제1항 제1호의 준수 사항 위반	영업정지 3일	영업정지 10일	영업정지 20일	영업정지 1개월

위반행위	1차	2차	3차	4차
② 법 제22조 제1항 제2호의 준수 사항 위반	영업정지 3일	영업정지 10일	영업정지 20일	영업정지 1개월
③ 법 제22조 제1항 제3호의 준수 사항 위반	영업정지 3일	영업정지 10일	영업정지 20일	영업정지 1개월
④ 법 제22조 제1항 제4호의 준수 사항 위반	영업정지 3일	영업정지 10일	영업정지 20일	영업정지 1개월
⑤ 법 제22조 제2항의 준수 사항 위반	영업정지 3일	영업정지 10일	영업정지 20일	영업정지 1개월
(마) 법 제24조 제1항에 따른 안전·위생 기준을 위반하여 시정명령을 받고 이를 이행하지 아니한 경우	영업정지 10일	영업정지 1개월	영업정지 2개월	등록취소 또는 영업폐쇄
(바) 법 제26조에 따른 보험에 가입하지 아니하여 시정명령을 받고 이를 이행하지 아니한 경우	영업정지 3일	영업정지 10일	영업정지 20일	영업정지 1개월
(6) 「도로교통법」 제53조 제3항을 위반하여 어린이통학버스(같은 법 제52조에 따른 어린이통학버스 신고를 하지 아니한 경우를 포함한다)에 보호자를 함께 태우지 아니한 채 어린이통학버스 운행 중 발생한 교통사고로 해당 어린이통학버스에 탑승(승하차를 포함한다)한 어린이가 사망하거나 신체에 중상해를 입은 경우	영업정지 6개월	영업 폐쇄명령		

2. 일반기준

가. 위반행위가 둘 이상인 경우에는 그 중 무거운 처분기준(무거운 처분기준이 같은 경우에는 그 중 하나의 처분기준을 말한다. 이하 같다)에 따르며, 둘 이상의 처분기준이 같은 영업정지인 경우에는 무거운 처분기준의 2분의 1까지 가중 처분할 수 있으나, 각 처분기준을 합산한 기간을 초과할 수 없다.

나. 위반행위의 횟수에 따른 행정처분의 기준은 최근 1년간 같은 위반행위로 행정처분을 받은 경우에 적용하며, 개별 기준에 따른 경고 또는 영업정지를 할 때에 처분권자가 일정기한 내에 개선을 요구하였으나 그 위반 상태가 개선되지 아니하였을 때에는 반복하여 위반한 것으로 본다. 이 경우 기간의 계산은 위반행위에 대하여 행정처분을 받은 날과 그 처분 후 다시 같은 위반행위를 하여 적발된 날을 기준으로 한다.

다. 나목에 따라 가중된 행정처분을 하는 경우 가중처분의 적용 차수는 그 위반행위 전 행정처분 차수(나목에 따른 기간 내에 행정처분이 둘 이상 있었던 경우에는 높은 차수를 말한다)의 다음 차수로 한다.

라. 1년 내에 같은 내용을 5차 이상 위반하는 경우의 처분기준은 각각 4차 위반 시의 처분기준에 따른다(영업정지의 경우 각각 4차 위반 시 처분기준의 2배로 한다).

마. 다음의 어느 하나에 해당하는 경우에는 영업정지 처분기준의 2분의 1의 범위에서 그 처분을 감경할 수 있다.
  1) 위반 사항의 내용으로 보아 그 위반의 정도가 경미하여 이용자에게 미치는 피해가 적다고 인정되는 경우
  2) 위반행위가 고의나 중대한 과실이 아닌 사소한 부주의나 오류로 인한 것으로 인정되는 경우
  3) 법 제4조의6에 따라 체육시설 안전관리 포상을 받은 자가 포상일을 기준으로 3년 이내에 영업정지 처분을 받은 경우

11 행정제재처분 효과의 승계 및 청문

● 행정제재처분의 효과

체육시설업자 또는 사업계획의 승인을 받은 자의 지위가 승계된 경우에는 종전의 체육시설업자 또는 사업계획의 승인을 받은 자에게 한 "시정명령" 및 "등록 취소 등"의 행정제재처분 효과는 그 처분이 있은 날부터 1년간 지위 승계를 받은 자에게 승계되며, 행정제재처분을 위한 절차가 진행 중일 때에는 지위 승계를 받은 자에 대하여 그 절차를 계속 진행할 수 있다. 단, 지위 승계를 받은 자(상속에 의하여 승계를 받은 자는 제외)가 승계를 받은 때에는 그 처분 또는 위반 사실을 알지 못하였음을 증명하는 경우에는 행정제재처분 효과가 승계되지 않는다.

체육시설업자가 체육시설업을 폐업한 후에 종전의 체육시설업자, 그 배우자, 형제자매 또는 직계혈족(이하 "친족 등"이라 함)이 같은 장소에서 종전에 폐업한 체육시설업과 같은 종류의 체육시설업을 할 때에는 종전의 체육시설업자에게 한 "시정명령" 및 "등록 취소 등"의 행정제재처분 효과는 그 처분이 있은 날부터 1년간 친족 등에게 승계되며, 행정제재처분을 위한 절차가 진행 중일 때에는 친족 등에 대하여 그 절차를 계속 진행할 수 있다. 단, 친족 등이 체육시설업을 등록하거나 신고한 때에 그 처분 또는 위반 사실을 알지 못하였음을 증명하는 경우에는 행정제재처분 효과가 승계되지 않는다.

● 청문

시·도지사, 시장·군수 또는 구청장은 다음의 어느 하나에 해당하는 처분을 하려면 청문을 하여야 한다.
√ 사업계획의 승인 취소
√ 조건부 등록체육시설업자의 조건 불이행 등으로 등록 취소
√ 부정한 방법으로 체육시설업을 등록 또는 신고하는 등으로 등록취소 또는 영업 폐쇄 명령

12 어린이 통학버스 등의 사고 정보의 공개

체육시설에서 운영하는 어린이 통학버스가 도로교통법 제53조 제3항을 위반한 사고 즉, 어린이 통학버스(어린이 통학버스를 신고하지 않은 경우도 포함)에 보호자를 함께 태우지 않은 채 어린이 통학버스를 운행하던 중 발생한 교통사고로 해당 어린이 통학버스에 탑승(승하차 시도 포함)한 어린이가 사망하거나 중상해(어린이의 신체를 상해하여 생명에 대한 위험을 발생하게 하거나, 신체의 상해로 인하여 불구(不具) 또는 불치(不治)나 난치(難治)의 질병)를 입은 사고가 발생한 경우에 특별자치시장·특별자치도지사·시장·군수 또는 구청장은 그 사고 내용과 해당 체육시설의 정보를 일반에 공개 할 수 있다.

> **도로교통법 제53조(어린이 통학버스 운전자 및 운영자 등의 의무) 제3항**
> 어린이 통학버스를 운영하는 자는 어린이 통학버스에 어린이나 영유아를 태울 때에는 성년인 사람 중 어린이 통학버스를 운영하는 자가 지명한 보호자를 함께 태우고 운행하여야 하며, 동승한 보호자는 어린이나 영유아가 승차 또는 하차하는 때에는 자동차에서 내려서 어린이나 영유아가 안전하게 승하차하는 것을 확인하고 운행 중에는 어린이나 영유아가 좌석에 앉아 좌석 안전띠를 매고 있도록 하는 등 어린이 보호에 필요한 조치를 하여야 한다.

어린이 통학버스 등에서 사고가 발생한 경우에 사고 정보 공개의 구체적 기준·방법 및 절차 등의 공개하여야 하며 그 내용은 다음과 같다.

- 사고 내용
- 체육시설업자의 상호 및 소재지
- 체육시설업의 등록 또는 신고일

사고와 관련된 정보를 특별자치시장·특별자치도지사·시장·군수 또는 구청장은 해당 지방자치단체의 인터넷 홈페이지, 신문, 방송 등을 통하여 공개할 수 있다. 또한 정보를 공개할 때 공개 내용과 공개 방법 등을 해당 체육시설업자에게 미리 알려야 한다.

13 체육시설업협회

체육시설업자는 해당 체육시설업의 건전한 발전을 위하여 체육시설업의 종류별로 협회를 설립할 수 있다. 협회는 법인으로 하며 정관으로 정하는 바에 따라 지회(支會) 또는 분회(分會)를 둘 수 있다.

협회에 관하여는 체육시설법에서 규정한 것 외에는 「민법」 중 사단법인에 관한 규정을 준용한다.

표 49 민법 중 사단법인 관련 발췌 조문

민법

제31조(법인성립의 준칙) 법인은 법률의 규정에 의함이 아니면 성립하지 못한다.
 	
제32조(비영리법인의 설립과 허가) 학술, 종교, 자선, 기예, 사교 기타 영리 아닌 사업을 목적으로 하는 사단 또는 재단은 주무관청의 허가를 얻어 이를 법인으로 할 수 있다.
 	
제39조(영리법인) ① 영리를 목적으로 하는 사단은 상사회사설립의 조건에 좇아 이를 법인으로 할 수 있다.
 	
② 전항의 사단법인에는 모두 상사회사에 관한 규정을 준용한다
 	
제40조(사단법인의 정관) 사단법인의 설립자는 다음 각호의 사항을 기재한 정관을 작성하여 기명날인하여야 한다.
 	
    1. 목적
    2. 명칭
    3. 사무소의 소재지
    4. 자산에 관한 규정
    5. 이사의 임면에 관한 규정
    6. 사원자격의 득실에 관한 규정
    7. 존립시기나 해산사유를 정하는 때에는 그 시기 또는 사유
 	
제41조(이사의 대표권에 대한 제한) 이사의 대표권에 대한 제한은 이를 정관에 기재하지 아니하면 그 효력이 없다.
 	
제42조(사단법인의 정관의 변경) ① 사단법인의 정관은 총사원 3분의 2 이상의 동의가 있는 때에 한하여 이를 변경할 수 있다. 그러나 정수에 관하여 정관에 다른 규정이 있는 때에는 그 규정에 의한다.
 	
② 정관의 변경은 주무관청의 허가를 얻지 아니하면 그 효력이 없다.

제68조(총회의 권한) 사단법인의 사무는 정관으로 이사 또는 기타 임원에게 위임한 사항외에는 총회의 결의에 의하여야 한다.

제69조(통상총회) 사단법인의 이사는 매년 1회 이상 통상총회를 소집하여야 한다.

제70조(임시총회) ① 사단법인의 이사는 필요하다고 인정한 때에는 임시총회를 소집할 수 있다.

② 총사원의 5분의 1 이상으로부터 회의의 목적사항을 제시하여 청구한 때에는 이사는 임시총회를 소집하여야 한다. 이 정수는 정관으로 증감할 수 있다.

③ 전항의 청구있는 후 2주간 내에 이사가 총회소집의 절차를 밟지 아니한 때에는 청구한 사원은 법원의 허가를 얻어 이를 소집할 수 있다.

제74조(사원이 결의권 없는 경우) 사단법인과 어느 사원과의 관계사항을 의결하는 경우에는 그 사원은 결의권이 없다.

제77조(해산사유) ① 법인은 존립기간의 만료, 법인의 목적의 달성 또는 달성의 불능 기타 정관에 정한 해산사유의 발생, 파산 또는 설립허가의 취소로 해산한다.

② 사단법인은 사원이 없게 되거나 총회의 결의로도 해산한다.

제78조(사단법인의 해산결의) 사단법인은 총사원 4분의 3 이상의 동의가 없으면 해산을 결의하지 못한다. 그러나 정관에 다른 규정이 있는 때에는 그 규정에 의한다.

제80조(잔여재산의 귀속) ① 해산한 법인의 재산은 정관으로 지정한 자에게 귀속한다.

② 정관으로 귀속권리자를 지정하지 아니하거나 이를 지정하는 방법을 정하지 아니한 때에는 이사 또는 청산인은 주무관청의 허가를 얻어 그 법인의 목적에 유사한 목적을 위하여 그 재산을 처분할 수 있다. 그러나 사단법인에 있어서는 총회의 결의가 있어야 한다.

③ 전2항의 규정에 의하여 처분되지 아니한 재산은 국고에 귀속한다.

제275조(물건의 총유) ① 법인이 아닌 사단의 사원이 집합체로서 물건을 소유할 때에는 총유로 한다.

② 총유에 관하여는 사단의 정관 기타 계약에 의하는 외에 다음 2조의 규정에 의한다.

CHAPTER 09

스포츠시설의 시설기준 및 안전·위생기준

『체육시설의 설치·이용에 관한 법률』에서 정하고 있는 체육시설의 시설기준 및 안전·위생기준은 등록체육시설업과 신고체육시설업을 대상으로 하고 있다.

1989년 3월 31일 체육시설법 제정 당시에는 등록체육시설은 골프장업과 스키장업 그리고 대통령령으로 정하는 체육시설업이었고 신고체육시설은 수영장업, 체육도장업 그리고 대통령령으로 정하는 체육시설업이었다. 1994년 1월 7일자 법률 개정으로 등록체육시설업에 요트장업, 조정장업, 카누장업, 빙상장업, 자동차경주장업, 승마장업, 종합체육시설업이 추가되고 신고체육시설업은 볼링장업, 테이스장업, 골프연습장업, 탁구장업, 롤로스케이트장업, 체력단련장업, 에어로빅장업, 당구장업 그리고 대통령령으로 정하는 체육시설업을 추가하였다. 1999년 3월 31일에는 등록체육시설업은 동일한 업종이었지만 신고체육시설업은 탁구장업과 롤러스케이트장업은 자유업으로 벱외 체육시설업이 되고 썰매장업, 무도학원업 및 무도장업이 추가 되었다. 2005년 7월 29일에는 요트장업, 조정장업, 카누장업, 빙상장법, 승마장업, 종합체육시설업은 등록체육시설에서 신고체육시설업으로 전환되었다. 2006년 3월 24일에는 신고체육시설업에서 볼링장업, 테니스장업, 에어로빅장업이 제외되어 자유업으로 전환되었다. 2018년 9월 18일 야구장업과 가상체험체육시설업이 추가되었고 2020년 5월 19일 체육교습업이 추가되었으며 2020년 12월 8일 인공암벽장업이 추가되어 현재의 체육시설업 현황은 <표 50>과 같다.

표 50 **체육시설의 구분과 종류**

구 분	종 류
등록체육시설업	골프장업, 스키장업, 자동차 경주장업
신고체육시설업	요트장업, 조정장업, 카누장업, 빙상장업, 승마장업, 종합 체육시설업, 수영장업, 체육도장업, 골프 연습장업, 체력단련장업, 당구장업, 썰매장업, 무도학원업, 무도장업, 야구장업, 가상체험체육시설업, 체육교습업, 인공암벽장업

1 공통 기준

가. 시설기준

체육시설은 필수시설과 임의시설이 있으며, 필수시설은 편의시설, 안전시설, 관리시설이 있고, 임의시설은 편의시설과 운동시설이 있다.

1) 필수시설

① 편의시설
- 수용인원에 적합한 주차장(등록 체육시설업만 해당한다) 및 화장실을 갖추어야 한다. 다만, 해당 체육시설이 다른 시설물과 같은 부지에 위치하거나 복합건물 내에 위치한 경우로서 그 다른 시설물과 공동으로 사용하는 주차장 및 화장실이 있을 때에는 이를 별도로 갖추지 않을 수 있다.
- 수용인원에 적합한 탈의실(수영장업을 제외한 신고 체육시설업과 자동차경주장업의 경우에는 세면실로 대신할 수 있다)을 갖추어야 한다. 다만, 탈의실 또는 세면실을 건축물 내 다른 시설과 공동으로 사용하는 경우에는 이를 별도로 갖추지 않을 수 있다.
- 수용인원에 적합한 급수시설을 갖추어야 한다.

② 안전시설
- 체육시설(무도학원업과 무도장업은 제외한다) 내의 조도(照度)는 「산업표준화법」 제12조에 따른 한국산업표준의 조도 기준에 맞아야 한다(<표 51> 참조).
- 부상자 및 환자의 구호를 위한 응급실 및 구급약품을 갖추어야 한다. 다만, 신고 체육시설업(수영장업은 제외한다)과 골프장업에는 응급실을 갖추지 아니할 수 있다.
- 적정한 환기시설을 갖추어야 한다.
- 어린이 이용자를 운송하기 위한 차량을 운행하는 때에는 「도로교통법」 제52조에 따라 신고된 어린이 통학버스를 갖추어야 한다. 이 경우 「자동차 및 자동차

부품의 성능과 기준에 관한 규칙」 제53조의4에 따라 설치하는 어린이 하차 확인 장치가 정상적으로 작동되어야 한다.

- 높이 3미터 이상으로서 추락의 위험이 있는 장소(계단은 제외한다)에는 견고한 재질로 된 높이 1.2미터 이상의 안전난간을 설치해야 한다.

③ 관리시설
- 등록 체육시설업에는 매표소·사무실·휴게실 등 그 체육시설의 유지·관리에 필요한 시설을 설치하여야 한다. 다만, 관리시설을 복합 용도의 시설물 내 다른 시설물과 공동으로 사용하는 경우에는 이를 별도로 갖추지 아니할 수 있다.

표 51 **스포츠 종목별 조도 기준**

종 목		생활 스포츠		전문 스포츠	
자동차 경주	경기	D	30-40-60		
골프	그린, 티,	D	30-40-60		
	퍼팅연습장	E	60-100-150		
	페어웨이	C	15-20-30		
궁도(실외)	레크레이션	D	30-40-60		
	경기			E	60-100-150
권투 / 레슬링 씨름	연습	F	150-200-300		
	관람석	D	30-40-60		
	프로경기			I	1500-2000-3000
검도 / 태권도 펜싱 / 유도 합기도 / 우슈	연습	F	150-200-300		
	관람석	D	30-40-60		
	공식경기			H	600-1000-1500
농구 배구	레크레이션	E	60-100-150		
	관람석	D	30-40-60		
	공식경기			H	600-1000-1500
당구	레크레션	F	150-200-300		
	경기			G	300-400-600
수영(실내)	레크레이션	F	150-200-300		
	풀장바닥			H	600-1000-1500
	경기			G	300-400-600

스키	슬로프	B	6-10-15		
아이스하키 빙상장	레크레이션	F	150-200-300		
	아마추어경기			G	300-400-600
	대학,프로경기			H	600-1000-1500
야구 (레크레이션)	내야	F	150-200-300		
	외야	E	60-100-150		
야구 (프로야구)	내야			I	1500-2000-3000
	외야			H	600-1000-1500
육상경기 (트랙필드)	연 습	D	30-40-60		
	관람석	C	15-20-30		
	공식경기			G	300-400-600
축구 필드하키 핸드볼 / 승마	레크레이션	E	60-100-150		
	관람석	C	15-20-30		
	공식경기			G	300-400-600
테니스(실내)	레크레이션	G	300-400-600		
	경기			H	600-1000-1500
자동차경주장	경주	D	30-40-60		
체육도장 체력단련장 체육교습업 인공암벽장	레크레이션	F	150-200-300	체육관 참조	
골프 연습장 실내	레크레이션	F	150-200-300	체육관 참조	
골프 연습장 실외	레크레이션	D	30-40-60	골프 참조	
썰매장	슬로프	B	6-10-15	스키 참조	
무도학원	레크레이션	-	100이상		
무도장	레크레이션	-	30이상	D	30-40-60
가상체육시설업 (야구, 골프)	레크레이션	F	150-200-300		

※「산업표준화법」제12조를 준용하였음.

2) 임의시설

① 편의시설

- 관람석을 설치할 수 있다.
- 체육용품의 판매·수선 또는 대여점을 설치할 수 있다.
- 관계 법령에 따라 식당·목욕시설·매점 등 편의시설을 설치할 수 있다(무도학원업과 무도장업은 제외한다).

② 운동시설

- 등록 체육시설업에는 그 체육시설을 이용하는 데에 지장이 없는 범위에서 그 체육시설 외에 다른 종류의 체육시설을 설치할 수 있다.
- 하나의 체육시설을 계절 또는 시간에 따라 체육종목을 달리하여 운영하는 경우에는 각각 해당 체육시설업의 시설기준에 맞아야 한다.

나. 안전·위생기준

① 체육시설 내에서는 이용자가 항상 이용질서를 유지하게 해야 한다.
② 이용자의 체육활동에 제공되거나 이용자의 안전을 위한 각종 시설·설비·장비·기구 등은 안전하게 정상적으로 이용될 수 있는 상태를 유지하도록 해야 하며, 「재난 및 안전관리 기본법」 제3조 제1호에 따른 재난으로 인한 피해가 발생하지 않도록 노력해야 한다.
③ 「재난 및 안전관리 기본법」 제3조 제1호가목에 따른 재난으로 인해 이용자의 안전을 해칠 우려가 있다고 판단될 때에는 그 체육시설의 이용을 제한해야 한다.
④ 해당 종목의 특성을 고려하여 음주 등으로 정상적인 이용이 곤란하다고 판단될 때에는 음주자 등의 이용을 제한해야 한다.
⑤ 체육시설의 정원을 초과하여 이용하게 해서는 안 된다.
⑥ 화재발생에 대비하여 소화기를 설치하고, 이용자가 쉽게 알아볼 수 있는 곳에

피난 안내도를 부착하거나 피난 방법에 대하여 고지해야 한다.

⑦ 체육시설업자는 체육시설 내에서 사망사고가 발생한 경우에는 해당 체육시설업을 등록 또는 신고한 지방자치단체의 장에게 즉시 보고해야 한다.

⑧ 등록 체육시설업자는 자동심장충격기 등 심폐소생술을 할 수 있는 응급장비를 갖추어야 한다.

⑨ 체육시설업자는 체육시설의 안전·위생에 관한 매뉴얼을 작성하고, 전 직원을 대상으로 매뉴얼에 관한 교육을 반기별로 1회 이상 실시해야 한다.

⑩ 체육시설업자는 체육시설의 이용에 관한 안전수칙을 작성하여 이용자가 쉽게 알아볼 수 있는 장소에 게시해야 한다.

⑪ 체육시설에 설치된 조명타워 또는 광고판 등의 부착물은 해당 부착물의 고정하중(구조물 자체의 무게 또는 구조물에 고정되어 항상 작용하는 외부의 무게)과 풍하중(바람으로 인하여 구조물의 외면에 작용하는 하중)의 영향에 대하여 안전하도록 설치되어야 하며, 조명등의 변경 시 변경된 무게에 대한 안전성을 확인해야 한다.

2 골프장업

골프장은 체육시설업 시설물 설치에 대한 제한 사항이 있다.

골프장 안에는 「공중위생관리법」 제2조 제1항 제2호3)에 따른 숙박업의 시설물(이하 "숙박시설"이라 한다)을 설치할 수 없다. 다만, 다음 각 목의 요건에 모두 적합한 경우에는 설치할 수 있다.

① 골프장 사업계획지가 「환경정책기본법」 제22조에 따른 특별대책지역(다만, 「한강수계 상수원수질개선 및 주민지원 등에 관한 법률」에 따른 오염총량관리계획 및 「금강수계 물관리 및 주민지원 등에 관한 법률」에 따른 오염총량관리기본계획의 수립·시행 지역은 제외한다), 「수도권정비계획법」 제6조에 따른 자연보전권역(다만, 「한강수계 상수원 수질개선 및

---

3) "숙박업"이라 함은 손님이 잠을 자고 머물 수 있도록 시설 및 설비 등의 서비스를 제공하는 영업을 말한다. 다만, 농어촌에 소재하는 민박 등 대통령령이 정하는 경우를 제외한다.

주민지원 등에 관한 법률」에 따른 오염총량관리계획의 수립·시행 지역은 제외한다) 및 「자연공원법」에 따른 자연공원으로 지정된 구역이 아닐 것

② 다음 (a)부터 (c)까지의 지역에 해당하지 아니할 것. 다만, 「한강수계 상수원수질개선 및 주민지원 등에 관한 법률」에 따른 오염총량관리계획 및 「낙동강수계 물관리 및 주민 지원 등에 관한 법률」, 「금강수계 물관리 및 주민지원 등에 관한 법률」, 「영산강·섬진강수계 물관리 및 주민지원 등에 관한 법률」 및 「물환경보전법」에 따른 오염총량관리기본계획의 수립·시행 지역은 그 취수지점의 상류방향의 경우 각각 유하거리 7킬로미터 이내의 지역에 해당하지 아니하면 된다.

(a) 골프장 사업계획지가 광역상수원보호구역으로부터 상류방향으로 유하거리(流下距離) 20킬로미터 이내의 지역

(b) 일반상수원보호구역으로부터 상류방향으로 유하거리 10킬로미터 이내의 지역

(c) 취수지점(공중이 이용하는 것만 해당한다)으로부터 상류방향으로 유하거리 15킬로미터, 그 하류방향으로 유하거리 1킬로미터 이내의 지역

③ 숙박시설을 설치하려는 예정부지가 환경영향평가 협의 시 녹지를 보전하도록 협의된 지역이 아닐 것(사업계획승인 당시 숙박시설이 설치되지 아니한 골프장만 해당한다)

가. 시설 기준

구분	시설기준
필수시설 ① 운동시설	○ 회원제 골프장업은 3홀 이상, 비회원제 골프장은 3홀 이상의 골프코스를 갖추어야 한다. ○ 각 골프코스 사이에 이용자가 안전사고를 당할 위험이 있는 곳은 20미터 이상의 간격을 두어야 한다. 다만, 지형상 일부분이 20미터 이상의 간격을 두기가 극히 곤란한 경우에는 안전망을 설치할 수 있다. ○ 각 골프코스에는 티그라운드·페어웨이·그린·러프·장애물·홀컵 등 경기에 필요한 시설을 갖추어야 한다.
② 안전시설	○ 위치 및 지형상 타구에 의해 골프장 주변에 안전사고의 위험이 있는 경우, 타구에 의한 안전사고 발생을 최소화할 수 있도록 안전시설(비구방지망 등)을 설치하는 등 필요한 조치를 해야 한다.
③ 관리시설	○ 골프코스 주변, 러프지역, 땅깎기 지역(절토지) 및 흙쌓기 지역(성토지)의 경사면 등에는 조경을 해야 한다.

나. 안전·위생 기준

코스관리요원(골프장에서 잔디 및 수목의 식재, 재배, 병해충 방제와 체육활동을 위한 풀베기작업과 농약의 안전한 사용·보관 및 오염 방지 등에 관한 업무에 종사하는 자를 말한다)을 18홀 이하인 골프장에는 1명 이상, 18홀을 초과하는 골프장에는 2명 이상을 배치하여야 한다.

다. 안전사고 주의사항

골프카트는 4륜 카트로 자동차처럼 주행하며 균형을 잃고 전복되지 않도록 하여야 한다. 골프 카트는 무게 중심이 높아 쉽게 전복할 수 있다. 전용도로를 이용하며 오프 로드처럼 과격하게 사용하거나 진흙이 많은 장소를 운용해서는 안된다. 규칙과 표지판을 주시하고 바른 사용을 해야한다. 골프 카트는 자동차 운전과 같아서 보행자에게 우선권이 있어 카트를 사용하지 않는 골퍼들을 주의해야 합니다. 목표 장소로 이동 후 정차할 때는 주행 라인 측면으로 붙여 다른 팀의 운행이 원활하도록 해야 한다.

후진을 해야 한다면 사람이 없는지 뒤를 꼭 확인한 뒤 천천히 운행해 움직인다. 카트 진입금지 구역으로 주행을 금지한다. 잔디 손상이 우려되는 곳이거나 위험한 장

그림 43 **골프장 전경**

소는 진입을 하지않는다.

사고 사례를 보면 라운딩 중 티샷이 페어웨이 벗어나 경사진 언덕으로 떨어졌는데 카트를 운행하며 언덕으로 올라가던 중 급한 경사와 진흙 바닥에 빠지면서 카트가 미끄러지면서 전복된 사고이다. 골퍼 중 한 사람이 카트 밑에 다리가 끼어 심한 부상을 입었다. 골프 카트 사고는 전복 사고는 물론 연못으로 추락, 다른 카트와의 충돌 등의 사고가 지속되고 있다. 가장 우려되는 것은 라운딩 중 음주 후 운전하는 것이다. 음주의 경우 카트 사고는 카트 운전자의 책임이 될 것이며 카트의 결함은 제조회사 카트 및 도로 관린 부실은 골프장의 책임이 될 것으로 사료된다.

라. 골프장 이용자 안전수칙[4]

이용 전
이용자는 안전수칙을 반드시 확인하고 시설을 이용한다.
술을 마신 후에는 골프연습장 체육활동을 절대 하지 않는다.
이용자는 지도자 또는 관리요원의 안내를 따른다.
이용자는 바른 복장 착용 및 타인에게 불쾌감을 주는 행동은 삼간다.
이용자는 골프장 운동 상해 예방을 위하여 준비운동을 한다.
이용자는 고혈압, 심장질환, 당뇨 등 개인 질환이 있는 경우 사전에 캐디/동반자에게 알린다.
이용자는 비상구와 응급장비(자동심장충격기)의 위치 확인 및 비상약품을 휴대한다.
14세 미만의 미성년자는 보호자를 반드시 동반해야 한다.

이용 중
타구사고 예방
과격한 활동, 장난, 불필요한 행위 등 위험한 행동을 하지 않으며, 안전사고에 주의한다.

---

4) 모든 체육시설업의 이용자 안전수칙에 관한 출처는 "체육시설알리미"이다. 이 안전수칙은 기본적 가이드라인이므로 각 사업장의 특성을 반영하여 준용하는 것이 바람직하다.

이용자는 골프연습장에서 타인에게 방해되는 행동(고성방가, 욕설 등)을 하지 않는다.

이용자는 자신의 실력을 과대평가 하거나 무리한 체육 활동을 하지 않는다.

이용자는 연습 스윙 및 공을 칠때 주위를 살피는 등 주변 사람과의 안전거리 및 방향을 확인한다.

이용자는 이동 시 앞 팀과의 일정한 안전거리(간격)을 반드시 유지한다.

이용자는 공이 사람이 있는 방향으로 날아가면 '포어'라고 외쳐 위험을 알린다.

이용자는 분실구(로스트 볼)을 찾을때 뒷 팀 또는 옆 홀에서의 타구를 주의한다.

안전사고 발생 시 즉각 지도자 또는 관리요원에게 사고사실을 알리고 조치를 받는다.

급격한 기상 변동 시 캐디/경기진행요원의 안내에 따라 플레이를 중단하고 안전한 장소로 이동하여 대기한다.

카트사고 예방

카트에 탑승하여 이동 시(내리막이나 커브길 운행 등) 반드시 안전 손잡이 잡기 등 바른 자세로 탑승한다.

그림 44 **골프장 안전수칙**

카트에서 내릴 때 카트가 완전히 정차한 후 카트에서 내려야 한다.

카트에 탑승하여 이동 중 물건이 떨어졌을 경우 카트가 완전히 정차할 때까지 카트에서 절대 내리지 않는다.

주행 중인 카트 앞으로 걷지 않으며, 주변에 가까이 다가가지 않는다.

카트에 탑승하여 이동시 휴대폰 사용, 골프채 휴대, 취식 등을 하지 않는다.

익사사고 예방

볼, 골프클럽 등 용품 등이 물속(해저드 등)에 빠졌을때 절대 접근 및 출입하지 않는다.

해저드(물웅덩이, 인공연못 장애물) 주변에 접근하지 않는다.

골프장 내 금연이며, 흡연은 지정된 장소에서 해야 한다.

질의응답 사례

질의 1) 5년 전에 회원모집할 때 제출했던 회원 약관 일부를 변경하는 상황이면 회원모집계획서를 변경 제출하여야 하는지요.

답변) 골프장은 등록체육시설업으로 회원을 모집하고자 하는 경우에는 체육시설법 제17조 제1항에 따라 회원 모집 계획서를 회원 모집 시작 15일 전까지 시·도지사에게 제출하여야 해요.

이를 변경하고자 하는 경우에는 변경 계획서를 같은 법 시행령 제18조 제1항 제1호 내지 제5호의 내용을 첨부하여 시·도·지사에게 제출하여야 한다. 해당 계획서를 제출받은 시도지사는 제출일로부터 10일 이내에 그 결과를 상대방에게 통보하여야 하며, 해당 체육시설업자는 통보받은 회원모집계획서에 따라 회원을 모집하고, 회원 모집 완료일로부터 10일 이내에 회원 모집 결과를 시·도·지사에게 보고하여야 해요.

상기 질의에서 언급한 약관은 같은 법 시행령 제18조 제1항의 '회원 모집 약관'에 정한 바에 따라 회원모집계획서의 제출하여 절차를 이행하여야 해요.

질의 2) 골프장에서 2016년도에 회원모집계획 변경신청을 하였다. 모집 인원수를 160명에서 100명으로, 회원비를 50백만 원/인을 35백만 원으로 변경하고, 회원 회비 총액 8,000백만 원에서 3,500백만 원을 사용하고 4,500백만 원이 남아있다. 이럴 경우, 예정 인원 및 회비의 변경 없이 잔여 회비 4,500백만 원으로 회원 모집을 한다고 한다. 이럴 경우 회원모집을 다시 신청을 해야 하는지요 아니면 변경신청을 해야 하는지요.

답변) 질의 내용은 회원의 모집 총인원을 100명(변경 전 160명)으로하고 회비를 35백만 원/인 (변경전 50백만 원/인)으로하는 회원모집변경을 하는 내용으로, 잔여 회비 4,500백만 원과는 무관하게 회원 모집 변경계획서를 제출하여야 해요.

제출하여야 할 서류는 체육시설법 시행령 제18조 제1항에 따라 다음의 서류를 첨부하여 '회원모집계획서를'를 해당 지자체장에게 제출하여야 한다.

1. 모집 총인원, 회원의 종류 및 금액별 시기별 모집계획
2. 회원 모집 약관
3. 공정확인서(기 준공의 경우 준공확인 관련 서류)
4. 투자 총 금액 확인 서류 등

3 스키장업

가. 시설기준

구분	시설기준
필수시설 ① 운동시설	○ 슬로프는 길이 300미터 이상, 폭 30미터 이상이어야 한다(지형적 여건으로 부득이한 경우는 제외한다). ○ 평균 경사도가 7도 이하인 초보자용 슬로프를 1면 이상 설치하여야 한다. ○ 슬로프 이용에 필요한 리프트를 설치하여야 한다.
② 안전시설	○ 슬로프 내 이용자가 안전사고를 당할 위험이 있는 곳에는 안전망과 안전매트를 함께 설치하거나 안전망과 안전매트 중 어느 하나를 설치하여야 한다. 이 경우 안전망은 그 높이가 지면에서 1.8미터 이상, 설면으로부터 1.5미터 이상이어야 하고, 스키장 이용자에게 상해를 일으키지 않도록 설계하여야 하며, 안전매트는 충돌 시 충격을 완화할 수 있는 제품을 사용하되, 그 두께가 50밀리미터 이상이어야 한다. 안전망과 안전매트의 최하부는 모두 설면과 접촉하여야 한다. ○ 구급차와 긴급구조에 사용할 수 있는 설상차(雪上車)를 각각 1대 이상 갖추어야 한다. ○ 정전 시 이용자의 안전관리에 필요한 전력공급장치를 갖추어야 한다.
③ 관리시설	○ 땅깎기 지역(절토지) 및 흙쌓기 지역(성토지)의 경사면에는 조경을 하여야 한다.

나. 안전·위생 기준

① 스키지도요원(스키장에서 이용자에게 스키에 관한 지식과 스키를 타는 방법, 기술 및 안전 등에 관하여 교습하는 업무에 종사하는 사람을 말한다) 및 스키구조요원(스키장에서 슬로프를 순찰하여 안전사고 예방과 사고 발생 시 인명구조 및 후송 등의 업무에 종사하는 사람으로서 법 제34조에 따른 스키장협회에서 실시하는 정기안전교육을 받은 사람을 말한다)을 배치하되, 스키지도요원은 슬로프면적 5만제곱미터당 1명 이상, 스키구조요원은 운영 중인 슬로프별로 2명 이상(슬로프 길이가 1.5킬로미터 이상인 슬로프는 3명 이상)을 각각 배치하여야 한다.

② 각 리프트의 승차장에는 2명 이상의 승차보조요원을, 하차장에는 1명 이상의 하차보조요원을 배치하여야 한다.

③ 「의료법」에 따른 간호사 또는 「응급의료에 관한 법률」에 따른 응급구조사(이하 "응급구조사"라 한다)를 1명 이상 배치하여야 한다.

④ 스키장 시설이용에 관한 안전수칙을 이용자가 쉽게 알아볼 수 있도록 셋 이상의 장소에 게시하여야 한다.

⑤ 이용자가 안전모를 착용하도록 지도하여야 하며, 이용자가 안전모의 대여를 요청할 때 대여할 수 있는 충분한 수량을 갖추어야 한다.

다. 스키장 이용자 안전수칙

이용 전

이용자는 안전수칙을 반드시 확인하고 시설을 이용한다.

술을 마신 후에는 스키장 체육활동을 절대 하지 않는다.

이용자는 지도자 또는 구조요원, 장내방송, 표지판 등 안내를 따른다.

이용자는 스키장 운동 상해 예방을 위하여 준비운동을 한다.

이용자는 반드시 안전장구(고글 및 헬멧 등)를 착용해야 한다.

이용자가 안전수칙을 지키지 않거나 안내를 따르지 않으면 지도자 또는 구조요

그림 45 **스키장 전경**

원이 시설사용을 중단시킬 수 있다.

이용자는 안전하게 잘 넘어지는 요령을 연습하고 숙지한다.

이용자는 응급실과 응급장비(자동심장충격기)의 위치를 확인한다.

이용 중

과속(직활강), 장난 등 위험한 행동을 하지 않으며, 안전사고에 주의해야 한다.

이용자는 리프트 탑승 중 심한 몸놀림을 하지 않는다.

이용자는 리프트 정지 시 지도자 또는 구조요원의 안내에 따라 이동한다.

이용자는 반드시 자신의 수준에 맞는 슬로프를 선택한다.

초보자는 기초 동작을 충분히 익힌 후 초보자용 슬로프를 이용한다.

이용자는 슬로프 중앙에 서 있거나 앉아 있지 말아야 한다.

이용자는 충돌의 위험이 있을 때에는 큰 소리로 주변 사람에게 위험을 알린다.

이용자 간의 안전거리를 유지하며, 안전속도를 준수한다.

안전사고 발생 시 즉각 지도자 또는 구조요원에게 사고사실을 알리고 조치를 받는다.

이용자는 안전한 장소에서 충분한 휴식을 취하고 무리한 운동은 하지 않는다.

스키장 내 금연이며, 흡연은 지정된 장소에서 해야 한다.

이용 후

이용자는 스키장 체육활동 후 정리운동을 실시한다.

이용자는 스키장비 사용 후 제자리에 정리한다.

질의응답 사례

질의 1) 스키장의 슬로프 면을 휴장기에 다른 용도로 활용할 경우, 용도 변경을 위하여 어떤 절
차를 이행하여야 하는지요.

답변) 체육시설법 제19조 제1항 및 같은 법 시행규칙 제18조 제3호에 따라 "스키장업의 시설물
을 변경하지 아니하고 계절의 변화에 따른 휴업 기간 중 다른 용도로 변경하는 것에 관
한 사항"은 별도의 변경 등록 절차를 이행하지 아니하여도 돼요.

---

4 요트장업 · 조정장업 · 카누장업

가. 시설 기준

구분		시설기준
요트장업	필수시설 ① 운동시설	○ 3척 이상의 요트를 갖추어야 한다. ○ 요트를 안전하게 보관할 수 있는 계류장(繫留場) 또는 요트보관 소를 갖추어야 한다.
	② 안전시설	○ 긴급해난구조용 선박 1척 이상 및 요트장을 조망할 수 있는 감시 탑을 갖추어야 한다. ○ 요트 내에는 승선인원 수에 적정한 구명대를 갖추어야 한다.
조정장업 카누장업	필수시설 ① 운동시설	○ 5척 이상의 조정(카누)을 갖추어야 한다. ○ 수면은 폭 50미터 이상 길이 200미터 이상이어야 하고, 수심은 1 미터 이상이어야 하며, 유속은 시간당 5킬로미터 이하여야 한다.
	② 안전시설	○ 조정장(카누장)의 수용능력에 적정한 구명대 및 1척 이상의 구조 용 선박(모터보트)과 조정장(카누장) 전체를 조망할 수 있는 감시 탑을 갖추어야 한다.

나. 안전위생기준(요트장업·조정장업 및 카누장업)

① 이용자가 항상 구명대를 착용하고 이용하게 하여야 한다.

② 구조용 선박에는 수상안전요원을, 감시탑에는 감시요원을 각 1명 이상 배치하여야 한다. 이 경우 수상안전요원은 대한적십자사에서 실시하는 수상인명 구조활동에 관한 정하여진 과정을 마친 자, 해군이나 해양경찰청 및 그 소속기관에 복무한 자로서 수상인명구조에 경험이 있는 자 또는 그에 상당하는 자격이 있는 자이어야 한다.

③ 요트장업의 경우에는 특별자치시장·특별자치도지사·시장·군수 또는 구청장이 요트장의 지형 여건 등을 고려하여 안전수칙을 정한 경우에는 이를 지켜야 한다.

다. 요트장 이용자 안전수칙

출발 전

요트장 이용자는 안전수칙을 반드시 확인하고 시설을 이용한다.

술을 마신 후에는 요트장 체육활동을 절대 하지 않는다.

이용자는 지도자 또는 안전요원의 안내를 따른다.

이용자는 요트장 운동 상해 예방을 위하여 준비운동을 실시한다.

이용자는 반드시 안전장구(구명조끼, 구명대 등)를 착용해야 한다.

안전수칙을 지키지 않거나 안내에 따르지 않으면 지도자 또는 안전요원이 시설 사용을 중단시킬 수 있다.

이용자는 사전에 물의 상태와 날씨 조건을 먼저 확인한다.

기상악화 시, 지도자 또는 안전요원의 안내에 따라 요트장 체육활동을 하지 않는다.

이용자는 일출 30분 전, 일몰 30분 후에는 요트장 체육활동을 하지 않는다.

이용자는 요트장 체육활동 시 체온 유지를 위하여 여분의 옷을 준비한다.

이용자는 바닥이 미끄러우니 조심한다.

이용자는 선장에게 무리한 요구(항해 구역·시간의 변경 및 이탈)를 하지 않는다.

탑승 중

이용 중 장비고장 및 안전사고 발생 시 즉각 지도자 또는 안전요원에게 사고사실을 알리고 조치를 받는다.

과격한 활동, 장난, 불필요한 행위 등 위험한 행동을 하지 않으며, 안전사고에 주의해야 한다.

이용자는 자신의 실력을 과대평가 하거나 무리한 체육활동을 하지 않는다.

이용자는 요트 간의 안전거리를 유지하며, 안전속도를 준수한다.

이용자는 지정구역에서만 요트장 체육활동을 한다.

이용자는 요트가 선착장에 완전히 도착한 후 내린다.

야간 이용 중 안전사고 발생 시 구명조끼에 준비된 호각을 이용하여

구조자가 쉽게 발견될 수 있도록 음향 신호를 보낸다.

퇴장 시

요트장 체육활동 후 정리운동을 실시한다.

이용자는 개인 소지품 및 귀중품을 챙긴다.

라. 조정장 이용자 안전수칙

출발 전

이용자는 안전수칙을 반드시 확인하고 시설을 이용한다.

술을 마신 후에는 조정장 체육활동을 하지 않는다.

이용자는 지도자 또는 안전요원의 안내를 따른다.

이용자는 조정장 운동 상해 예방을 위하여 준비운동을 한다.

이용자는 반드시 안전장구(구명조끼, 구명대 등)를 착용해야 한다.

안전수칙을 지키지 않거나 안내에 따르지 않으면 안전요원이 시설사용을 중단시킬 수 있다.

이용자는 사전에 장비 상태를 안전점검 한다.

이용자는 사전에 물의 상태와 날씨 조건을 먼저 확인한다.

기상악화 시, 지도자 또는 안전요원의 안내에 따라 조정장 체육활동을 하지 않는다.

이용자는 조정장 체육활동 시 체온 유지를 위하여 여분의 옷을 준비한다.

탑승 중

과격한 활동, 장난, 불필요한 행위 등 위험한 행동을 하지 않으며, 안전사고에 주의해야 한다.

이용자는 조정이 뒤집혀도 당황하지 마시고, 지도자 또는 안전요원의 안내를 따른다.

이용자는 자신의 실력을 과대평가 하거나 무리한 체육활동을 하지 않는다.

이용자는 조정 간의 안전거리를 유지하며, 안전속도를 준수한다.

이용자는 승선 인원을 초과하지 않는다.

퇴장 시

이용자는 조정장 체육활동 후 정리운동을 실시한다.

이용자는 타인의 안전을 위해 장비를 안전한 장소에 정리한다.

마. 카누장업 이용자 안전수칙

출발 전

이용자는 안전수칙을 반드시 확인하고 시설을 이용한다.

술을 마신 후에는 카누장 체육활동을 하지 않는다.

이용자는 지도자 또는 안전요원의 안내를 따른다.

이용자는 카누장 운동 상해 예방을 위하여 준비운동을 한다.

이용자는 반드시 안전장구(구명조끼, 구명대 등)를 착용해야 한다.

안전수칙을 지키지 않거나 안내에 따르지 않으면 안전요원이 시설사용을 중단시킬 수 있다.

이용자는 사전에 장비 상태를 안전점검 한다.

이용자는 사전에 물의 상태와 날씨 조건을 먼저 확인한다.

기상악화 시, 관계자의 안내에 따라 카누장 체육활동을 하지 않는다.

이용자는 카누장 체육활동 시 체온 유지를 위하여 여분의 옷을 준비한다.

이용자는 승선인원을 초과하지 않는다.

탑승 중

과격한 활동, 장난, 불필요한 행위 등 위험한 행동을 하지 않으며, 안전사고에 주의해야 한다.

이용자는 카누가 뒤집혀도 당황하지 않고 지도자 또는 안전요원의 안내를 따른다.

이용자는 자신의 실력을 과대평가 하거나 무리한 체육활동을 하지 않는다.

이용자는 카누 간의 안전거리를 유지하며, 안전속도를 준수한다.

퇴장 시

카누장 체육활동 후 정리운동을 실시한다.

5 빙상장업

가. 시설기준

구분	시설기준
필수시설 　안전시설	○ 빙판 외곽에 높이 1미터 이상의 울타리를 견고하게 설치해야 한다. ○ 유해 냉각매체를 사용하지 않는 제빙시설을 설치해야 한다. ○ 정빙기실(整氷機室) 내에는 가스누설경보기를 설치해야 한다.

나. 안전위생기준

빙상장의 안전·위생기준은 별도로 정하고 있지 않다.

그림 46 **빙상장 전경**

다. 빙상장 이용자 안전수칙

이용 전

이용자는 안전수칙을 반드시 확인하고 시설을 이용한다.

술을 마신 후에는 빙상장 체육활동을 절대 하지 않는다.

이용자는 지도자 또는 관리요원의 안내를 따른다.

이용자는 빙상장 운동 상해 예방을 위하여 준비운동을 한다.

이용자는 반드시 안전장구(보호 장갑 및 안전모 등)를 착용해야 한다.

안전수칙을 지키지 않거나 안내를 따르지 않으면 지도자 또는 관리요원이 시설 사용을 중단시킬 수 있다.

이용자는 사용 전 장비를 점검한다.

이용자는 안전하게 잘 넘어지는 요령을 연습하고 숙지한다.

비상상황을 대비하여 소화기, 피난 안내도 등의 위치를 확인한다.

이용 중

과격한 활동, 장난, 불필요한 행위 등 위험한 행동을 하지 않으며, 안전사고에 주의해야 한다.

이용자는 빙상장에서 갑작스런 방향 전환 및 그룹 경주를 하지 않는다.

이용자는 자신의 실력을 과대 평가 하거나 무리한 체육활동을 하지 않는다.

빙상장은 시계 반대 방향(활주방향) 주행이 원칙이며, 역주행은 하지 않는다.

이용자는 넘어지면 즉시 일어나며, 넘어진 사람에게 가까이 다가가지 않는다.

이용자 간의 안전거리를 유지하며, 안전속도를 준수한다.

안전사고 발생 시 즉각 지도자 또는 관리 요원에게 사고 사실을 알리고 조치를 받는다.

이용자는 안전한 장소에서 충분한 휴식을 취하고 무리한 운동은 하지 않는다.

이용자는 빙상장 내 음식물 반입을 하지 않는다.

빙상장 내 금연이며, 흡연은 지정된 장소에서 해야 한다.

이용 후

이용자는 빙상장 체육활동 후 정리운동을 실시한다.

이용자는 타인의 안전을 위해 스케이트화의 물기를 닦고 커버를 씌워 안전한 장소에 정리한다.

질의응답 사례

질의 1) 동절기에 일시적으로 개장하는 빙상장(스케이트장) 시고 여부에 대한 질의인데요. 야외과장, 공원 같은 장소에 일시적으로 설치하는 스케이트장에 대한 빙상장 체육시설업 신고를 해야하는지요. 야외 시설이니 건축물이 없어 건축물용도나 토지공부 검토 절차는 필요 없는지요. 지자체에서 동절기에 일시적으로 개장하는 스케이트장의 체육시설업 신고 여부를 알고 싶어요.

답변) 체육시설법 제2조 제2호에 따르면 "체육시설업"이란 영리를 목적으로 체육시설을 설치·경영하거나 체육시설을 이용한 교습행위를 제공하는 업(業)을 말하는데요. 동절기에 일시적으로 설치하고 제빙시설을 설치하였다면 같은 법 제20조에 따라 체육시설업(빙상장)을 신고해야 해요. 물론 같은 법 시행규칙 제8조의 시설기준과 제26조의 안전위생기준 등을 준수하여야 해요. (제빙시설이 없는 자연 빙판은 신고할 필요가 없어요) 안전모 등의 보관 및 운영을 위한 가설 건축물이 있다면 건축법에 따른 허가를 받아야 해요.

질의 2) 행사성으로 스케이트장을 운영해야하는데 체육시설업을 신고해야 하나요?

답변) 빙상장업을 영위하려면 스케이트 등의 체육활동을 지속적으로 유지하며 영리를 추구하여야 해요. 행사성이라는 것이 스케이트 등의 체육활동이 지속적으로 유지하는 것이 아니라면 빙상장업 신고 대상은 아니겠으나, 일정 기간 동안 영리를 목적으로 하는 체육활동이 지속된다면 신고 절차를 이행해야 해요.

6 자동차경주장업

가. 시설기준

■ 2륜 자동차경주장업

구분	시설기준
필수시설	
① 운동시설	○ 트랙은 길이 400미터 이상, 폭 5미터 이상이어야 한다. ○ 트랙의 바닥면은 포장한 곳과 포장하지 아니한 곳이 있어야 한다.
② 안전시설	○ 트랙의 양편에는 폭 3미터 이상의 안전지대를 설치하여야 한다. ○ 경주장 전체를 조망할 수 있는 통제소를 설치하여야 한다.
③ 관리시설	○ 2륜 자동차를 수리할 수 있는 시설을 갖추어야한다.

■ 4륜 자동차경주장업

구분	시설기준
필수시설	
① 운동시설	○ 트랙은 길이 2킬로미터 이상으로서 출발지점과 도착지점이 연결되는 순환형태여야 하고, 트랙의 폭은 11미터 이상 15미터 이하여야 하며, 출발지점에서 첫 번째 곡선 부분 시작지점까지는 250미터 이상의 직선구간이어야 한다. ○ 트랙에는 전 구간에 걸쳐 차량의 제동거리를 고려하여 적절한 시계(경주 중인 선수가 진행방향으로 장애물 없이 트랙이 보이는 거리)가 확보되어야 한다. ○ 트랙의 바닥면은 포장 또는 비포장이어야 한다. ○ 트랙의 종단 기울기(차량진행방향으로의 경사를 말한다)는 오르막 20% 이하, 내리막 10% 이하여야 한다. ○ 트랙의 횡단 기울기(차량진행방향 좌우의 경사를 말한다)는 직선구간은 1.5% 이상 3% 이하, 곡선구간은 10% 이하여야 한다. ○ 트랙의 양편 가장자리는 폭 15센티미터의 흰색선으로 표시하여야 한다.

② 안전시설	○ 출발지점을 제외한 트랙의 직선 부분은 트랙의 좌우 흰색선 바깥쪽으로 3미터 이상 5미터 이하의 안전지대를 두어야 하며, 트랙의 곡선 부분은 다음의 공식에 따른 폭의 안전지대를 두어야 한다. 다만, 안전지대의 바닥에 깊이 25센티미터 이상으로 자갈을 까는 경우 안전지대의 폭은 트랙의 직선 부분은 2미터 이상, 곡선 부분은 위의 공식에 따라 산출된 폭의 2분의 1 이상으로 할 수 있다. 안전지대의 폭(미터) = (속도)2/300 ※ 속도의 단위는 시간당 킬로미터임 ○ 트랙 양편의 안전지대 바깥쪽 경계선에는 경주 중인 차량이 트랙을 이탈하는 경우 안전지대 바깥쪽으로 벗어나지 아니하고 정지할 수 있는 정도의 수직 보호벽(높이 69센티미터 이상이어야 한다)을 가드레일(2단 이상)이나 콘크리트벽으로 설치하여야 한다. ○ 관람객과 다른 시설물 등을 경주 중인 차량의 사고로부터 보호하고 경주장 외부로부터 무단 접근을 방지하기 위하여 수직 보호벽 바깥쪽에 3미터 내외의 간격을 두고 높이 1.8미터 이상의 견고한 철망·울타리 등을 설치하여야 한다. ○ 경주의 안전한 진행에 필요한 종합통제소·검차장·표지판 및 신호기 등을 갖추어야 한다. ○ 감시탑은 트랙의 전체를 조망할 수 있고 경주 중인 차량이 잘 보이는 곳으로서 트랙의 여러 곳에 설치하되, 감시탑 간의 간격은 직선거리 500미터 이하여야 하고, 감시탑 간에는 육안으로 연락할 수 있어야 한다. ○ 견인차, 구급차, 소화기 탑재차 및 트랙의 이상 유무를 확인할 수 있는 통제차를 각 1대 이상 배치하여야 한다. ○ 긴급사고 발생 시 견인차, 구급차, 소화기 탑재차 등이 트랙에 쉽게 접근할 수 있도록 비상도로를 설치하여야 한다.

나. 안전·위생기준

① 경주참가차량이나 일반주행차량 등 트랙을 이용하는 차량에 대하여는 사전에 점검을 한 후 경주나 일반주행에 참가하도록 하여야 한다.

② 경주참가자나 일반주행자 등 트랙이용자에 대하여는 사전에 주행능력을 평가하여 부적격자는 트랙의 이용을 제한하여야 한다.

③ 경주진행 및 안전 등에 관한 규칙을 자체적으로 제정하여 경주참가자나 일반주행자 등 트랙이용자에게 사전에 교육을 하여야 한다.

④ 경주의 안전한 진행에 필요한 통제소요원, 감시탑요원 및 진행요원 등 각종 요원은 각각 해당 분야의 지식과 기술을 보유한 자로서 시설의 규모에 따라 적절하게

배치하여야 한다.

⑤ 관람자에게 사전에 안전에 관한 안내 방송을 하여야 한다.

⑥ 경주 기간 중에는 「의료법」에 따른 의사 및 간호사 또는 응급구조사 각 1명 이상을, 그 외의 운영 기간 중에는 간호사 또는 응급구조사 1명 이상을 배치하여야 한다.

⑦ 이용자가 안전모, 목보호대, 불연(不然) 의복·장갑 등 안전장구를 착용하도록 지도하여야 하며, 이용자가 이들의 대여를 요청할 때 대여할 수 있는 충분한 수량을 갖추어야 한다.

다. 부지 면적의 제한 사항

업종	제한내용
자동차경주장업	자동차경주장의 부지면적은 트랙면적과 안전지대면적을 합한 면적의 6배를 초과할 수 없다.

※ 자동차경주장업의 과대한 부지 소유를 제한하기 위하여 정하였다.

라. 자동차경주장 이용자 안전수칙

이용 전

이용자는 안전수칙을 반드시 확인하고 시설을 이용한다.

술을 마신 후에는 자동차 경주장 체육활동을 절대 하지 않는다.

이용자는 운영자 또는 진행요원의 안내를 따른다.

이용자는 자동차 경주장 운동 상해 예방을 위하여 준비운동을 한다.

이용자는 반드시 안전장구(안전모, 목보호대, 불연 의복 · 장갑 등)를 착용해야 한다.

이용자가 안전수칙을 지키지 않거나 안내에 따르지 않으면 운영자 또는 진행요원이 시설사용을 중단시킬 수 있다.

이용자는 사전에 본인의 차량상태를 안전점검 한다.

이용자는 반드시 경주진행 및 안전에 관한 사전 교육을 숙지한다.

그림 47 **자동차경주장 전경**

이용자는 비상상황을 대비하여 응급실과 응급장비(자동심장충격기)의 위치를 확인한다.

이용 중

드리프트, 코스 상의 정비 등 위험한 행동을 하지 않으며, 안전사고에 주의한다.

머리가 긴 이용자는 반드시 머리를 묶어 안전모 안이나 옷 속으로 넣어야 한다.

이용자는 운영자 또는 진행요원의 안내에 따라 브레이크를 밟으면서 시동을 켜고 출발준비를 한다.

정해진 활주방향 주행이 원칙이며, 코스 이탈 또는 역방향·후진 주행은 하지 않는다.

이용자는 주행 중 상대방 차의 추월 및 진로를 고의로 방해하지 않는다.

이용자는 자신의 실력에 맞게 경기에 참가해야 한다.

이용자는 차량 간의 안전거리를 유지한다.

주행 중 사고나 차량 이상으로 이동이 불가능 할 경우 차량의 시동을 끄고 안전하게 가드레일이나 안전펜스 밖으로 대피한다.

이용자는 경기장 내 금연이며, 흡연은 지정된 장소에서 해야 한다.

이용 후

이용자는 자동차 경주장 체육활동 후 정리운동을 실시한다.

승차장 하차 시 뒷 차량이 완전히 멈춘 것을 확인한 후 운영자 또는 진행요원의 안내에 따라 안전보도에 내려서 이동한다.

이용자는 차량 상태를 점검한다.

7 승마장업

가. 시설기준

구분	시설기준
필수시설 운동시설	○ 실내 또는 실외 마장면적은 500제곱미터 이상이어야 하고, 실외 마장은 0.8미터 이상의 나무울타리를 설치하여야 한다. ○ 마리 이상의 승마용 말을 배치하고, 말의 관리에 필요한 마사(馬舍)를 설치하여야 한다.

나. 안전·위생기준

① 이용자가 항상 승마용 신발을 착용하고 승마를 하도록 하여야 한다.

② 장애물 통과에 관한 승마를 하는 자는 안전모를 착용하도록 하여야 한다.

③ 말이 놀라서 낙마사고가 발생하지 않도록 마장 주변에서 큰 소리를 내거나 자동차 경적을 사용하는 것 등을 금지하게 하여야 한다.

다. 승마장 이용자 안전수칙

승마 전

이용자는 안전수칙을 반드시 확인하고 시설을 이용한다.

그림 48 **승마장 전경**

술을 마신 후에는 승마장 체육활동을 절대 하지 않는다.

이용자는 지도자 또는 관리요원의 안내를 따른다.

이용자는 승마장 운동 상해 예방을 위하여 준비운동을 한다.

이용자는 반드시 안전장구(승마화, 안전모, 턱 끈 등)를 착용해야 한다.

이용자가 안전수칙을 지키지 않거나 안내를 따르지 않으면 지도자 또는 관리요원이 시설사용을 중단시킬 수 있다.

이용자는 사전에 말의 장비 상태를 안전점검한다.

이용자는 낙마 시 부상을 방지 할 수 있는 요령을 연습하고 숙지한다.

이용자는 승마에 방해되는 물품(약물, 지갑, 휴대폰, 라이터, 액세서리 등)은 삼가야 한다.

승마 중

이용자는 항상 말의 왼쪽 어깨 부위 또는 목 부위로 접근하며, 뒤쪽에 서 있지 않는다.

이용자는 자신의 실력에 맞는 코스를 선택하여야 하며, 무리한 승마는 자제하여야 한다.

승마장은 활주 방향 주행이 원칙이며, 역주행은 하지 않는다.

이용자는 말이 놀라지 않도록 갑작스런 행동이나 큰 소리를 내지 않는다.

이용자는 말과 친해지도록 노력하며 소중하게 다루어야 한다(과도한 채찍 사용 금지).

이용자 간의 안전거리(좌우 2m, 전후 4m 이상)를 유지하며, 안전속도를 준수한다.

승마 시에는 적절한 기승 시간과 휴식 시간을 갖는다.

승마장 내 금연이며, 흡연은 지정된 장소에서 해야 한다.

말에서 떨어졌을 시에는 고삐를 잡고 있어야 한다(머리와 팔의 부상 예방).

말에서 떨어진 후 말이 흥분해서 날뛰면 즉시 고삐를 놓아야 한다.

승마 후

이용자는 승마장 체육활동 후 정리운동을 실시한다.

라. 말산업 육성법

『말산업 육성법』은 말산업의 육성과 지원에 관한 사항을 정함으로써 말산업의 발전 기반을 조성하고 경쟁력을 강화하여 농어촌의 경제 활성화와 국민의 삶의 질 향상에 이바지함을 목적으로 하고 있다.

① 용어의 정의

「말산업」은 말의 생산·사육·조련·유통·이용 등에 관한 산업으로서 다음의 산업을 말한다.

- 말의 생산업·사육업 및 유통업
- 말이용업
- 말조련업·장제업(裝蹄業)·재활승마지도업 또는 경마운영업 등 말을 이용하거나 매개로 한 서비스업
- 말의 산물(産物) 또는 부산물을 이용한 식품·약품 또는 향장품(香粧品)의 제조업·판매업
- 말의 사육 또는 이용 등에 필요한 물품의 제조업·판매업
- 이 밖에 상기의 산업에 필요한 부대 산업

「말사업자」는 말산업을 경영하는 자로서 다음에 해당하는 자를 말한다.

- 말의 생산업·사육업 및 유통업 : 말 등록기관에 등록한 말 세 마리 이상을 생산 또는 사육하거나 말의 유통업을 하는 자
- 말이용업 : 말 등록기관에 등록한 말 세 마리 이상을 이용하는 사업을 하는 자
- 말조련업·장제업·재활승마지도업 또는 경마운영업 등 : 해당 자격을 취득하고 조련·장제 또는 재활 승마 지도를 하거나, 말 등록기관에 등록한 말 세 마리 이상을 이용하거나 그 말을 매개로 사업을 하는 자
- 제조업·판매업 : 연간 90일 이상 말의 산물 또는 부산물을 이용한 식품·약품·향장품 또는 물품 등을 제조하거나 판매하는 사업을 하는 자

「말이용업」은 「체육시설의 설치·이용에 관한 법률」에 따른 승마장이 아닌 장소에서 승용말 임대, 말트레킹, 승마체험 등 말을 이용한 용역을 제공하는 사업을 말한다.

「농어촌형 승마시설」(이하 "승마시설"이라 한다)은 「농업·농촌 및 식품산업 기본법」 제3조 제5호에 따른 농촌 지역과 「수산업·어촌 발전 기본법」 제3조 제6호에 따른 어촌 지역에서 말의 위탁관리, 승용말의 생산·육성 등의 사업과 말이용업을 겸영(兼營)하는 시설을 말한다.

② 승마시설의 신고

승마시설을 운영하려는 자는 「농림축산식품부령」으로 정하는 승마시설신고서에 따라 특별자치시장·특별자치도지사·시장·군수 또는 구청장(자치구의 구청장을 말한다)에게 신고하여야 한다.

『말산업 육성법』 제15조 제1항에 따라 승마시설을 신고하거나 신고한 사항을 변경하려는 자는 농림축산식품부령으로 정하는 승마시설 신고서(변경신고서)에 다음의 서류를 첨부하여 특별자치도지사·시장·군수 또는 자치구의 구청장(이하 "시장·군수·구청장"이라 한다)에게 제출하여야 한다. 다만, 변경신고를 할 때에는 제4호의 서류만 첨부한다.

- 부동산 임대차계약서 등 승마시설의 사용권을 증명할 수 있는 서류
- 시설 및 설비 개요서
- 등록기관에 등록한 승용말의 등록증명서
- 변경 내용을 증명할 수 있는 서류(변경신고하는 경우에만 해당한다)
- 임시사용 중인 건축물의 경우에는 임시사용 승인서 사본

③ 다른 법률과의 관계

말산업 육성법 제16조는 "같은 법 제15조 제1항에 따라 설치된 승마시설에 관하여는 「체육시설의 설치·이용에 관한 법률」을 적용하지 아니한다."고 정하고 있다.

『말산업 육성법』에 의한 승마시설로 신고 된 시설은 『체육시설의 설치·이용에 관한 법률』의 신고체육시설업 중 승마장업으로 신고하지 않아도 된다.

질의응답 사례

질의 1) 농어촌형승마시설로 신고 전에 체육시설업(승마장)으로으로 신고부터 선행되어야 하는지 아니면 체육시설업과 상관없이 신고하면 되는지 궁금해요.

답변) 농어촌형승마시설이란 "농업농촌 및 식품산업 기본법" 제3조 제5호에 따른 농촌지역과 "수산업 어촌 발전 기본법" 제3조 제6호에 따른 어촌 지역에서 말의 위탁관리, 승용말의 생산과 육성 등의 사업과 말이용업을 경영하는 시설이예요.
　　「말 이용업」은 「체육시설의 설치·이용에 관한 법률」에 따른 승마장이 아닌 장소에서 승용말 임대, 말트레킹, 승마체험 등 말을 이용한 용역을 제공하는 사업을 말해요.
　　말산업 육성법 제16조는 "같은 법 제15조 제1항에 따라 설치된 승마시설에 관하여는 「체육시설의 설치·이용에 관한 법률」을 적용하지 아니한다."고 정하고 있어요.

8 종합체육시설업

가. 시설기준

구분	시설기준
필수시설	○ 해당 체육시설업의 필수시설기준에 따른다.
임의시설	○ 해당 체육시설업의 임의시설기준에 따른다. ○ 수영조 바닥면적과 체력단련장 및 에어로빅장의 운동전용면적을 합한 면적의 15퍼센트 이하의 규모로 체온관리실[온수조·냉수조·발한실(發汗室: 땀 내는 방)]을 설치할 수 있다. 다만, 체온관리실은 종합 체육시설업의 시설이용자만 이용하게 하여야 한다.

나. 안전·위생기준

종합체육시설업의 안전·위생기준은 해당 체육시설업의 안전·위생기준을 따른다.

다. 종합 체육시설업의 신고 기준

종합체육시설업은 체육시설업 중 실내수영장을 포함하여 두 종류 이상의 체육시설을 한 장소에서 동일한 사람이 하나의 단위 체육시설로 경영하는 업을 말한다. 요트장업, 조정장업, 카누장업, 빙상장업, 승마장업, 수영장업, 체육도장업, 골프 연습장업, 체력단련장업, 당구장업, 썰매장업, 무도학원업, 무도장업, 야구장업, 가상체험 체육시설업, 체육교습업, 인공암벽장업 등이 신고체육시설업이다. 종합체육시설업을 경영하기 위해서는 실내 수영장을 포함한 두 종류 이상의 체육시설기준과 안전·위생기준을 갖추어 체육시설업 신고를 하여야 한다.

질의응답 사례

질의 1) 종합체육시설업(수영장, 체력단련장)으로 신고된 시설을 이수하면서 수영장만을 운영하려 한다면 이런 경우 어떤 절차를 밟아야 하는지 문의드려요.

1. 기존 종합체육시설업을 폐업하게한 후 수영장 체육시설업을 신규로 신고한다.
2. 기존 대표자에게 종합체육시설업에서 수영장업으로 변경 신고하게 한 후 양도양수에 따른 대표자 변경신고를 하게 한다(사실 이것이 가능한지도 궁금하지만 가능하다고 했을 때 기존 종합체육시설업의 신고번호를 그대로 유지할 수 있는지요).

답변) 종합체육시설업은 체육시설법 제10조 제1항 제2호에 따라 "신고체육시설업 중 실내 수영장을 포함한 두 종류 이상의 체육시설을 같은 사람이 한 장소에 설치하여 하나의 단위 체육시설로 경영하는 업"으로 정하고 있어요. 종합체육시설업에서 수영장만을 운영하고자 하는 경우에 대한 특별한 절차를 규정하고 있지는 않아요.

　다만, 같은 법 제27조에 따라 체육시설업을 양수한 자는 체육시설업 신고에 따른 권리와 의무를 승계하여야 해요. 따라서, 양도자가 종합체육시설업을 수영장업으로 변경한 후 양도양수가 이루어진다면 승계에 따른 제반 절차를 용이하게 할수 있을 것 같아요. 한편, 종합체육시설업을 수영장업으로 변경하는 경우는 종합체육시설업을 폐업하고 수영장업을 신규 신고하는 절차를 이행해야 하므로 신고번호는 별도의 번호가 될 거예요.

질의 2) 기존에 수영장, 헬스장, 실외골프연습장을 하나의 건물에서 대표자명으로 각각 신고하여 운영했어요. 그런데 대표자가 회사를 법인으로 변경신고하려고 해요. 이럴 경우 3개의 체육시설업 신고를 종합체육시설업으로 변경신고하여야 하는지 아니면 3개를 각각 체육시설업을 대표자 변경신고를 해야하는 지요.

답변) 종합체육시설업은 체육시설법 제10조 제1항 제2호에 따라 "신고체육시설업 중 실내 수영장을 포함한 두 종류 이상의 체육시설을 같은 사람이 한 장소에 설치하여 하나의 단위 체육시설로 경영하는 업"으로 정하고 있어요.

　개인사업자 또는 법인사업자와는 무관하게 체육시설업을 신고하는 자는 체육시설업 신고를 각각의 체육시설업으로 할 것인자 종합체육시설업으로 할 것인지를 정할 권한이 있었어요.

　수영장을 포함하여 종합체육시설업을 신고하던지 3개를 각각의 체육시설업으로 신고하던지 결정은 법인에서 정해야 할 사안이예요.

질의 3) 한 건물에서 1층은 스크린 야구 2층은 골프연습장을 체육시설업으로 신고하려고해요. 종합체육시설업으로 신고가 가능할까요?

답변) 종합체육시설업은 체육시설법 제10조 제1항 제2호에 따라 "신고체육시설업 중 실내수영

장을 포함한 두 종류 이상의 체육시설을 같은 사람이 한 장소에 설치하여 하나의 단위체
육시설로 경영하는 업"으로 정하고 있어요. 따라서, 수영장이 없는 경우는 종합체육시설
업 신고가 불가능해요.

9 수영장업

가. 시설기준

구분	시설기준
필수시설 ① 운동시설	○ 물의 깊이는 0.9미터 이상 2.7미터 이하로 하고, 수영조의 벽면에 일정한 거리 및 수심 표시를 해야 한다. 다만, 어린이용·경기용 등의 수영조에 대하여는 이 기준에 따르지 않을 수 있다. ○ 수영조와 수영조 주변 통로 등의 바닥면은 미끄러지지 않는 자재를 사용해야 한다. ○ 도약대를 설치한 경우에는 도약대 돌출부의 하단 부분으로부터 3미터 이내의 수영조의 수심은 2.5미터 이상으로 해야 한다. ○ 도약대는 사용 시 미끄러지지 않도록 해야 한다. ○ 도약대로부터 천장까지의 간격이 스프링보드 도약대와 높이 7.5미터 이상의 플랫폼 도약대인 경우에는 5미터 이상, 높이 7.5미터 이하의 플랫폼 도약대인 경우에는 3.4미터 이상이어야 한다. ○ 물의 정화설비는 순환여과방식으로 해야 한다. ○ 물이 들어오는 관과 나가는 관의 배관설비는 물이 계속하여 순환되도록 해야 한다. ○ 수영조 주변 통로의 폭은 1.2미터 이상[난간 손잡이(hand rail)를 설치하는 경우에는 1.2미터 미만으로 할 수 있다]으로 하고, 수영조로부터 외부로 경사지도록 하거나 그 밖의 방법을 마련하여 오수 등이 수영조로 새어 들 수 없도록 해야 한다.
② 안전시설	○ 이용자의 안전을 위하여 수영조 전체를 조망할 수 있는 감시탑을 설치해야 한다. ○ 수영조 내 사다리는 벽과 사다리 사이에 팔, 다리 등 신체 일부가 끼이는 사고가 발생하지 않도록 설치되어야 한다.
임의시설 편의시설	○ 물 미끄럼대, 유아 및 어린이용 수영조를 설치할 수 있다.

나. 안전·위생기준

① 수영조·주변공간 및 부대시설 등의 규모를 고려하여 안전과 위생에 지장이 없다고 인정하는 범위에서 특별자치시장·특별자치도지사·시장·군수 또는 구청장이 정하는 입장자의 정원을 초과하여 입장시켜서는 아니 된다.

② 수영조에서 동시에 수영할 수 있는 인원은 도약대의 높이·수심·수영조의 면적 및 수상안전시설의 구비 정도 등을 고려하여 특별자치시장·특별자치도지사·시장·군수 또는 구청장이 정하는 인원을 초과하지 아니하도록 하고, 도약대의 전면 돌출부의 최단 부분에서 반지름 3미터 이내의 수면에서는 5명 이상이 동시에 수영하도록 하여서는 아니 된다.

③ 개장 중인 실외 수영장에는 「의료법」에 따른 간호사, 「간호조무사 및 의료유사업자에 관한 규칙」에 따른 간호조무사 또는 「응급의료에 관한 법률」에 따른 응급구조사 1명 이상을 배치해야 한다.

④ 수영조의 욕수(浴水)는 1일 3회 이상 여과기를 통과하도록 하여야 한다.

⑤ 다음의 어느 하나에 해당하는 자격을 가진 사람(이하 이 목에서 "수상안전요원"이라 한다)을 감시탑에 2명 이상 배치해야 한다. 다만, 모든 수영조가 교습행위만으로 이용되고 있고 교습자 중에 수상안전요원의 자격을 가진 사람이 있으면 감시탑에 수상안전요원을 1명만 배치할 수 있다.

(a) 법 제34조에 따라 설립된 수영장업협회에서 실시하는 수상안전에 관한 교육을 마친 후 취득하는 수상안전에 관한 자격

(b) 「수상에서의 수색·구조 등에 관한 법률」 제30조의2에 따른 수상구조사

(c)) 「대한적십자사 조직법」에 따른 대한적십자사에서 실시하는 수상안전에 관한 교육을 마친 후 취득하는 수상안전에 관한 자격

(d) 「수상레저안전법 시행령」 제37조 제1항 제1호가목에 따라 해양경찰청장이 지정하는 교육기관에서 실시하는 수상안전에 관한 교육을 마친 후 취득하는 수상안전에 관한 자격

⑥ 수상안전요원에게 다음의 임무를 수행하게 해야 하며, 수상안전요원으로서

임무를 수행하는 동안에는 다른 업무를 맡겨서는 안 된다.

(a) 수상안전요원은 안전사고를 예방하기 위하여 감시탑에 위치해야 한다. 다만, 임무 수행을 위해 필요한 경우에는 수영조 전체를 볼 수 있으면서 즉시 입수가 가능한 감시탑 주변의 장소에 있을 수 있다.

(b) 수상안전요원은 응급상황 발생 시 신속한 대처를 해야 한다.

(c) 수상안전요원은 욕수 깊이의 적절성, 침전물이나 사고의 발생 유무 등을 확인하기 위하여 1시간마다 수영조를 점검해야 한다. 이 경우 수상안전요원이 수영조를 점검하는 동안에는 수영조 안의 이용자를 밖으로 나오도록 해야 하며, 수영조의 점검이 끝난 후에 이용자를 입장하게 해야 한다.

⑦ 수영조의 욕수는 다음의 수질기준을 유지해야 하며, 욕수의 수질검사 방법은 「먹는물 수질기준 및 검사 등에 관한 규칙」에 따른 수질검사 방법에 따른다. 이 경우 해수를 이용하는 수영장의 욕수 수질기준은 「환경정책기본법 시행령」 제2조 및 별표 1 제3호 라목의 Ⅱ등급 기준을 적용한다.

(a) 유리잔류염소는 0.4mg/L부터 1.0mg/L까지의 범위 내이어야 한다.

(b) 수소이온농도는 5.8부터 8.6까지 되도록 해야 한다.

(c) 탁도는 1.5 NTU 이하이어야 한다.

(d) 과망간산칼륨의 소비량은 12mg/L 이하로 해야 한다.

(e) 총대장균군은 10밀리리터들이 시험대상 욕수 5개 중 양성이 2개 이하이어야 한다.

(f) 비소는 0.05mg/L 이하이고, 수은은 0.007mg/L 이하이며, 알루미늄은 0.5mg/L 이하이어야 한다.

(g) 결합잔류염소는 최대 0.5mg/L 이하이어야 한다.

⑧ 수영조 주위의 적당한 곳에 수영장의 정원, 욕수의 순환 횟수, 잔류염소량, 수소이온농도 및 수영자의 준수사항을 게시하여야 한다.

⑨ 수영조 안에 미끄럼틀을 설치하는 경우 관리요원을 배치하여 그 이용 상태를 항상 점검하게 하여야 한다.

⑩ 수영조 욕수에 대한 수질검사를 반기별로 1회 이상 실시하고, 그 결과를 수영

조 주위에 이용자가 쉽게 볼 수 있는 곳에 게시해야 하며, 수질검사 결과에 따라 적정한 시기에 욕수를 교체해야 한다.

그림 49 **수영장 전경**

다. 수영장 이용자 안전수칙

이용 전

이용자는 안전수칙을 반드시 확인하고 시설을 이용한다.

술을 마신 후에는 수영장 체육활동을 절대 하지 않는다.

이용자는 지도자 또는 안전요원의 안내를 따른다.

이용자는 수영장 운동 상해 예방을 위하여 입수 전 준비운동을 한다.

이용자는 연령 및 개인의 신체능력에 맞는 운동량을 준수한다.

비상상황을 대비하여 응급실, 소화기, 피난안내도 등의 위치를 확인한다.

이용자는 수영장 바닥이 미끄러울 수 있으므로 절대 뛰지 않는다.

이용자는 식사 후 충분히 소화를 시킨 후 체육활동을 한다.

고혈압 및 질병(눈병, 피부 질환 등), 과로 등 신체에 이상이 있으신 분들은 이용을 자제한다

이용 중

과격한 활동, 장난, 불필요한 행위 등 위험한 행동을 하지 않으며, 안전사고에 주의해야 한다.

이용자는 입수 전 물의 깊이를 확인한다.

이용자는 입수 시 심장에서 먼 부위부터 물을 적시며 천천히 들어간다.

이용자는 안전사고 예방을 위해 절대 다이빙을 하지 않는다.

이용자는 수영 중 신체에 이상이 느껴질 경우 즉시 체육활동을 중단한다.

이용자는 자신의 실력을 과대평가 하거나 무리한 체육활동을 하지 않는다.

안전사고 발생 시 즉각 지도자 또는 안전요원에게 사고사실을 알리고 조치를 받는다.

이용자는 수영 시에는 입수시간(50분)과 휴식시간(10분)을 갖는다.

이용자는 체온조절실 이용 후 수영장에 바로 입수를 하지 않는다.

이용 후

이용자는 수영장 체육활동 후 정리운동을 실시한다.

이용자는 탈의실 및 샤워실을 청결하게 사용해야 한다.

수영장 이용 제한자

심장허약자, 폐렴환자, 결핵, 눈병 환자, 법적 전염병 환자, 피부병 환자 등

질의응답 사례

질의 1) 체육시설법에는 수영장은 수영경기의 진행이나 수영 교습 등 체육활동에 이용되는 시설이라고 알고 있어요. 수영장 면적이 88.4제곱미터이고 길이가 9.8미터인데요. 주로 아쿠아필라테스, 아쿠아로빅 댄스, 임신부 수중운동, 어린이 수영을 교습하고 있어요. 체육시설업 신고를 안하고 자유업이 가능할까요?

답변) 영리를 목적으로 체육시설을 설치·경영하거나 체육시설을 이용한 교습행위를 제공하는 업(業)을 "체육시설업"이라 해요. 수영을 교습하며 영리를 목적으로 한다면 수영장의 규모나 이용자의 실태와는 무관하게 체육시설업(수영장)을 신고해야 해요. 다만, 어린이 전용 수영장의 경우 시설 기준 중 수심 등 일부 규정에 대한 적용이 제외되고는 있으나 시

설 기준을 준수해야 해요.

질의 2) 개발제한구영 내에서 수영장업 신고가 가능한지 불가능한지 알고 싶어요

답변) 수영장(관람석 1천 제곱미터 이하)의 체육시설업 신고는 건축물의 용도가 운동시설일 때 가능해요.

개발 제한 구역 내에서 운동시설을 건축하는 개발행위허가 등은 지자체의 도시계획 또는 건축 관련 부서에서 처리할 사안이므로 개발행위를 허가받아 운동시설을 건축하고 건축물 사용승인을 받는다면 체육시설업 신고 수리가 가능해요.

질의 3) 체육시설법은 제2장 공공체육시설과 제3장 체육시설업을 규정하고 있는데요. 제3장 체육시설업의 제23조에는 체육지도자의 배치에 관한 내용으로, 지자체가 설치한 국민체육센터의 수영장은 공공체육시설이므로 법제처–안건번호–17–0572의 유권해석에 따르면 체육시설업에 해당하지 않는다는 내용인데요. 국민체육센터의 수영장에 같은 법 제23조에 따른 체육지도자를 배치하여야 하는지 궁금해요.

답변) 국민체육센터의 수영장이 공공체육시설에 해당한다면 체육시설업 시설 기준 및 안전위생기준을 준수해야 할 법정 의무는 없어요. (그러나, 공공체육시설 중 체육시설업 신고를 완료한 시설이 다수 있음).

다만, 공공체육시설은 국가 또는 지자체가 설치하거나 운영하는 시설이므로 체육시설업 보다 더 안전한 시설 운영이 보장되어야 할 것으로 사료돼요. 따라서, 체육시설업의 법정 기준은 최소한의 안전 등을 위한 기준이므로 공공체육시설은 그 이상의 안전을 확보할 수 있도록 하는 것이 바람직해 보여요.

질의 4) 수영장 시설 기준에 따르면 수영조 주변 통로 폭은 1.2미터 이상 확보하여야 해요. 실제로 전국 유아용 수영장은 대부분 3면이 벽으로 둘러싸여 있고 1.2미터 이상의 폭을 충족하는 시설은 찾기가 어려워요. 체육시설업을 신고한 유아용 수영장은 1.2미터의 폭에 미달하는 시설인데 어떻게 신고 수리가 되었을까요?

답변) 수영조 주변 통로의 폭은 1.2미터 이상이어야 하고 1.2미터 미만인 경우는 핸드레일을 설치하여 비상상황 (응급조치 필요 시 구급조치)에 대비할 수 있어야 해요. 어떤 경우는 유아용 수영장을 학원법에 따른 학원업으로 등록하고 운영하는 경우가 있는데요. 체육시설업(수영장업, 체육교습업, 종합체육시설업 등)을 신고해야 해요.

질의 5) 수영장에서 수질검사를 했는데 유리잔류염소가 기준 미만으로 검출되어 시정명령을 하기 전에 처분사전통지(의견제출통지)를 하고 기간을 20일 설정했어요. 의견 제출기간에 수질검사를 다시하여 양질의 수질 검사 성적서를 제출하면 되는지요.

답변) 수영장의 유리잔류염소 농도는 0.4mg/l 부터 1.0mg/l의 범위 내 이어야 해요. 이러한 유리잔류염소 농도는 수영조 주위에 이용자가 쉽게 볼수 있도록 게시를 법정화하고 있어요. 시정명령 전에 처분 사전 통지는 즉시 시정 조치 후 그 사실을 증명하는 자료를 지자체에 알려 주는 게 좋아요.

　　만약 시정명령을 받고 시정명령을 이행하지 않을 경우, 체육시설법 시행규칙 제27조 제2항에 따라 1차 위반 시 영업정지 10일의 행정처분을 받게 돼요.

질의 6) 캠핑장이나 패션에서 개별적으로 이용요금을 받으며 운영하는 야외 풀장이 체육시설업(수영장)의 신고 대상일까요?

답변) 야영장업 및 관광팬션업이 관광진흥법에 의한 관광사업의 일환으로 사업이 진행되었다면 해당 지자체에서 사업계획을 승인받고 시공 후 사용승인을 받았을 거예요. 야외 풀장이 수영장의 기능을 포함하고 있다면 관광진흥법 제16조 제1항 제7호에 따라 체육시설업 신고를 의제 처리했을 거예요. 만약 의제처리가 되지 않았다면 물놀이 시설로 보았을 것이나 혹시 수영장의 기능을 유지하고 있는지 면밀히 살펴 국민의 건강을 위한 수영장업 신고를 고려해 보세요.

질의 7) 수영조 주변 통로의 폭은 1.2미터 이상으로 하라고 정하고 있는데요. 4면을 모두 확보하여야하는지 한면은 건물벽과 일치하고 나머지 3면만 확보하면 되는지요.

답면) '주변'이라 하면 어떤 대상의 가를 한 바퀴 돈 길이를 말해요. 따라서 수영조 주변 통로의 폭이라 하면, 수영조의 가를 한 바퀴 도는 길이므로 4면에 대하여 각각의 폭을 확보해야 해요.

10 체육도장업

가. 시설기준

구분	시설기준
필수시설 운동시설	○ 운동전용면적 3.3제곱미터당 수용인원은 1명 이하가 되도록 하여야 한다. ○ 바닥면은 운동 중 발생하는 충격의 흡수가 가능하게 하여야 한다. ○ 해당 종목의 운동에 필요한 기구와 설비를 갖추어야 한다.

나. 체육도장업의 운동 종목

체육도장업의 운동종목을 권투, 레슬링, 태권도, 유도, 검도, 우슈, 합기도로 규정하고 있으며, 체육시설법 시행규칙 제6조에서 대한체육회 가맹 경기단체로 정하고 있다.

한편, 동일 장소에서 각기 다른 시간에 합기도장과 태권도장 등을 운영하는 것은 원칙적으로 가능하다. 체육시설법 시행규칙 제8조와 관련한 [별표 4]에서 하나의 체육시설을 계절 또는 시간에 따라 체육 종목을 달리하여 운영하는 경우에는 각각 체육시설업의 시설기준에 맞아야 한다고 규정하고 있기 때문이다.

다만, 해당 종목의 운동의 체육지도자 배치와 필요한 기구와 설비 등의 시설기준을 갖추고, 각각의 체육시설업으로 신고를 하여야 한다. 뿐만 아니라 시간에 따라 해당 체육 종목의 이용자 불편이 없도록 시설이 갖추어져야 한다.

다. 체육도장 이용자 안전 수칙

운동 전

이용자는 안전수칙을 반드시 확인하고 시설을 이용한다.

술을 마신 후에는 체육도장 체육활동을 절대 하지 않는다.

이용자는 지도자 또는 관리 요원의 안내를 따른다.

이용자는 체육도장 운동 상해 예방을 위하여 준비운동을 한다.

그림 50 **체육도장 전경**

이용자는 반드시 보호장구를 착용해야 한다.

이용자는 사전에 장비 상태를 안전점검한다.

비상상황을 대비하여 소화기, 피난안내도 등의 위치를 확인한다.

운동 중

과격한 활동, 장난, 불필요한 행위 등 위험한 행동을 하지 않으며, 안전사고에 주의해야 한다.

이용자는 체육활동 중에 운동기구로 장난을 하지 않는다.

체육활동 중 신체에 이상이 느껴질 경우 즉시 지도자에게 알리고 활동을 중단한다.

이용자는 자신의 실력을 과대평가 하거나 무리한 체육활동을 하지 않는다.

이용자는 안전사고 발생 시 즉각 지도자 또는 관리요원에게 사고사실을 알리고 조치를 받는다.

이용자는 휴식 중에는 빠른 피로회복을 위해 충분한 수분 섭취를 한다.

운동 후

이용자는 체육도장 체육활동 후 정리운동을 실시한다.

이용자는 체육활동 후 자신의 장비를 점검 및 관리한다.

질의응답 사례

질의 1) 체육시설업을 바닥면적이 500㎡ 미만인 경우에 건축물의 용도가 근린생활시설에서 신고가 가능한데 만약 건축물의 용도가 운동시설이어도 신고가 되는지요.

답변) 제1종 근린생황시설에서는 바닥면적의 합계가 500㎡ 미만인 탁구장, 체육도장이 가능하고, 제2종 근린생활시설에서는 바닥면적의 합계가 500㎡ 미만인 골프연습장업, 당구장, 볼링장, 체력단련장 등이 가능해요. 전술한 체육시설업의 바닥면적의 합계가 500㎡ 이상이라면 건축물의 용도가 운동시설에서 신고하여야 해요.

질의 2) 킥복싱과 복싱 다이어트(에어로킥 등)가 체육도장업 신고 대상인가요?

답변) 체육도장업에 해당하는 스포츠 종목은 「국민체육진흥법」 제33조에 따른 대한체육회 가맹 경기단체에서 행하는 운동으로서 권투, 레슬링, 태권도, 유도, 검도, 우슈, 합기도를 말해요. 대한체육회 가맹단체에 속하지 않은 종목은 체육도장업 신고 대상이 아니예요.

질의 3) 체육도장업(권투)으로 신고한 시설에서 체력단련 개인지도도 하고 있는데요. 체력단련장업에 해당하는 개인지도를 하겠다면 체력단련장업을 추가 신고하는 것이 가능한지요.

답변) 동일한 장소에서 계절별 시간대별로 운영시간을 달리하고 해당 지도자를 배치한다면 2개 이상의 체육시설업을 영위할 수 있을 거예요. 다만, 체육도장업(권투)의 교습 시설과 체력단련장업의 교습 시설이 각각의 운영 시간대에만 해당 운동전용면적에 배치되어야 해요.
　　상기의 질문에서 체력단련이 체육도장을 위한 개인적 훈련과정인지를 판단해 보세요.

질의 4) 샌드백과 글러브 등 권투에 필요한 장비는 있는데 권투 링도 있어야 하는지요. 체육도장 시설 기준에 "해당 종목의 운동에 필요한 운동기구와 설비를 갖추어야 한다"라고 나와 있고 권투에 관한 상세 명시는 되어 있지 않아요. 권투 링이 필수로 설치되어야 하는지요.

답변) 체육도장의 시설기준은 "해당 종목의 운동에 필요한 기구와 설비를 갖추어야 한다"라고 정하고 있어요. 따라서, 체육도장(권투)에 체육지도자를 배치하고 교습을 시행한다면 링에서의 경기룰 등을 교습받아야 할 것이므로 권투에 필요한 설비로 보아야 하겠지요.

질의 5) 체육시설법 시행규칙 제6조의 체육도장에서 "대한체육회 가맹단체에서 행하는 운동종목으로 권투, 태권도, 유도, 검도, 우슈, 합기도를 말한다"라고 되어 있는 데요. 국제태권도연맹의 ITF태권도는 대한태권도협회와 다른 단체 같은데 그럴 경우 체육시설업으로 등록하지 않아도 되는지 알고 싶어요.

답변) 체육도장의 운동 종목은 대한체육회 가맹단체에 소속 여부를 전하는 것이 아니라 해당 운동 종목을 정하는 기준이예요. 따라서 소속 단체와는 무관하게 해당하는 운동 종목이라면 체육시설업을 신고해야 해요.

11 골프연습장업

가. 시설기준

구분	시설기준
필수시설 ① 운동시설	○ 실내 또는 실외 연습에 필요한 타석을 갖추거나, 실외 연습에 필요한 2홀 이하의 골프 코스(각 홀의 부지면적은 1만 3천제곱미터 이하이어야 한다) 또는 18홀 이하의 피칭연습용 코스(각 피칭연습용 코스의 폭과 길이는 100미터 이하이어야 한다)를 갖추어야 한다. 다만, 타구의 원리를 응용한 연습 또는 교습이 아닌 별도의 오락·게임 등을 할 수 있는 타석을 설치하여서는 안 된다. ○ 타석 간의 간격은 2.5미터 이상, 타석과 타석 뒤 보행통로와의 거리는 1.5미터 이상이어야 하며, 타석의 주변에는 이용자가 연습을 위하여 휘두르는 골프채에 벽면, 천장 및 그 밖에 다른 설비 등이 부딪히지 않도록 충분한 공간이 있어야 한다.
② 안전시설	○ 연습 중 타구에 의하여 안전사고가 발생하지 않도록 그물·보호망 등을 설치하여야 한다. 다만, 실외 골프연습장으로서 위치 및 지형상 안전사고의 위험이 없는 경우에는 그러하지 아니하다.
임의시설 운동시설	○ 연습이나 교습에 필요한 기기를 설치할 수 있다. ○ 2홀 이하의 퍼팅연습용 그린을 설치할 수 있다. 다만, 퍼팅의 원리를 응용하여 골프연습이 아닌 별도의 오락·게임 등을 할 수 있는 그린을 설치하여서는 아니 된다.

그림 51 **골프연습장**

나. 안전·위생기준

골프연습장의 안전·위생기준은 별도로 정하고 있지 않다.

• 추가 기준 건의 : 실외골프연습장은 골프공을 회수 할 때는 모든 타석에서 연습을 중단하고 시행한다.

다. 골프연습장 이용자 안전수칙

이용 전

이용자는 안전수칙을 반드시 확인하고 시설을 이용한다.

술을 마신 후에는 골프연습장 체육활동을 절대 하지 않는다.

이용자는 지도자 또는 관리요원의 안내를 따른다.

이용자는 골프연습장 운동 상해 예방을 위하여 준비운동을 한다.

14세 미만의 미성년자는 보호자를 반드시 동반해야 한다.

이용자는 적절한 복장과 골프화를 착용해야 한다.

이용자는 사전에 장비 상태를 안전 점검한다.

비상상황을 대비하여 소화기, 피난안내도 등의 위치를 확인한다.

이용 중

과격한 활동, 장난, 불필요한 행위 등 위험한 행동을 하지 않으며, 안전사고에 주의해야 한다.

이용자는 자신의 실력을 과대평가 하거나 무리한 체육활동을 하지 않는다.

이용자는 골프연습장에서 타인에게 방해되는 행동(고성방가,욕설 등)을 하지 않는다.

이용자는 타석 출입 시 좌우를 확인하고 안전한 통로로 이동한다.

이용자는 스윙시 주위를 살피고 주변 사람과의 안전거리를 유지한다.

안전사고 발생시 즉각 지도자 또는 관리요원에게 사고사실을 알리고 조치를 받는다.

골프연습장 내 금연이며, 흡연은 지정된 장소에서 해야 한다.

이용자는 체육활동 중에 골프채로 장난을 하지 않는다.

이용자는 지정된 타석 이외의 장소에서 연습을 하지 않는다.

이용 후

이용자는 골프연습장 체육활동 후 정리운동을 실시한다.

이용자는 운동기구 사용 후 제자리에 정리한다.

질의응답 사례

질의 1) 골프연습장이 피칭연습용 코스와 드라이빙 레인지로 구성된 시설이예요. 주차장법에 따르면 500㎡ 이상인 경우, 1타석 당 주차장 1대인데 피칭연습용 코스는 타석과 무관하다고 볼 수 있는지요.

드라이빙 레인지만 있는 경우라면 건물이 작은 경우 그물망 범위까지 합쳐서 500㎡ 이상으로 보는게 맞는지요.

답변) 신고체육설업(골프연습장)의 주차장 설치 여부는 체육시설법에서 특별히 규정하고 있지 않으나, 건축허가 등에 필요한 주차장 설치기준을 따라야 하므로 1타석당 1대의 주차면적을 적용하여야 해요. 이때 100m 이하의 피칭연습용 코스도 실외 연습장에 해당하므로 1홀당 1타석으로 보아야 해요.

골프연습장의 부지 면적은 체육시설업 신고서에 기재되는 영업소의 규모나 토지대장의 공부에서 확인할 수 있어요. 골프연습장의 부지 면적은 타석 면적과 보호망을 설치한 면적 그리고 부대면적을 포함해요.

질의 2) 골프연습장의 부지면적을 495㎡로 신고하고 실제로는 595㎡으로 영업한다고 해요. 건축법에서 500㎡ 이상은 건축물의 용도가 운동시설이어야 하는데 현재는 근린생활시설이에요. 일단, 시정명령을 내리고 그 후 영업정지 처분을 해야 할지 아니면 무단으로 부지면적 확대에 따른 영업정지하는 것이 가능한지 알고 싶어요.

답변) 법 제30조에 해당하는 시정명령 대상은 법 제11조 제1항 시설기준 위반, 제17조 회원 모집 위반, 제18조 회원 보호 위반, 제22조 체육시설업자 준수 사항 위반, 제24조 제1항의 안전위생기준 위반, 제26조 보험가입 위반 등이에요. 법 제11조 제1항 시설기준 위반으로 본다면 시정명령을 하고 이을 이행하지 않은 경우에 영업정지의 행정처분을 할 수 있어요.

그러나, 체육시설업을 거짓으로 신고하였다고 판단되면 법 제20조 체육시설업 신고 위반에 해당하여 경미한 사항의 거짓은 경고 후 영업정지, 중대한 거짓은 영업 폐쇄 명령까지 가능해요.

질의 3) 체육시설업을 신고하지 않고 골프연습장업을 운영하고 있는데요. 어떤 행정처분이 가능한지 알고 싶어요.

답변) 체육시설업을 신고하지 않고 업을 영위하는 경우에는 체육시설법 제38조 제2항 제1호에 따라 '1년 이하의 징역 또는 1천만 원 이하의 벌금'에 처할 수 있어요. 또한, 같은 법 제24조 제1항에 따른 안전위생기준을 위반한 경우도 동일한 벌금에 처할 수 있어요.

질의 4) 골프연습장업을 신고하고 냉장고 등에 주류를 넣어 놓고 시중의 주류점과 같이 유상으로 판매를 하고 있어요. 무도장업 및 무도학원업은 주류 제공이나 판매를 금지하는 명확한 규정이 있는데요. 다른 체육시설업에 대하여는 '음주 등으로 정상적인 이용이 곤란하다고 판단될 때에는 음주자 등의 이용을 제한하여야 한다'라고 판매를 못하게 하는 내용은 어디에도 없어요. 어떠한 행정처분이 가능한지요.

답변) 체육시설업에서는 주류 판매를 할 수 없어요. 주류 판매 및 음주 행위는 식품위생법에 의한 일반 음식점(식품 접객업)에서 가능해요. 체육시설업을 신고할 당해 운동전용면적 내에서 일반음식점을 병점 할 수 없으므로 인접한 별도의 일반음식점을 허가받아 주류 판매 및 음주 행위를 할 수 있어요.

　한편, 체육시설법에서 무도장업이나 무도학원업에서 주류 또는 음식물을 판매하거나 제공하지 못하도록 하고 공연이나 무대 연주를 위한 시설을 설치하지 못하도록 규정한 것은 무도장 및 무도학원이 건축물의 용도가 위락시설에서 신고가 가능하므로 위락시설 내의 유흥주점 등과 유사한 영업을 하여서는 아니 된다는 규정으로 이해라 할 수 있어요.

　참조로, 신고체육시설업은 건축물의 용도가 제1·2종 근린생활체육시설 또는 운동시설, 문화 및 집회시설에서 운동전용면적 등에 따라 설치가 가능해요. 일반음식점은 제2종 근린생활시설에서 허가가 가능해요.

12 체력단련장업

가. 시설기준

구분	시설기준
필수시설 운동시설	○ 바닥면은 운동 중 발생하는 충격을 흡수할 수 있어야 한다. ○ 체중기 등 필요한 기구를 갖추어야 한다.

나. 안전·위생 기준

이용자의 운동에 방해가 되지 않도록 운동기구 간에 공간을 충분히 확보해야 한다.

다. 체력단련장 이용자 안전수칙

운동 전

이용자는 안전수칙을 반드시 확인하고 시설을 이용한다.

술을 마신 후에는 체력단련장 체육활동을 절대 하지 않는다.

이용자는 지도자 또는 관리요원의 안내를 따른다.

이용자는 체력단련장 운동 상해 예방을 위하여 준비운동을 한다.

그림 52 **체력단련장**

이용자는 반드시 운동복과 실내용 운동화를 착용해야 한다.

안전수칙을 지키지 않거나 안내에 따르지 않으면 지도자 또는 관리요원이 사용을 중단시킬 수 있다.

이용자는 올바른 운동기구 사용법을 숙지한다.

비상상황을 대비하여 소화기, 피난 안내도 등의 위치를 확인한다.

타인에게 땀으로 불쾌감을 주지 않도록 수건을 지참한다.

운동 중

과격한 활동, 장난, 불필요한 행위 등 위험한 행동을 하지 않으며, 안전사고에 주의해야 한다.

이용자는 체육활동 중에 운동기구로 장난을 하지 않는다.

이용자는 운동기구 사용 시 무리하지 않은 중량을 이용한다.

안전사고 발생 시 즉각 지도자 또는 관리요원에게 사고 사실을 알리고 조치를 받는다.

이용자는 휴식 중에는 빠른 피로회복을 위해 충분한 수분섭취를 한다.

이용자는 충분한 휴식을 취하고 무리한 운동은 하지 않는다.

운동 후

이용자는 체력단련장 체육활동 후 정리운동을 실시한다.

이용자는 운동기구 사용 후 제자리에 정리한다.

질의응답 사례

질의 1) 체력단련장에 필요한 런닝머신, 아령, 각종 웨이트 트레이닝 등 기구를 갖추고 주택에서 다른 사람을 대상으로 금전적 대가를 받고 운동을 교습한다면 체력단련장업의 영업행위로 볼 수 있는지요.
한편, 건축법의 주택 용도 공간에서 체력단련장업 지자체에 신고하지 않고 영위한다면 체육시설법 제20조 제1항 위반으로 볼 수 있는지요.

답변) 체육시설업은 '영리를 목적으로 체육시설을 설치·경영하거나 체육시설을 이용한 교습행위를 제공하는 업'을 말해요. 따라서, 영리를 목적으로 체력단련장을 운영한다면 체육시설업 (체력단련장업)으로 보아야 해요. 다만, 체육시설법에 의한 체력단련장업의 시설기준과 안전위생기준에 적법하여야할 것이며, 500㎡ 미만은 건축물의 용도가 제2종 근린생활시설 이어야 해요(주택일 경우 용도 변경 필요).
참조로, 1989년 법 제정 당시의 시설기준은 '기초체력 단련기 5종 이상, 연습 용구 10정 이상을 갖추어야 한다'라고 규정하였으며, 1994년에 규제 완화의 일환으로 개정되면서 상기의 기준이 삭제되었어요(기초체력 : 근력, 지구력, 순발력, 평형성 및 협응성, 유연성 등).

질의 2) 체력단련장의 시설기준에 의하면 바닥면은 운동 중 발생하는 충격을 흡수해야 한다고 되어 있는데요. 바닥재의 충격 흡수 여부를 판단하는 것이 애매해요. 나무 재질도 흡수가 가능한지를 바닥 재질만 가지고 판단을 어떻게 할 수 있는지요.

답변) 행정행위는 법의 기속을 받는 기속행위와 비교적 광범위한 행정청의 재량이 인정되는 재량행위가 있어요.
질의 내용은 체력단련장 바닥재로서 나무가 충격흡수 기능이 있는지를 질의한 것 같아요. 바닥재의 충격 흡수는 이용자의 안전을 확보하기 위한 기준으로 체력단련장의 전용운동 구간, 나무의 재질, 바닥 시공법(나무 하부 받침목 등) 등에 따라 그 정도가 다를 거예요. 나무를 받침목과 함께 시공하였다면 충격 흡수가 충분할 것이나 콘크리트바닥에 바로 시공한 경우라면 유사한 사례조사를 통하여 신고수리 여부를 판단하여야 할 거예요(데코타일, 장판 타일 등도 유사함).

질의 3) 체력단련장의 운동기구가 고장이나 여러차례 해당 업체에 수리를 요청하였으나 수리가 지연되어 운동 중 안전 문제가 잠재되어 있어요. 체육시설법에서 행정처분은 어떻게 해야하는지요.

답변) 체육시설법 시행규칙 제23조 안전위생기준에서 '1. 공통기준. 나. 이용자의 체육활동에 제공되거나 이용자의 안전을 위한 각종 시설·설비·장비·기구 등은 안전하게 정상적으로 이용될 수 있는 상태를 유지하도록 해야 하며'라고 규정하고 있어요. 안전위생기준을 위반하여 시정명령을 받고 이를 이행하지 아니한 경우는 위반 횟수에 따라 최대 등록취소 또는 영업 폐쇄의 행정처분이 가능해요.

질의 4) 체력단련장업을 신고하기 전에 회원을 모집한 업체에 대하여 미신고 영업으로 고발 대상이 되는지요. 운동가구 등이 설치되어 있지 않고 요가, 필라테스 등 자유업종으로 회원 모집하고 본점의 카드 단말기로 결제한 상태예요. 체육시설법 제17조에 따른 회원 모집계획서 제출이 체력단련장에도 해당이 되는지요.

답변) 체육시설법 제17조 제1항에 따라 체육시설업자는 회원을 모집하려면 회원모집을 시작하는 날 15일 전까지 시장, 군수, 구청장에게 회원 모집계획서를 작성·제출하여야 해요. 회원모집계획서를 제출하지 아니하고 회원을 모집한 경우에는 같은 시행규칙 제27조 제2항에 의거하여 시정명령을 하고 이를 이행하지 않으면 최대 영업정지 1개월의 행정처분을 할 수 있어요.

또한, 같은 법 제38조 제2항 제1호에 따르면 체육시설업을 신고하지아니 하고 체육시설업을 영위한 자는 1년 이하의 징역 또는 300만 원 이하의 벌금에 처할 수 있어요.

질의 5) 기존 운영 중인 체력단련장업이 장소를 이전하여 다른 곳에서 운영 중인데 변경 신고를 하지않고 있어요. 이럴 경우 기존의 장소에 신규 체력단련장을 신고하려면 기존의 체력단련장을 변경 신고 후 신규 신고하여야 하는지요.

답변) 체육시설업의 내용 변경에도 불구하고 '변경 신고를 하지 아니하고 신고 사항을 변경하여 영업을 한 경우'는 체육시설법 시행규칙 제27조 제2항에 따라 영업정지 최대 20일의 행정처분이 가능해요.

한편, 동일 주소지 내에 2개의 사업자등록이 가능하려면 관할 세무서의 확인 과정을 거쳐야 하므로 이전 신고자가 사업장 소재지를 변경하여야 해요. 따라서 원칙적으로 변경 신고 완료 후 신규 신고를 수리해야 해요.

질의 6) 체력단련장이 회원을 재등록하는 기간인데요. 컴플레인이 많은 회원에 대하여 재등록을 거부하고 있는데요. 회원 약관 등에 재등록 거부에 대한 내용이 없는데 계속 거부하면 시정명령이나 행정처분이 가능한지요.

답변) 등록 및 신고체육시설업의 회원 모집은 체육시설법 제17조에 규정하고 있으며, 회원 모집을 위해서는 회원 모집 계획서를 해당 지자체에 작성·제출하여야 해요. 회원의 자격과 관련해서는 같은 법 시행령 제17조 제2호 다목에서 '회원의 자격을 제한하려는 경우는 구체적인 자격 제한 기준을 미리 약관에 명시할 것'이라고 정하고 있어요. 따라서, 회원 모집계획서에 구체적인 자격 제한이 명시되어 있지 아니함에도 불구하고 회원등록을 거부한다면 회원모집 계획서대로 회원을 모집하지 아니한 경우에 해당하는지 검토가 필요해요. 만약 이에 해당한다면 같은 법 제30조 제3호에 따라 시정을 명령하고 그 시정명령의 위반 횟수에 따라 같은 법 시행규칙 제27조 제2항에 정한대로 영업정지 최대 1개월의 행정처분이 가능해요.

질의 7) 체력단련장에서 닭가슴살 셀러드를 제조·판매하고 싶은데 제약사항은 없는지요. 또한, 락당구장처럼 주류 판매가 가능한지요.

답변) 체육시설법에 의한 등록 및 신고체육시설업은 운동전용공간에서 주류 판매가 불가능해요. 식품위생법에 따라 별도의 공간에서 '일반음식점' 허가를 받아야 해요. 또한, 닭가슴살을 제조·판매하려면 식품위생법에 따른 '즉석판매제조가공업' 허가를 받아야 해요.

질의 8) 일반상업지역의 채력단련장에서 환경과 소음 측정한 결과 기준치 초과로 행정처분이 내려졌는데요 체육시설법으로 주거환경이 아닌 사업지역 내 소음으로 인한 처분이 가능한지요.

답변) 체육시설법 제22조 제1항 제1호에 따라 체육시설업자는 소음진동관리법 제21조 제2항 및 같은 법 시행규칙 제20조 제3항의 생활소음진동의 규제기준을 준수해야 해요. 이에 해당하는 체육시설업자는 체련단련장업, 무도장업, 무도학원업이 해당해요(체육시설법 시행규칙 제2조 제2호 나목). 소음원의 규제 기준은 소음진동관리법 시행규칙 별표8의 생활소음기준 중에서 대상기준 '나. 그 밖의 지역을 적용하면 될 것 같아요.
체육시설업자가 소음 진동에 대한 준수사항을 위반할 시에는 체육시설법 시행규칙 제27조 제2항 행정처분 기준에 따라 영업정지 최대 1개월이 가능해요.

질의 9) 체력단련장이 여러 층(1, 2, 3층)에 설치되어 있을 경우, 1층·2층은 건축물의 용도상 문제가 없으나 3층은 위법 건축물인 경우에 분할해서 신고해야하는지요. 1층·2층은 먼저 받고 3층은 위법 사항 조치 후 면적 확장으로 변경 신고해도 되는지요.

만약 신고없이 체력단련장 영업을 계속하고 있다면 제제 조치는 어떤 것이 있는지요.

답변) 건축법 제79조에서 위반 건축물에 대하여 허가·면허·인가·등록 등의 제한을 할 수 있다고 하였으나, 신고업종(체력단련장 등)은 제외되었다는 유권해석이 있어요. 이에 신고업종은 위반 건축물이라 하여도 신고수리를 거부할 수 없어요. 그러나, 이러한 법제처의 유권해석은 기속력이 없어 많은 행정청에서 신고업종에 대해서도 위반 건축물에 대한 신고보완을 요청하는 경우도 있어요.

건축법 제79조는 위반 건축물의 소유자에게 허가 등을 제한하여 위반 사항을 조속히 시정하도록 하는 것이 그 취지임을 고려할 때, 당해 공간에 대한 신고를 제한하는 것이 법리를 크게 벗어나지는 않는 것으로 보여요. 다만, 신고하고자 하는 공간이 분리되어 있다면 위법하지 않는 공간에 대한 체육시설업 신고는 해당 지자체의 재량으로 신고 수리할 수 있을 거예요.

한편, 체육시설업을 신고하지 아니하고 영업하는 자는 체육시설법 제38조에 제2호에 의거 1년 이하의 징역 또는 1천만 원 이하의 벌금에 처할 수 있어요.

질의 10) 체력단련장업의 체육지도자로 건강운동관리사를 배치해도 되나요?

답변) 건강운동관리사란 의사가 검진을 통하여 건강 증진 및 합병증 예방을 위하여 치료와 병행하여 운동이 필요하다고 인정하는 사람에 대하여 의사의 의뢰를 받아 운동 수행 방법을 지도 관리하는 자격이예요. 개인의 체력적 특성에 적합한 운동 형태, 강도, 빈도 및 시간 등 운동 수행 방법에 대하여 지도 관리해요. 다만, 의료기사 등에 관한 법률 시행령 제2조 제1항 제3호의 신체교정운동 및 재활훈련은 제외되고 있어요. 결론적으로 건강운동관리사는 체력단련장의 체육지도자로서 부적합해요.

13 당구장업

가. 시설기준

구분	시설기준
필수시설 운동시설	○ 당구대 1대당 16제곱미터 이상의 면적을 확보하여야 한다.

나. 안전·위생 기준

당구장의 안전·위생 기준은 별도로 정하고 있지 않다.

- 안전기준 건의 : 이용자는 공을 칠 때 주위를 살피고 주변 사람과의 안전거리를 유지한다.

다. 당구장 이용자 안전수칙

이용 전

이용자는 안전수칙을 반드시 확인하고 시설을 이용한다.

술을 마신 후에는 당구장 체육활동을 절대 하지 않는다.

그림 53 **당구장 전경**

이용자는 운영자 또는 관리요원의 안내를 따른다.

이용자는 당구장 운동 상해 예방을 위하여 준비운동을 한다.

이용자는 사전에 장비 상태를 안전 점검한다.

비상상황을 대비하여 소화기, 피난안내도 등의 위치를 확인한다.

이용 중

과격한 활동, 장난, 불필요한 행위 등 위험한 행동을 하지 않으며, 안전사고에 주의해야 한다.

이용자는 당구공과 큐대로 스트레칭이나 장난을 하지 않는다.

이용자는 체육활동 중에 당구대의 모서리를 조심한다.

이용자는 당구장에서 타인에게 방해되는 행동(고성방가, 욕설 등)을 하지 않는다.

이용자는 공을 칠 때 주위를 살피고 주변 사람과의 안전거리를 유지한다.

당구장 내 금연이며, 흡연은 지정된 장소에서 해야 한다.

이용 후

이용자는 당구장 이용 후 정리운동을 실시한다.

이용자는 당구장 이용 후 큐대와 초크를 제자리로 정리한다.

질의응답 사례

질의 1) 건물주가 1층은 식자재마트인 '판매 및 영업시설'로 운영하고 2층은 당구장으로 임대한 상태인데요. 2층의 건축물 용도가 체육시설업(당구장업)에 부적합하여 용도 변경 중에 있어요. 건물주는 건축물용도에 맞지 않으면 건물주가 과태료를 납부할테니 당구장업 신고를 수리해 달라고 하는데요. 어떻게 해야 하는지요.

답변) 체육시설업 신고는 담당 공무원이 건축물 관리대장 및 토지대장 등의 공부를 확인해야 해요. 따라서, 건축물의 용도가 체육시설업 신고에 적법하지 않다면 신고 수리는 불가능해요.

질의 2) 당구장업을 폐업 신고하여 행정절차가 완료되었으나 며칠이 지나서 보증금을 돌려받지 못하여 보증금 반환 소송을 진행해야 하므로 폐업 신고를 취소해 달라하는데요. 어떤 방법이 있는지요.

답변) 체육시설업(당구장업)을 폐업 신고하였다면, 관할 세무서에도 사업자등록 폐업 처리 되었을 것 같아요. 따라서, 사업자등록증 없는 체육시설업신고는 무의미 할 거예요. 만약 사업자등록증이 있다 하여도 새울행정시스템에서 처리된 체육시설업 폐업 절차를 다시 복원하는 기능은 없을 것이며, 당해 지자체에서 폐업을 취소할 수 있는 별도의 규정을 정하고 있지 않다면 폐업의 취소는 불가능할 거예요.

질의 3) PC방을 운영하는 업주가 PC 몇 대를 치우고 그 자리에 당구대를 설치하여 복합게임장(?) 같은 것으로 운영하려 해요. 당구대 1대라도 체육시설업 신고를 하여야 하는지요.

답변) "게임산업진흥에 관한 법률"에 의한 '복합유통게임제공업'을 하는 장소 내에서 체육시설법에 의한 당구장업을 영위하는 경우 같아요. 체육시설법에서는 당구장업에 대하여 체육활동의 지속성과 당구대 1대당 16㎡의 시설면적이 필요할 뿐 당구대의 최소 댓수나 최소 시설면적을 별도로 정하고 있지 않아요. 따라서 당구대를 영리를 목적으로 운영하고 있다면 별도의 운동전용면적을 구분하여 체육시설업을 신고해야 해요.

질의 4) 당구장업을 운영하는 대표자가 업장 내에서 도박으로 경찰에 적발되었어요. 체육시설법 제22조 제1항 제2호에 '체육시설 업소 안에서 하는 도박이나 그 밖의 사행행위(射倖行爲)를 조장하거나 묵인하지 아니할 것'으로 규정되어 있으나, 실제 처벌이나 과태료 부과 조항은 없는지요.

답변) 체육시설업자가 체육시설법 제22조 제1항 제2호를 위반하였을 경우에는 체육시설법 시행규칙 제27조 제2항에 의거하여 위반 횟수에 따라 영업정지 최대 1개월까지 처분이 가능해요.

질의 5) 중학교의 상대정화구역에서 당구장업을 하고 있는데요. 학교의 심의없이 체육시설업을 신고하고 운영 중이예요. 이후 어떤 절차를 거쳐야 문제가 해결될 수 있는지요.

답변) 학교보건법 시행령 제3조에 보면 절대정화구역은 학교 출입문으로부터 직선거리 50m까지이고, 상대정화구역은 학교 경계선으로부터 200m까지 지역 중 절대정화구역을 제외한 지역으로 유해시설을 원칙적으로 금지하고 있어요. 단, 교육청 학교 환경위생정화위원회 심의를 거쳐서 학습과 보건위생에 지장이 없다고 인정되는 경우에만 제한적으로 설치가 가능해요.

    당구장업은 유치원, 초등학교, 대학교 주변에는 설치가 가능하나 중학교 주변에는 금지된 업종으로 해당 교육청의 심의를 거쳐야 해요. 신청서류는 신청서, 토지 이용확인서, 건축물 관리대장, 신청지 부근 약도를 첨부하여 신청서를 접수하면 심의 결과를 신청인이 통보 받을거예요.

질의 6) 체육시설업(당구장업) 시설기준의 공통기준에서 필수시설인 안전시설에는 '적절한 환기시설을 갖추어야 한다'라고 정하고 있어요. 창문을 환기를 위한 시설로 보아도 되는지요.

답변) 체육시설법에서는 환기시설에 대한 별도의 상세 규정을 두지 않고 적절한 환기시설을 갖추도록 명기되어 있어요.

    건축법 시행령 제17조에 의하면 학교 교실 등은 안전위생을 위하여 창문의 면적을 해당 거실 바닥면적의 20분의 1 이상으로 설치하여 환기하도록 하고 있어요. 따라서, 체육시설업에서도 건축법의 규정을 준용하면 좋을 것 같아요.

질의 7) 체육시설업(당구장업)이 등록된 장소에서 절반은 플레이스테이션 게임장과 함께 복합유통게임제공업으로 등록이 가능한지요. "게임산업진흥에 관한 법률"에서는 제한이 없는데 체육시설법에 구획 부분이나 2개의 업종이 가능하다는 규정이 없는데 당구장업 신고 수리가 가능한지요.

답변) "게임산업진흥에 관한 법률" 제2조 제8호에 의하면 '복합유통게임제공업'은 게임제공업 또는 인터넷컴퓨터게임시설제공업과 이 법에 의한 다른 영업 또는 다른 법률에 의한 영업을 동일한 장소에서 함께 영위하는 거예요. 따라서, 플레이스테이션게임은 게임제공업으로서 체육시설법에 의한 신고체육시설업인 당구장과 함께 게임법 시행규칙 별표4의 시설기준을 갖추어 복합유통게임제공업을 등록할 수 있어요. 다만, 복합유통게임제공업 등록을 위하여는 '게임제공업'이나 '인터넷컴퓨터게임시설제공업' 외의 업종에 대한 증빙서류를 제출해야 해요. 참조로, 복합유통게임제공업은 바닥면적이 500㎡ 미만은 건축법의 건축물 용도가 제2종 근린생활시설에서 가능하고 500㎡ 이상은 판매시설에 설치할 수 있어요.

    면적이 줄어드는 당구장업의 운동전용면적에 대한 시설면적 변경 신고를 하고 영업장의 경계는 안전을 확보할 수 있도록 해야 해요.

질의 8) 당구장업에서 이용객의 편의를 위하여 실력있는 강사를 초청하여 소정의 레슨비를 받고

당구를 가르치는 데요. 불법인지요. 만약 불법이라면 불법이 되지 않게 할 수 있는 방법
은 무엇인지요.

답변) 체육시설법은 체육시설업종별로 체육지도자를 배치하도록 하고 있으나, 당구장업의 경우
는 체육지도자 배치 의무 대상이 아니므로 체육지도자를 반드시 채용할 의무는 없어요.
한편, 같은 법에서 체육시설업을 회원제로 운영할 때는 사전에 관련 내용을 관할 지자체
에 작성·제출하도록 하고 있어요. 일반적으로 이용자의 실력 향상을 위하여 이용자가 일
시적으로 개인지도를 받으며 당구장의 사용료의 일환으로 운영한다면 이에 대하여 체육
시설법의 법률적 위법성을 달리 규정하고 있지 않아요.

14 썰매장업

가. 시설 기준

구분	시설기준
필수시설 ① 운동시설	○ 슬로프 규모에 적절한 썰매와 제설기 또는 눈살포기(자연설을 이용할 수 있는 지역만 해당한다) 등을 갖추어야 한다.
② 안전시설	○ 슬로프의 가장자리에는 안전망과 안전매트를 설치하여야 한다.

나. 안전·위생기준

① 출발지점과 도착지점에 각 1명 이상의 안전요원을 배치하여야 한다.
② 슬로프 내에 장애물이 없도록 하여야 하며, 슬로프 내의 바닥면을 평탄하게
유지·관리하여야 한다.
③ 눈썰매장인 경우에는 슬로프의 가장자리(안전매트 안쪽)를 모두 폭 1미터 이상,
높이 50센티미터 이상의 눈을 쌓거나 공기매트 등 보호시설을 설치하여야 한다.
④ 슬로프의 바닥면이 잔디나 그 밖의 인공 재료인 경우에는 바닥면의 물리적·
화학적 특성에 따라 이용자의 안전에 필요한 조치를 하여야 한다.

그림 54 **썰매장 전경**

다. 썰매장 이용자 안전수칙

이용 전

이용자는 안전수칙을 반드시 확인하고 시설을 이용한다.

술을 마신 후에는 눈썰매장 체육활동을 절대 하지 않는다.

이용자는 운영자 또는 안전요원의 안내를 따른다.

이용자는 눈썰매장 운동 상해 예방을 위하여 준비운동을 한다.

키 100cm 미만의 어린이는 보호자와 동반해야 한다.

이용자는 반드시 안전장구(장갑, 안전모 등)를 착용해야 한다.

안전수칙을 지키지 않거나 안내에 따르지 않으면 운영자 또는 안전요원이 시설 사용을 중단시킬 수 있다.

이용자는 사전에 장비 상태를 안전점검 한다.

이용 중

과격한 활동, 장난, 불필요한 행위 등 위험한 행동을 하지 않으며, 안전사고에 주의해야 한다.

이용자는 눈썰매장에서 이동 시 뛰지 말고 걸어서 이동한다.

이용자는 눈썰매장에서 누워서·엎드려서·일어서서 썰매타기를 하지 않는다.

이용자는 자신의 실력을 과대평가 하거나 무리한 체육활동을 하지 않는다.

이용자는 눈썰매장에서는 운영자 또는 안전요원의 안내에 따라 출발, 정지, 이동한다.

이용자 간의 안전거리를 유지하며, 안전속도를 준수한다.

도착지점에서 뒤에서 내려오는 썰매 유무를 확인한 후 신속하게 눈썰매장 밖으로 이동한다.

안전사고 발생 시 즉각 운영자 또는 안전요원에게 사고사실을 알리고 조치를 받는다.

이용자는 1인 1썰매가 원칙이며 어린이에 한해서 보호자 동반 탑승이 가능하다.

이용자는 안전한 장소에서 충분한 휴식을 취하고 무리한 운동은 하지 않는다.

눈썰매장 내 금연이며, 흡연은 지정된 장소에서 해야 한다.

이용 후

이용자는 눈썰매장 이용 후 정리운동을 실시한다.

이용자는 썰매 사용 후 제자리에 정리한다.

이용자는 눈썰매장 이용 후 손을 씻고 호기심에 눈을 먹지 않는다.

질의응답 사례

질의 1) 리조트 내에 썰매장이 설치되어 숙박자를 대상으로 무료로 이용할 수 있도록 제공하고 있어요. 이를 체육시설법에 의한 체육시설업의 썰매장으로 보아야 하는지요.

답변) 당해 리조트는 관광진흥법 제3조 제10항 제2호의 관광숙박업 중 나목 '휴양 콘도미니엄'에 해당하는 것 같아요. 휴양 콘도미니엄을 운영하려는 '관광사업자'에 대한 사업계획 승인의 경우, 같은 법 제18조에 따라 신고체육시설업(썰매장업)을 의제 처리하도록 규정하고 있어요. 따라서 관광숙박업 등록 담당부서에서 이에 상당하는 의제 처리를 진행하여야 할 것이며 신고체육시설업에 대한 의제 처리 과정에서 체육시설법에 따른 시설 및 안전위생시설 등의 적법성을 검토하고 회신하면 될 것 같아요. 의제 처리이든지 별도의 추가적인 신규 체육시설업 신고이든지 콘도미니엄 이용자에게 이용 시설물로 포함(유료로 유권해석 가능)하여 고지하고 운영하였다면 체육시설업으로 보아야 해요.

질의 2) 농촌체험마을에서 사계절썰매장(여름, 겨울)을 체육시설업으로 신고하지 않고 운영하고 있어요. 체육시설법 시행규칙 별표 4(시설기준)의 2. 하. 썰매장 ② 안전시설 '슬로프의 가장자리에는 안전망과 안전매트를 설치하여야 한다'라고 규정하고 있는데요. 해당 시설이 설치되어 있지않아요. 시설 기준이 미흡하니 신고하지 않아도 되는지, 아니면 미신고 시설로 행정처분을 해야하는지요, 같은 법 제2조(정의) 제1호에는 '지속적으로 이용된 시설'이라고 되어 있는데, 겨울철 설치 후 일시적으로 철거하여 여름철 다시 설치하므로 지속적이지 않다에 해당하는지요.

답변) 농촌체험마을은 "도시와 농어촌 간의 교류촉진에 관한 법률" 제5조에 의거 '농촌체험 마을사업자'로 지정된 것으로 보여요. 농촌체험마을에 설치된 체육시설업은 같은 법 제9조에 의거하여 일부 소규모 승마장업을 제외하고는 체육시설법을 등록 및 신고 절차를 적용해야 해요. 따라서, 썰매장의 기능을 유지하며 지속적인 경영(휴업기간 제외)을 한다면 체육시설법에 따른 시설 기준 및 위생기준을 준수하여 체육시설업 신고를 하여야 할 것이며, 체육시설법의 시설기준을 위반한 경우는 체육시설법 제30조에 따라 시정명령을 하고 이을 이행하지 않을 경우에는 같은 법 시행규칙 제27조 제2항에 의거 위반 횟수에 따라 영업정지 최대 1개월의 행정처분을 할 수 있어요.

질의 3) 썰매장 위에 에어바운스 형태의 미끄럼틀을 설치하여 여름철에 운영할려고 해요. 유기시설이 아니라 유원시설 신고 대상이 아니라고 하는데요. 혹시 썰매장 슬로프 위에 설치하는 것이 문제는 아닌지요.

답변) 체육시설업을 설치·경영하는 체육시설업장의 운동전용면적 내에서 체육시설업 외의 업종으로 영리를 추구하는 경영은 불가능해요. 체육시설업 외의 업종으로 동일 장소에서 영리르 추구하는 경영을 하려한다면 해당 체육시설업을 폐업하거나 신고 내용을 변경하여 체육시설업의 전용면적과 체육시설업 외의 사용 공간을 분리하여야 해요.

그러나, 에어바운스의 형태의 미끄럼틀이 체육시설법 시행령 제6조의 썰매장의 범위 '눈, 잔디, 그 밖에 천연 또는 인공 재료로 된 슬로프를 갖춘 썰매장을 경영하는 업'에 해당하는지를 면밀히 검토하여 썰매장업에 해당하면 지속적인 운영도 가능해요.

15 무도학원업 및 무도장업

가. 시설기준

구분	시설기준
필수시설 운동시설	○ 무도학원업은 바닥면적이 66제곱미터 이상이어야 하며, 무도장업은 특별시와 광역시의 경우에는 330제곱미터 이상, 그 외의 지역의 경우에는 231제곱미터 이상이어야 한다. ○ 소음 방지에 적합한 방음시설을 하여 소리가 밖으로 새어 나가지 아니하도록 하여야 한다. ○ 바닥은 목재마루로 하고 마루 밑에 받침을 두어 탄력성이 있게 하여야 한다. ○ 무도학원업과 무도장업으로 사용되고 있는 건축물의 용도가 「건축법 시행령」 별표 1의 용도별 건축물의 종류에 적합하여야 하고, 그 밖에 「건축법」 및 「국토의 계획 및 이용에 관한 법률」에 적합한 위치이어야 한다. ○ 운동시설은 사무실 등 다른 용도의 시설과 완전히 구획되어야 한다. ○ 업소 내의 조도는 무도학원업은 100럭스 이상, 무도장업은 30럭스 이상 되어야 하며, 조명의 밝기를 조절하는 장치를 설치하여서는 아니 된다.

※ 시설기준에서 「건축법 시행령」 별표 1의 **"용도별 건축물의 종류"**에 적합한 용도는 제2종 근린생활시설, 교육연구시설, 위락시설이 해당된다.

◇ 제2종 근린생활시설
　　학원(자동차학원·무도학원 및 정보통신기술을 활용하여 원격으로 교습하는 것은 제외한다), 교습소(자동차교습·무도교습 및 정보통신기술을 활용하여 원격으로 교습하는 것은 제외한다), 직업훈련소(운전·정비 관련 직업훈련소는 제외한다)로서 같은 건축물에 해당 용도로 쓰는 **바닥면적의 합계가 500제곱미터 미만인 것**
◇ 교육연구시설(제2종 근린생활시설에 해당하는 것은 제외한다)
　　학원(자동차학원·무도학원 및 정보통신기술을 활용하여 원격으로 교습하는 것은 제외한다), 교습소(자동차교습·무도교습 및 정보통신기술을 활용하여 원격으로 교습하는 것은 제외한다)
◇ 위락시설
　무도장, 무도학원

※ 시설기준에서 「건축법」 및 「국토의 계획 및 이용에 관한 법률」에 적합한 용도지역은 「국토의 계획 및 이용에 관한 법률 시행령」 제71조에 따라 **중심상업지역, 일반상업지역, 근린상업지역, 유통상업지역**이 해당된다.

◇ 중심상업지역안에서 건축할 수 없는 건축물
　　「건축법 시행령」 별표 1 제16호의 위락시설[공원·녹지 또는 지형지물에 따라 주거지역과 차
　　단되거나 주거지역으로부터 도시·군계획조례로 정하는 거리(건축물의 각 부분을 기준으로 한다)
　　밖에 건축하는 것은 제외한다]

◇ 일반상업지역안에서 건축할 수 없는 건축물
　　「건축법 시행령」 별표 1 제16호의 위락시설[공원·녹지 또는 지형지물에 따라 주거지역과 차
　　단되거나 주거지역으로부터 도시·군계획조례로 정하는 거리(건축물의 각 부분을 기준으로 한다)
　　밖에 건축하는 것은 제외한다]

◇ 근린상업지역안에서 건축할 수 없는 건축물
　　「건축법 시행령」 별표 1 제16호의 위락시설[공원·녹지 또는 지형지물에 따라 주거지역과 차
　　단되거나 주거지역으로부터 도시·군계획조례로 정하는 거리(건축물의 각 부분을 기준으로 한다)
　　밖에 건축하는 것은 제외한다]

◇ 유통상업지역안에서 건축할 수 없는 건축물
　　「건축법 시행령」 별표 1 제16호의 위락시설[공원·녹지 또는 지형지물에 따라 주거지역과 차
　　단되거나 주거지역으로부터 도시·군계획조례로 정하는 거리(건축물의 각 부분을 기준으로 한다)
　　밖에 건축하는 것은 제외한다]

나. 안전·위생기준

① 무도학원업은 3.3제곱미터당 동시 수용인원 1명, 무도장업은 3.3제곱미터당
　　동시 수용인원 2명을 초과하여 수용하여서는 아니 된다.
② 냉·난방시설은 보건·위생상 적절한 것이어야 한다.

다. 무도학원(무도장) 이용자 안전수칙

이용 전

이용자는 안전수칙을 반드시 확인하고 시설을 이용한다.

술을 마신 후에는 무도학원 체육활동을 절대 하지 않는다.

이용자는 운영자 또는 관리요원의 안내를 따른다.

이용자는 무도학원(무도장) 운동 상해 예방을 위하여 준비운동을 한다.

그림 55 **무도장 전경**

비상상황을 대비하여 소화기, 피난안내도 등의 위치를 확인한다.

운동 중

과격한 활동, 장난, 불필요한 행위 등 위험한 행동을 하지 않으며, 안전사고에 주
의해야 한다.

무도학원(무도장)에서는 타인에게 불쾌감을 주는 행동은 하지 않는다.

이용자는 상호 간 예의를 준수하며, 체육활동을 한다.

이용자는 틈틈이 휴식을 취하고 무리한 체육활동을 하지 않는다.

휴식 중에는 빠른 피로회복을 위해 충분한 수분섭취 한다.

무도학원(무도장) 내 금연이며, 흡연은 지정된 장소에서 해야 한다.

운동 후

이용자는 무도학원(무도장) 이용 후 정리운동을 실시한다.

질의응답 살례

질의 1) 콜라텍은 신고체육시설업인지 또는 자유업인지요.

답변) 무도장업은 특별시 및 광역시의 경우는 330㎡ 이상, 그 외 지역의 경우는 231㎡ 이상의

바닥면적과, 방음시설, 탄력성 있는 목재 마루 등을 갖추어야 해요. 특히, 3.3㎡당 동시 수용인원 2명을 초과할 수 없어요.

콜러텍은 이러한 시설기준을 준수해야할 신고체육시설업이예요, 뿐만 아니라 주류 또는 음식물을 판매하거나 제공하면 안돼요.

질의 2) 무도학원업의 시설기준에는 바닥면적이 66㎡ 이상이어야 하다고 정하고 있어요. 이때 바닥면적은 춤을 추는 운동전용면적이라고 보아야 하는지요 아니면 체육시설의 면적이라고 보아야 하는지요.

답변) 바닥면적은 건축법적 용어로서 건축물의 용도 중 해당 용도로 쓰이는 투영 전용 면적을 의미해요. 따라서, 무도학원업의 바닥면적이라 하면 건축물(위락시설) 중에서 무도학원업으로 사용되는 전용 면적이며 체육시설법의 운동전용면적과는 다른 용어에요. 예를 들어 보면 무도학원업의 전용 면적에는 화장실과 세면실 그리고 운동전용면적으로 구성될 수 있어요.

질의 3) 체조교실을 운영할 때 체육시설업 신고 대상이 되는지요.

답변) 체조 교실은 체육시설법(무도학원업)과는 무관해요.
무도학원업은 수강료를 받고 국제표준무도(Ballroom Dance)를 교습하며 경영하는 체육시설업이예요. 국제표준무도는 국제경기종목인 경기댄스 10종을 의미해요. 모던댄스 5종인 월츠(Waltz), 탱고(Tango), 퀵스텝(Quickstep), 폭스트롯(Doxtrot), 비엔어월츠(Vioennese Waltz)와 라틴아메리카 댄스 5종인 룸바(Rumba, 쿠바), 차차차(Cha Cha Cha, 쿠바), 삼바(Samba, 브라질), 파소도블레(Paso Doble, 스페인), 자이브(Jive, 미국)예요. 볼룸댄스는 영국식으로 학문적 체계가 정립되어 있으며 영국에 본부를 둔 국제댄싱평의회에 세계 60여개국이 가입되어 있어요.

질의 4) 무도학원업의 건축물 용도가 위락시설이어야 하는데요. 과거에 제2근린생활시설에서 신고 수리되었어요. 이를 시정해달라는 민원이 들어왔고 건축부서는 건축법에 의거하여 과태료 처분을 한다고 하는데요. 어떤 방법이 있는지요.

답변) 무도학원업이 제2종근린생활시설에 설치되었다면 댄스스포츠를 교습할 목적으로 설치 운영하는 것 같아요. 댄스스포츠를 교습할 목적으로 설치·운영하고 있다면 "학원 설립 운영 및 과외 교습에 관한 법률"에 따라 학습 장소를 제공하기 위한 댄스스포츠학원을

영위할 수 있도록 변경하면 돼요. (댄스스포츠는 국제경기댄스 외에 지르박, 부르스 등과
같은 스포츠 요소가 가미된 사교댄스를 말해요) 만약 무도학원업으로 지속적으로 운영하
고 싶다면 건축물의 용도를 위락시설로 변경하여야 하나 거의 불가능할 거예요.

16 야구장업

가. 시설기준

구분	시설기준
필수시설 ① 운동시설	○ 야구장에는 투수석(투수 마운드), 타자석(타자 박스), 코치석(코치 박스), 충돌 경고 트랙, 포수 뒤 그물망, 선수대기석(더그아웃), 타자 시선 보호벽, 파울 기 둥(파울 폴), 대기타자 공간(서클) 및 베이스를 설치해야 한다. ○ 관람석이 있는 경우, 의자와 계단은 결함 없이 안전하게 설치하고 관리해야 한다. ○ 경기장은 평탄하게 유지해야 한다.
② 안전시설	○ 타구로 인한 사고를 예방하기 위하여 1루, 3루 및 홈플레이트 뒤에는 안전장 치(그물망 등)를 설치해야 한다(안전을 위해 필요한 경우에는 외야 뒤쪽에도 설치해야 한다).

나. 안전·위생기준

이용자가 안전모 및 안전보호대 등의 안전장비를 착용하도록 지도해야 한다.

다. 야구장 이용자 안전수칙

이용 전

이용자는 안전수칙을 반드시 확인하고 시설을 이용한다.

술을 마신 후에는 야구장 체육활동을 절대 하지 않는다.

이용자는 야구장 운동 상해 예방을 위하여 준비운동을 한다.

그림 56 **야구장 전경**

이용자는 반드시 안전장구(야구화, 헬멧, 포수장비 등)를 착용해야 한다.

이용자는 사전에 장비 상태를 안전 점검한다.

경기 중

과격한 활동, 장난, 불필요한 행위 등 위험한 행동을 하지 않으며, 안전사고에 주의해야 한다.

이용자는 타격 및 송구 시 타구, 파울볼에 조심하여 경기에 임해야 한다

이용자는 파울볼과 불특정 볼이 나올 때에는 큰 소리로 주변 사람에게 위험을 알린다.

이용자는 체육활동 중에 야구장비로 장난을 하지 않는다.

이용자는 자신의 실력을 과대평가 하거나 무리한 체육활동을 하지 않는다.

이용자는 배트 연습 시 주위를 살피고 주변 사람과 안전거리를 유지한다.

장비 고장 및 안전사고 발생 시 즉각 운영자 또는 관리요원에게 사고사실을 알리고 조치를 받는다.

이용자는 충분한 휴식을 취하고 무리한 운동은 하지 않는다.

야구장 내 금연이며, 흡연은 지정된 장소에서 해야 한다.

이용자는 지정된 연습공간에서만 투구연습을 한다.

이용자는 야구장 내 주류 및 음식물 반입을 하지 않는다.

이용자는 야구장 사용시간을 반드시 준수해야 한다.

경기 후

이용자는 야구장 체육활동 후 정리운동을 실시한다.

이용자는 탈의실 및 샤워실 이용 시 청결하게 사용해야 한다.

17 가상체험체육시설업(야구)

가. 시설 기준

구분	시설기준
필수시설 ① 운동시설	○ 타석과 스크린과의 거리는 6미터 이상, 타석으로부터 천장까지의 높이는 2.4미터 이상, 타석 중앙에 설치된 홈플레이트와 후면 벽체와의 거리는 1.5미터 이상이어야 한다. ○ 타석과 대기석을 구분하는 칸막이를 설치해야 하며, 칸막이는 철망, 강화유리 등 내구성이 강한 재질이어야 한다.
② 안전시설	○ 모든 안전시설은 내구성이 강한 재료를 사용해야 한다. ○ 타석실 내 스크린을 제외한 모든 벽은 충격을 흡수할 수 있는 재질이어야 한다. ○ 스크린은 타구에 의한 안전사고 예방을 위해 벽면과의 사이에 틈을 두고 평편하게 설치되어야 한다. ○ 바닥은 미끄럽지 않은 재질로 설치해야 한다.

나. 안전·위생기준

① 이용자가 안전모 등의 안전장비를 착용하도록 지도해야 하며, 이용자에게 대여하는 안전모, 야구장갑 등의 장비는 안전하고 위생적으로 관리해야 한다.

② 타석에는 1명만 입장하도록 지도해야 한다.

다. 스크린야구장 이용자 안전수칙

이용 전

이용자는 안전수칙을 반드시 확인하고 시설을 이용한다.

술을 마신 후에는 스크린야구장 체육활동을 절대 하지 않는다.

그림 57 **가장체육시설업(야구) 전경**

이용자는 운영자 또는 관리요원의 안내를 따른다.

이용자는 스크린야구장 운동 상해 예방을 위하여 준비운동을 한다.

이용자는 반드시 안전장구(헬멧, 팔꿈치 보호대, 운동화 등)를 착용해야 한다.

이용자는 안전을 위하여 굽이 높은 신발(굽 5cm 이상, 하이힐) 착용 시 이용을 제한
한다.

안전수칙을 지키지 않거나 안내에 따르지 않으면 운영자 또는 관리 요원이 사용
을 중단시킬 수 있다.

이용자는 사전에 장비 상태를 안전 점검 한다.

비상상황을 대비하여 소화기, 피난안내도 등의 위치를 확인한다.

이용 중

과격한 활동, 장난, 불필요한 행위 등 위험한 행동을 하지 않으며, 안전사고에 주

그림 58 **가상체육시설업(골프) 전경**

의해야 한다.

장비 고장 및 안전사고 발생 시 즉각 운영자 또는 관리요원에게 사고사실을 알리고 조치를 받는다.

이용자는 스크린야구장에서 타인에게 방해되는 행동(고성방가, 욕설 등)을 하지 않는다.

이용자는 공을 주워서 장난을 하거나 철망에 기대거나 가까이 다가서지 않는다.

이용자는 자신의 실력을 과대평가 하거나 무리한 체육활동을 하지 않는다.

이용자는 야구 스윙 시 주위를 살피고 주변 사람과의 안전거리를 유지한다.

이용자는 스크린 야구장에서 배트를 양손으로 꼭 잡고 배팅해야 한다.

이용자는 타석에 1명만 출입하며 반드시 문을 닫는다.

이용자는 지정된 타석 이외의 장소에서는 투구 및 스윙을 하지 않는다.

이용자는 스크린 야구장에서 음식 섭취는 대기실에서만 한다.

이용 후

이용자는 스크린야구장 체육활동 후 정리운동을 실시한다.

이용자는 개인 소지품 및 귀중품을 챙긴다.

18 가상체험체육시설업(골프)

가. 시설 기준

구분	시설기준
필수시설 ① 운동시설	○ 타석과 스크린(화면)과의 거리는 3미터 이상, 타석으로부터 천장까지의 높이는 2.8미터 이상, 타석과 대기석과의 거리는 1.5미터 이상이어야 한다. ○ 이용자가 타석에서 휘두르는 골프채에 벽면, 천장 및 그 밖에 다른 시설 등이 부딪히지 않도록 충분한 공간이 있어야 한다.
② 안전시설	○ 타석과 스크린 사이의 벽면, 천장 및 바닥은 충격을 흡수할 수 있는 재질이어야 한다. ○ 스크린은 타구에 의한 안전사고 예방을 위해 벽면과의 사이에 틈을 두고 평편하게 설치되어야 한다. ○ 바닥은 미끄럽지 않은 재질로 설치해야 한다.

나. 안전·위생기준

이용자에게 대여하는 골프채, 골프화 등의 장비는 안전하고 위생적으로 관리해야 한다.

다. 스크린골프장 이용자 안전수칙

이용 전

이용자는 안전수칙을 반드시 확인하고 시설을 이용한다.

술을 마신 후에는 스크린골프장 체육활동을 절대 하지 않는다.

이용자는 운영자 또는 관리요원의 안내를 따른다.

이용자는 스크린골프장 운동 상해 예방을 위하여 준비운동을 한다.

비상상황을 대비하여 소화기, 피난안내도 등의 위치를 확인한다.

이용 중

과격한 활동, 장난, 불필요한 행위 등 위험한 행동을 하지 않으며, 안전사고에 주의해야 한다.

　　장비 고장 및 안전사고 발생 시 즉각 운영자 또는 관리요원에게 사고사실을 알리고 조치를 받는다.

　　이용자는 체육활동 중에 골프채로 장난을 하지 않는다.

　　이용자는 자신의 실력을 과대평가 하거나 무리한 체육활동을 하지 않는다.

　　이용자는 스크린골프장에서 타인에게 방해되는 행동(고성방가, 욕설 등)을 하지 않는다.

　　이용자는 스윙 시 주위를 살피고 주변 사람과의 안전거리를 유지한다.

　　이용자는 타석에 1명만 출입하며 동반 입장은 불가하다.

　　이용자는 지정된 타석 이외의 장소에서는 스윙을 하지 않는다.

이용 후

　　이용자는 스크린골프장 체육활동 후 정리운동을 실시한다.

　　이용자는 개인 소지품 및 귀중품을 챙긴다.

19 체육교습업

가. 시설 기준

구분	시설기준
필수시설 ① 운동시설	○ 해당 종목의 운동에 필요한 기구와 보조장비를 갖추어야 한다.
② 안전시설	○ 이용자 안전을 위하여 필요한 경우 운동 공간에 적절한 안전 장치를 갖추어야 한다. ○ 빙상·수영 종목을 교습할 때에는 제1호 및 이 호 마목·자목의 시설 기준과 별표 6 제1호 및 제2호 사목·차목의 안전·위생 기준이 준수되는 시설에서만 해야 한다.

나. 안전·위생기준

① 이용자가 해당 운동 종목에 필요한 안전장비를 착용하도록 지도해야 하며, 이용자에게 대여하는 운동 장비는 안전하고 위생적으로 관리해야 한다.
② 운동 시설 및 부대 시설은 이용자의 사용에 불편함이 없도록 안전하고 위생적으로 관리해야 한다.

다. 체육교습업 이용자 안전수칙

① 체육교습업(수영)

이용 전

안전수칙을 이해하고 지킨다.

운동에 알맞은 준비운동을 한다.

운동시설에 입장 할 때에는 질서를 지킨다.

운동종목에 필요한 보호장구를 몸에 맞도록 착용한다.

이용 중

다른 사람과 밀거나 장난을 치지 않는다.

다른 사람과 부딪치지 않도록 주변을 잘 살핀다.

운동 중에는 껌이나 사탕을 먹지 않는다.

선생님의 지도에 따라 행동한다.

사고가 나면 소리쳐 선생님이나 주변에 알린다.

자신의 체력과 능력에 맞게 운동을 한다.

목이 마르기 전 규칙적으로 물을 마신다.

몸이 아플 때는(열이 남, 어지러움 등) 선생님께 말한다.

배가 고플 때, 식사 후에는 운동하지 않는다.

몸의 움직임에 집중할 수 있도록 한다.

물에 들어가기 전, 심장에서 먼 곳부터 물을 적신다.(손/발→다리→얼굴→가슴)

자유수영을 할때 50분 수영 후 10분간 휴식한다.

바닥이 미끄러울 수 있으므로 뛰어다니지 않는다.

다이빙을 하지 않는다.

이용 후

운동 할 때 주로 사용했던 신체 중심으로 정리운동을 한다.

사용한 운동기구를 정리정돈한다.

흐르는 물에 비누로 30초 이상 손을 씻는다.

운동 후 휴식하는 습관을 가진다.

어린이 통학버스 안전수칙을 확인한다.

② 체육교습업(빙상, 롤러스케이트)

이용 전

안전수칙을 이해하고 지킨다.

운동에 알맞은 준비운동을 한다.

운동시설에 입장 할 때에는 질서를 지킨다.

운동종목에 필요한 보호장구를 몸에 맞도록 착용한다.

이용 중

다른 사람과 밀거나 장난을 치지 않는다.

다른 사람과 부딪치지 않도록 주변을 잘 살핀다.

운동 중에는 껌이나 사탕을 먹지 않는다.

선생님의 지도에 따라 행동한다.

사고가 나면 소리쳐 선생님이나 주변에 알린다.

자신의 체력과 능력에 맞게 운동을 한다.

목이 마르기 전 규칙적으로 물을 마신다.

몸이 아플 때는(열이 남, 어지러움 등) 선생님께 말한다.

배가 고플 때, 식사 후에는 운동하지 않는다.

몸의 움직임에 집중할 수 있도록 한다.

트랙 방향에 맞게 이용하고, 역방향으로 타지 않는다.

갑작스럽게 방향을 바꾸거나 그룹경주를 하지 않는다.

이용 후

운동할때 주로 사용했던 신체 중심으로 정리운동을 한다.

사용한 운동기구를 정리정돈한다.

흐르는 물에 비누로 30초 이상 손을 씻는다.

운동 후 휴식하는 습관을 가진다.

어린이 통학버스 안전수칙을 확인한다.

③ 체육교습업(배드민턴, 줄넘기)

이용 전

안전수칙을 이해하고 지킨다.

운동에 알맞은 준비운동을 한다.

운동시설에 입장 할 때에는 질서를 지킨다.

운동종목에 필요한 보호장구를 몸에 맞도록 착용한다.

발에 맞는 운동화를 신고 끈이 풀리지 않도록 단단히 묶는다.

이용 중

다른 사람과 밀거나 장난을 치지 않는다.

다른 사람과 부딪치지 않도록 주변을 잘 살핀다.

운동 중에는 껌이나 사탕을 먹지 않는다.

선생님의 지도에 따라 행동한다.

사고가 나면 소리쳐 선생님이나 주변에 알린다.

자신의 체력과 능력에 맞게 운동을 한다.

목이 마르기 전 규칙적으로 물을 마신다.

몸이 아플 때는(열이 남, 어지러움 등) 선생님께 말한다.

배가 고플 때, 식사 후에는 운동하지 않는다.

몸의 움직임에 집중할 수 있도록 한다.

이용 후

운동할 때 주로 사용했던 신체 중심으로 정리운동을 한다.

사용한 운동기구를 정리정돈한다.

흐르는 물에 비누로 30초 이상 손을 씻는다.

운동 후 휴식하는 습관을 가진다.

어린이 통학버스 안전수칙을 확인한다

④ 체육교습업(농구, 야구, 축구)

이용 전

안전수칙을 이해하고 지킨다.

운동에 알맞은 준비운동을 한다.

운동시설에 입장할 때에는 질서를 지킨다.

운동종목에 필요한 보호장구를 몸에 맞도록 착용한다.

발에 맞는 운동화를 신고 끈이 풀리지 않도록 단단히 묶는다.

이용 중

다른 사람과 밀거나 장난을 치지 않는다.

다른 사람과 부딪치지 않도록 주변을 잘 살핀다.

운동 중에는 껌이나 사탕을 먹지 않는다.

선생님의 지도에 따라 행동한다.

사고가 나면 소리쳐 선생님이나 주변에 알린다.

자신의 체력과 능력에 맞게 운동을 한다.

목이 마르기 전 규칙적으로 물을 마신다.

몸이 아플 때는(열이 남, 어지러움 등) 선생님께 말한다.

배가 고플 때, 식사 후에는 운동하지 않는다

몸의 움직임에 집중할 수 있도록 한다.

그물망에 기대거나 오르지 않는다.

이용 후

운동할때 주로 사용했던 신체 중심으로 정리운동을 한다.

사용한 운동기구를 정리정돈한다.

흐르는 물에 비누로 30초 이상 손을 씻는다.

운동 후 휴식하는 습관을 가진다.

어린이 통학버스 안전수칙을 확인한다.

라. 어린이 통학버스 안전수칙

버스를 탈때

버스는 차도에서 떨어진 안전한 인도에서 기다린다.

버스가 완전히 멈출 때까지 기다리고 버스가 멈춘 후 승차한다.

버스를 탈때 선생님의 지시에 따라 손잡이를 잡고 앞 사람을 밀지 않는다.

정해진 자리에 앉으면 바로 안전띠를 맨다.

도움이 필요한 경우 선생님에게 알린다.

버스를 타고 있을 때

버스가 움직일 때는 안전띠를 풀지 않는다.

창문 밖으로 손이나 얼굴을 내밀지 않는다.

버스 안에서 이동하거나 장난치지 않는다.

항상 선생님 또는 운전자의 지시에 따른다.

버스에서 내릴 때

버스가 완전히 멈출 때까지 자리에 앉아 있는다

버스가 완전히 멈춘 후 안전띠를 푼다.

선생님 지시에 따라 손잡이를 잡고 앞 사람을 밀지 않고 내린다.

내릴때 가방끈이나 옷이 문에 끼지 않도록 주의한다.

버스 근처에 물건을 떨어뜨린 경우 줍지 않고 선생님에게 도움을 요청한다.

내린 후 버스에서 크게 두 걸음 떨어져 있는다.

20 인공암벽장업

가. 시설 기준

구분	시설기준
필수시설 ① 운동시설	○ 등반벽 마감재 및 홀더 등은 구조부재(構造部材)와 튼튼하게 연결해야 한다.
② 안전시설	○ 볼더링 인공암벽의 경우에는 충격을 충분히 흡수할 수 있는 매트리스를 인공 암벽의 추락면에 설치해야 한다. ○ 실외 인공암벽장은 운영시간 외에는 외부인이 접근하지 못하도록 울타리나 경 고 센서를 설치하는 등 안전조치를 취해야 한다. 또한, 인공암벽장을 무단 이 용하는 경우 안전사고가 발생할 수 있음을 알리는 안내문을 눈에 잘 띄는 곳 에 게시해야 한다.
③ 관리시설	○ 실외 인공암벽장을 설치할 경우에는 누수나 지반침하가 발생하지 않도록 해야 한다. ○ 실외 인공암벽장을 설치할 경우에는 주변 옹벽 및 석축 등이 쓰러지지 않도록 해야 한다.

나. 안전·위생 기준

① 인공암벽장에는 안전관리요원(안전사고 예방과 안전점검 등의 업무에 종사하는 사람
으로서 「국민체육진흥법」 제2조 제9호에 따른 체육단체에서 정기적으로 실시하는 안전관
리교육을 받은 사람을 말한다)을 1명 이상 배치해야 한다. 다만, 운영자 또는 체
육지도자가 안전관리 교육을 이수한 경우에는 안전관리요원을 겸임할 수 있다.

② 등반의 진행 및 안전 등에 관한 규칙을 자체적으로 제정하여 이용자에게 사전
교육을 해야 한다.

③ 안전관리요원 또는 체육지도자는 이용자가 등반하기 전에 안전벨트, 고리(카
라비너), 확보기구, 암벽화 등 안전장비를 착용하도록 지도해야 한다.

④ 운동시설 및 부대시설은 이용자의 사용에 불편함이 없도록 안전하고 위생적
으로 관리해야 한다.

⑤ 이용자에게 대여하는 장비(안전벨트, 고리, 밧줄, 퀵드로우, 확보기구 등)는 안전하
고 위생적으로 관리해야 한다.

⑥ 이용자에게 대여하는 장비는 반기마다 점검을 하고, 점검 결과를 기록한 점검 대장을 인공암벽장 내에 비치해야 하며, 점검 결과 안전에 이상이 있다고 판단되는 장비는 즉시 수리 또는 교체해야 한다.

⑦ 홀드를 구조부재에 연결할 경우에는 움직이지 않도록 고정하고, 수시로 홀드의 고정상태를 확인해야 한다.

⑧ 홀드 내 먼지와 이물질이 쌓이지 않도록 정기적으로 청소를 해야 한다.

그림 59 **인공암벽장 전경**

다. 인공암벽장 이용자 안전수칙

이용 전

이용자는 안전수칙을 반드시 확인하고 이용한다.

이용자는 안전사고 예방을 위하여 실외 인공암벽장의 무단이용을 절대 하지 않는다.

미취학 아동 및 노약자는 보호자와 동반한다.

이용자는 안전관리요원(또는 체육지도자)의 안내를 따른다.

술을 마신 후에는 인공암벽장 체육활동을 절대 하지 않는다.

이용자는 인공암벽장 운동 상해 예방을 위하여 준비운동을 한다.

이용자는 반드시 안전장비 및 장구(암벽화, 안전벨트, 퀵드로우, 확보기구 등)를 점검 및 착용해야 한다.

이용자는 비상상황을 대비하여 소화기, 피난안내도 등의 위치를 확인한다

이용자는 동반에 방해되는 물품(지갑, 휴대폰, 라이터, 액세서리 등)의 소지를 삼가야 한다.

이용자는 반드시 등반의 진행 및 안전에 관한 사전 교육의 내용을 숙지한다.

이용 중

(공통)

과격한 활동·장난·불필요한 행위 등 위험한 행동을 하지 않으며, 안전사고에 주의해야 한다.

이용자는 자신의 실력에 맞는 루트를 선택한다.

이용자는 자신의 실력을 과대평가하거나 무리한 체육활동은 하지 않는다.

이용자는 인공암벽장 내 금연이며, 흡연은 지정된 장소에서 해야 한다.

홀드가 풀리거나 파손된 경우 즉시 운영자 및 안전관리요원(또는 체육지도자)에게 알린다.

이용자는 암벽등산 시 중간확보지점을 건너뛰고 등반하지 않는다.

(볼더링)

다른 이용자가 등반 시 순서를 기다리거나 등반 중인 이용자와 동선이 겹치는지 확인해야 한다.

완등 후 가급적 뛰어내리지 말고 클라이밍 다운을 권장한다.

(로프 이용 클라이밍)

등반자는 2인 1조 등반을 원칙으로 한다.

등반자는 안전을 위해 로프가 항상 몸의 앞쪽에 위치하도록 해야 한다.

등반자는 추락 시 손 화상 등의 방지를 위해 로프나 퀵드로우를 절대 잡지 않아야 한다.

등반자와 확보자는 등반 전 반드시 매듭, 확보기 체결상태 등을 서로 확인한다.

확보 중 위험요소 발견 시 등반자에게 즉시 알리고, 등반을 중지시킨 후 조치한다.

확보자는 확보 중 다른 사람과 이야기 하지 않고 등반자를 항상 주시한다.

확보자는 등반자가 최대한 천천히 안전하게 하강을 하도록 로프를 풀어주며 눈으로 하강하는 모습을 본다.

이용 후

이용자는 체육활동 후 정리운동을 실시한다.

이용자는 사용한 안전장비 및 장구를 제자리에 정리한다.

21 그 외 질의응답 사례

기타 질의응답 사례

질의 1) 일부 체육시설업에서 안전점검을 거부하는 사례가 있는데요. 점검 후 보수보강 지시를 하고 미 이행시에 해정처분은 있으나, 안전점검 자체를 거부하는 경우에 대한 행정처분의 방법은 있는지요.

답변) 체육시설업에 대한 법정 안전점검은 연 2회로 상하반기 각각 1회씩 실시하도록 하고 있어요. 그러나, 체육시설업자가 안전점검을 거부 또는 방해할 경우 법률적인 행정조치 규정을 별도로 정하고 있지는 않아요.

"재난 및 안전관리 기본법"이나 "시설물 안전 및 유지관리에 관한 특별법"에서는 점검을 거부할 경우에 대한 벌칙 등을 규정하고 있어요. 체육시설법은 법정 점검에 대한 거부감을 해소하기 위하여 체육시설업자의 자발적인 참여를 전제로 개정한 것으로 보여요.

질의 2) 다른 사람 소유의 임야에 신고체육시설업을 설치하면서 15년 운영 후 기부채납(BTO)을 전제로 계약을 체결하고, 회원 모집으로 입회금을 받아 운영하면서 계약기간이 만료되어 기존업체는 폐업하고 임야 소유주가 해당 시설을 인수인계 받아 동일한 업종의 신규 체육시설업을 신고하려고 해요. 기존 업체에서 입회금 반환이 안되어도 폐업신고가 가능한지요. 또한, 임야 소유주가 신규로 동일한 체육시설업을 신고한다면 체육시설법 제27조에 따른 기존 업체의 입회금 반환 의무가 있는지요.

답변) 체육시설업 등의 승계에 관한 사항은 체육시설법 제27조에 정하고 있어요. '체육시설업
자가 사망하거나 그 영업을 양도한 때 또는 법인인 체육시설업자가 합병한 때에는 그 상
속인, 영업을 양수한 자, 또는 합병 후 존속하는 법인이나 합병에 따라 설립되는 법인은
그 체육시설업의 등록 또는 신고에 따른 권리·의무(법 제17조에 따라 회원을 모집한 경
우에는 그 체육시설업자와의 회원간에 약정한 사항을 포함한다)를 승계한다.'라고 정하고
있어요.

15년 후 기부채납을 조건으로 계약을 채결하였다면 사실상 체육시설업의 양도양수 관계
로 보아 회원에 대한 권리와 의무도 양수자에게 승계된 것으로 보여요.

질의 3) 체력단련장업에 골프연습장(8타석)을 설치하여 영리를 목적으로 운영하고 있는데요. 체
육시설업 신고를 하여야 하는지요.

답변) 체육시설업은 영리를 목적으로 체육시설을 설치 또는 경영하는 업을 말해요. 체력단련장
내에서 골프연습장을 영리를 목적으로 하는 업을 영위한다면 별도의 운동전용면적을 정
하여 체육시설업을 신고해야 해요.

질의 4) "오픈 전 영업 행위" 관련인데요. 체육시설업 신고증, 사업자등록증이 없는 상태에서 사
업장을 무료로 개방하여 불특정 다수가 이용하게 하고 있어요. 체육시설업으로 보아야
하는지요.

답변) 체육시설을 영리 목적으로 운영하는 경우가 아니라면 체육시설법 제20조에 따른 체육시
설업 신고의무는 없을 거예요. 따라서 같은 법 제38조 제1호(미신고 체육시설업자)에 따
른 벌칙의 대상에 해당하지 않아요. 다만 이용자의 안전을 위하여 선량한 관리자로서의
책무를 소홀히 해서는 안돼요.

질의 5) 골프연습장업과 체력단련장업을 2층에서 각각 운동전용면적 300㎡와 400㎡에서 운영
하고 싶어요. 이를 각각의 체육시설업으로 보고 건축물의 용도거 제2종 근린생활시설에
설치해야하는지 각각을 합하여 700㎡로 보고 운동시설에 설치해야 하는지요.

답변) 건축법에 따른 건축물의 용도가 제2종 근린생활시설은 주민의 체육활동을 위한 500㎡
미만의 체육시설업 설치 및 운영이 가능해요. 골프연습장과 체력단련장은 각각의 면적에
대한 건축물의 용도의 적법 여부를 판단하면 될 것이며 대표자의 동일 여부는 무관해요.

질의 6) 체육시설업(당구장업) 대표자가 사망하였을 경우, 상속자가 영업권을 상속한다면 체육시설업을 신규 신고하여야 하는지요.

답변) 체육시설법 제27조 제1항은 "체육시설업자가 사망하거나 그 영업을 양도한 때 또는 법인인 체육시설업자가 합병한 때에는 그 상속인, 영업을 양수한 자 또는 합병 후 존속하는 법인이나 합병(合倂)에 따라 설립되는 법인은 그 체육시설업의 등록 또는 신고에 따른 권리·의무(제17조에 따라 회원을 모집한 경우에는 그 체육시설업자와 회원 간에 약정한 사항을 포함한다)를 승계한다."라고 규정하고 있어요. 상속인은 체육시설업의 권리와 의무를 승계하므로 신규 체육시설업을 신고할 필요는 없어요.

질의 7) 아동학대범죄의 처벌에 관한 특례법 제10조 제2항 제18호에서 말하는 "청소년기본법 제3조 제6호"의 청소년시설에 체육시설이 해당 되는지요.

답변) "아동학대범죄의 처벌에 관한 특례법" 제10조 제2항은 '직무를 수행하면서 아동학대범죄를 알게 된 경우나 그 의심이 있는 경우에는 시·도, 시·군·구 또는 수사기관에 즉시 신고하여야 한다'라고 정하고 있고요. "「청소년기본법」 제3조 제6호에 따른 청소년시설 및 같은 조 제8호에 따른 청소년단체의 장과 그 종사자"에게 신고의 의무가 규정되었어요. 여기에서 '청소년시설'은 같은 법 제17조에서 '청소년시설의 종류'를 정하고 있어요. "청소년 보호법" 제35조(청소년보호·재활센터의 설치·운영), "청년복지지원법" 제31조(청소년복지시설의 종류), "청소년활동 진흥법" 제10조(청소년활동시설의 종류), "학교 밖 청소년 지원에 관한 법률" 제12조(학교 밖 청소년 지원센터)에서 청소년시설을 정하고 있으나, 체육시설법에 의한 체육시설은 관련 규정에 포함되지 않아요.

질의 8) 호텔에서 운영하는 체력단련장과 수영장을 숙박객 외의 외부인에게 개방하여 회원제로 운영하고자 체육시설업을 신고하였어요.
　　가. 체력단련장업의 정원 기준은 별도로 정하고 있지 않아 체육도장업의 정원 기준을 참고해도 무방한지요.
　　나. 회의 모집 수의 제한 사항은 없는지요.
　　다. 모집된 회원에게 숙박 할인 혜택을 부여한다면 저촉사항은 없는지요.

답변)
　　가. 체육시설법에 의한 체육시설업의 정원은 수영장의 경우 해당 지제체의 장이 정하도록 하고 있으나 다른 업종은 정원을 정하는 주체를 정하고 있지 않아요. 체육도장업, 무도장

업, 무도학원업의 3개 업종은 체육시설법에서 정원 산출의 근거를 명시하고 있어요. 따라서 지자체에서 정원 산출의 근거를 제시하면 될 것 같아요.

나. 회원제 체육시설업의 경우, 모집 회원 수는 "체육시설법 시행령" 제17조 제3항에서 등록 체육시설업의 모집 시기와 인원 수를 정하고 있으나 신고 체육시설업의 회원 모집 수를 별도로 정하고 있지는 않아요.

다. 관광진흥법에 의한 관광사업의 일부로 영위하는 회원제 체육시설업에서 모집 된 회원에게 다른 영역 즉, 호텔 숙박에 대한 혜택을 제공하는 것이 체육시설법규를 위반한다는 규정은 없어요.

CHAPTER 10

리스크 평가

리스크 평가는 사업주가 스스로 근로자의 부상이나 질병을 유발할 수 있는 사업장의 유해·위험요인을 파악하고 근로자의 부상 또는 질병의 발생 가능성(빈도)과 중대성(강도)을 추정·결정하고 리스크를 낮추기 위하여 적절한 감소 대책을 수립하는 일련의 과정을 말한다.

리스크 평가는 근로자가 부상이나 질병이 발생하지 않도록 하는 것이 목적이며 특정 근로자에게 좋지 않은 영향을 미치는지를 알 수 있다, 또한 실시 주체인 사업주는 리스크 평가를 통해 안전하고 건강하게 사업을 지속할 수 있으며 높은 생산성과 우수한 품질관리로 양질의 서비스와 제품을 생산할 수 있다.

리스크(위험성) 평가는 산업안전보건법 제36조(위험성평가의 실시), 같은법 시행규칙 제37조(위험성평가 실시내용 및 결과의 기록·보존)에 근거하고 있다.

산업안전보건법 제36조(위험성평가의 실시)

① 사업주는 건설물, 기계·기구·설비, 원재료, 가스, 증기, 분진, 근로자의 작업 행동 또는 그 밖의 업무로 인한 유해·위험 요인을 찾아내어 부상 및 질병으로 이어질 수 있는 위험성의 크기가 허용 가능한 범위인지를 평가하여야 하고, 그 결과에 따라 이 법과 이 법에 따른 명령에 따른 조치를 하여야 하며, 근로자에 대한 위험 또는 건강장해를 방지하기 위하여 필요한 경우에는 추가적인 조치를 하여야 한다.

② 사업주는 제1항에 따른 평가 시 고용노동부장관이 정하여 고시하는 바에 따라 해당 **작업장의 근로자를 참여**시켜야 한다.

③ 사업주는 제1항에 따른 평가의 결과와 조치사항을 고용노동부령으로 정하는 바에 따라 **기록하여 보존**하여야 한다.

④ 제1항에 따른 **평가의 방법, 절차 및 시기**, 그 밖에 필요한 사항은 고용노동부장관이 정하여 고시한다.

사업장 위험성 평가에 관한 지침 제6조(근로자 참여)

사업주는 위험성평가를 실시할 때, 법 제36조 제2항에 따라 다음 각 호에 해당하는 경우 해당 작업에 종사하는 근로자를 참여시켜야 한다.

1. 유해·위험요인의 위험성 수준을 판단하는 기준을 마련하고, 유해·위험요인별로 허용 가능한 위험성 수준을 정하거나 변경하는 경우
2. 해당 사업장의 유해·위험요인을 파악하는 경우
3. 유해·위험요인의 위험성이 허용 가능한 수준인지 여부를 결정하는 경우

---

4. 위험성 감소 대책을 수립하여 실행하는 경우

5. 위험성 감소대책 실행 여부를 확인하는 경우

산업안전보건법 시행규칙 제37조(위험성 평가 실시내용 및 결과의 기록·보존)

① 사업주가 법 제36조 제3항에 따라 위험성 평가의 결과와 조치사항을 기록·보존 할 때에는 다음 각 호의 사항이 포함되어야 한다.

1. 위험성평가 대상의 유해·위험요인

2. 위험성 결정의 내용

3. 위험성 결정에 따른 조치의 내용

4. 그 밖에 위험성평가의 실시내용을 확인하기 위하여 필요한 사항으로서 고용노동부장관이 정하여 고시하는 사항

② 사업주는 제1항에 따른 자료를 3년간 보존해야 한다.

사업장 위험성 평가에 관한 지침 제7조(위험성평가의 방법)

① 사업주는 다음과 같은 방법으로 위험성평가를 실시하여야 한다.

1. 안전보건관리책임자 등 해당 사업장에서 사업의 실시를 총괄 관리하는 사람에게 위험성평가의 실시를 총괄 관리하게 할 것

2. 사업장의 안전관리자, 보건관리자 등이 위험성평가의 실시에 관하여 안전보건관리책임자를 보좌하고 지도·조언하게 할 것

3. 유해·위험요인을 파악하고 그 결과에 따른 개선조치를 시행할 것

4. 기계·기구, 설비 등과 관련된 위험성평가에는 해당 기계·기구, 설비 등에 전문 지식을 갖춘 사람을 참여하게 할 것

5. 안전·보건관리자의 선임의무가 없는 경우에는 제2호에 따른 업무를 수행할 사람을 지정하는 등 그 밖에 위험성평가를 위한 체제를 구축할 것

② 사업주는 제1항에서 정하고 있는 자에 대해 위험성평가를 실시하기 위해 필요한 교육을 실시하여야 한다. 이 경우 위험성평가에 대해 외부에서 교육을 받았거나, 관련학문을 전공하여 관련 지식이 풍부한 경우에는 필요한 부분만 교육을 실시하거나 교육을 생략할 수 있다.

③ 사업주가 위험성평가를 실시하는 경우에는 산업안전·보건 전문가 또는 전문기관의 컨설팅을 받을 수 있다.

④ 사업주가 다음 각 호의 어느 하나에 해당하는 제도를 이행한 경우에는 그 부분에 대하여 이 고시에 따른 위험성평가를 실시한 것으로 본다.

1. 위험성평가 방법을 적용한 안전·보건진단(법 제47조)

2. 공정안전보고서(법 제44조). 다만, 공정안전보고서의 내용 중 공정위험성 평가서가 최대

4년 범위 이내에서 정기적으로 작성된 경우에 한한다.

3. 근골격계부담작업 유해요인조사(안전보건규칙 제657조부터 제662조까지)

4. 그 밖에 법과 이 법에 따른 명령에서 정하는 위험성평가 관련 제도

⑤ 사업주는 사업장의 규모와 특성 등을 고려하여 다음 각 호의 위험성평가 방법 중 한 가지 이상을 선정하여 위험성평가를 실시할 수 있다.

1. 위험 가능성과 중대성을 조합한 빈도·강도법

2. 체크리스트(Checklist)법

3. 위험성 수준 3단계(저·중·고) 판단법

4. 핵심요인 기술(One Point Sheet)법

5. 그 외 규칙 제50조 제1항 제2호 각 목의 방법

아울러 산업안전보건법은 <그림 60>과 같은 법규 체계를 가지고 있다.

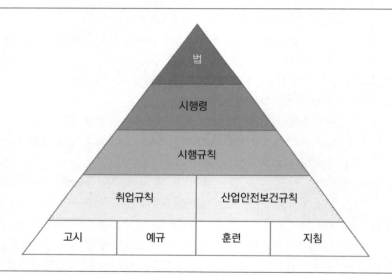

그림 60 **산업안전보건법규 체계도**

다른 나라의 리스크 평가 제도의 도입 현황은 <표 52>와 같다.

표 52 **다른 나라의 리스크 평가제도 도입 현황**

구 분	주 요 내 용
EU-OSHA	'89년에 산업안전보건관리 기본 지침(The Framwork Directive 89/331/EECO)을 제정 - EU 회원국은 자국의 사정에 맞게 국내법을 제정하고 리스크 평가 정책 추진
영국	'92년에 EU 기본 지침에 따라 The Management of Health and Safety at Work Regulation을 제정하여 본격 도입
독일	'96년에 EU 기본 지침에 따라 "사업장 근로자 안전보건보호법(ArbSchG)" 제정 - 지도·감독의 중심을 사업장 내부의 리스크 평가 실시 여부로 변경
미국	리스크 평가에 대한 의무 규정 없음 - 리스크 평가를 기반으로하는 자율안전보건관리체계를 구축하도록 감독 규제
호주	'00년도에 산업안전보건법에 도입. '01년도에 시행령에 상법주의 의무 부과 - 리스크 평가 및 개선토록하고 5년에 한 번 재평가 의무화
일본	'06년도에 노동안전위생법 개정으로 리스크 평가 노력 의무 부과 - 세부 내용은 리스크 평가 등에 관한 지침을 정하여 운영

1 리스크 평가 기법의 구분

리스크 평가는 정성적 리스크 평가와 정량적 리스크 평가로 구분한다.

정성적 평가는 위험요인을 도출하며 그에 대한 안전 대책을 확인하고 수립한다. 정량적 평가는 위험요인이 사고를 발생시킬 수 있는 가능성과 중대성을 정량적으로 계산하여 리스크를 수치로 나타내고 허용 범위를 벗어난 위험요인에 대하여 안전 대책을 수립한다.

리스크 평가의 기법 및 종류는 정성적 리스크 평가와 정량적 리스크 평가로 나누어 <표 53>과 같이 구분하였다.

표 53 **리스크 평가 기법의 구분**

기법 유형	정성적 평가	정량적 평가
조사 방식	체크 리스트 (Checklist) 예비위험분석 PHA (Preliminary Hazard Analysis)	
보조 방법	인터뷰 (Interview)	인간 신뢰성 분석 (Human Reliability Analysis)

	브레인스토밍 (Brainstorming) 델파이 기법 (Delphi Techniqiue) 사고예상질문법 (What-if)	
시나리오 분석	근본원인분석 (Root Cause Analysis) 시나리오분석 (Sceinario Analysis) 비지니스 업무 영향력 분석 (Business Impact Analysis) 원인 및 영향 분석 CEA (Cause & Effect Analysis)	결정수 분석 (Decision Tree Analysis) 결함수 분석 FTA (Fault Tree Analysis) 사건수 분석 ETA (Event Tree Analysis) 원인결과 분석 CCA (Cause Consequence Analysis) 근본원인 분석 RCA (Root Cause Analysis)
기능 분석	스니크분석 (Sneak Analysis) 위험요인과 운전 분석 HAZOP (Hazard and Operability Studies) 위험요인 분석과 중요 관리 기준 HACCP(Hazard Analysis and Critical Control Points) 환경 리스크 평가 (Enviroment Risk Assessment) 고장형태와 영향분석 FMEA (Failure Mode Effect Analysis)	신뢰성 중심 유지보수 분석 (Reliability-Centered Maintenance)
통제수단 평가	보우-타이 분석 (Bow-Tie Analysis)	방호계층분석 (Layers of Protection Analysis)
통계방법		마르코프 분석 (Markov Analysis) 몬테카를로 시뮬레이션 분석 (Monte-Carlo Simulation Analysis) 베이지안 분석 (Bayesian Analysis) 비용편익분석 (Cost Benefit Analysis)

정량적 평가는 사고의 가능성과 중대성을 수치로 나타내는 것이 실제적으로 쉽지 않으며 이에 대한 신뢰도가 높지 않을 수 있으므로, 이를 보완하기 하여 정성적 평가를 사용하여 위험요인에 대한 발생 가능성과 중대성의 범주와 크기를 그룹별로 구분하여 리스크를 정하는 방법을 사용하기도 한다.

리스크 평가의 실시 주체는 사업주이며 안전보건관리책임자, 관리감독자, 안전관자, 보건관리자 또는 안전·보건관리자 그리고 대상 공정 작업자가 모두 참여하여 역할을 분담한다. 안전·보건관리 책임자는 리스크 평가를 총괄관리하고 관리감독자는 파악된 유해·위험요인에 대하여 개선 조치를 시행한다. 안전·보건관리자는 안전보건 책임관리자를 보좌하며 지도와 조언으로 위험성 평가가 온전히 실행될 수 있도록 한다. 대상 공정 작업자는 해당 공정의 유해·위험요인을 파악하고 리스크 감소대책 수립 및 리스크 감소 대책 등 이행 여부 확인에 참여한다.

리스크 평가를 실시 할 때 선정해야 할 기법은 대상 공정과 범위, 영향 요인 등을 고려하여 선정한다. <표 54>는 리스크 평가 기법을 선정할 때 고려할 수 있는 사항이다.

표 54 **리스크 평가 기법 선정 시 고려 사항**

고려 사항	세부 내용
특징	• 리스크 평가 기법이 대상 조직과 상황에 적합해야 한다 • 리스크에 대한 이해도를 높여주고 위험요인 처리 방식에 대한 형식을 제공해야 한다 • 리스크 평가는 추적·반복·검증될 수 있어야 한다
대상 및 범주	• 리스크 평가 대상 • 의사결정자의 요구사항 • 분석되는 리스크의 유형과 범위 • 결과에 대한 잠재적 영향 • 전문지식·사람·요구된 기타 자원의 수준 • 데이터 및 정보의 유용성 • 리스크 평가 결과의 수정 및 갱신의 필요성 • 규정과 계약상의 조건

영향 요인	• 자원의 이용 가능성
	  ✓ 리스크 평가팀의 역량 및 능력
	  ✓ 조직 내의 리스크 평가 기간 및 기타 자원의 제약
	  ✓ 외부 자원이 요구되는 경우에 이용 가능한 자산
	• 불확실성의 본질 및 수준
	• 복잡성

사업주의 리스크 평가는 『산업안전보건법』 제7조에 따라 실시하며, 다음에 해당하는 제도를 이행한 경우에는 리스크 평가를 실시한 것으로 본다.

• 위험성평가 방법을 적용한 안전·보건진단(법 제47조)

• 공정안전보고서(법 제44조). 다만, 공정안전보고서의 내용 중 공정위험성 평가서

가 최대 4년 범위 이내에서 정기적으로 작성된 경우에 한한다.

- 근골격계부담작업 유해요인조사(안전보건규칙 제657조부터 제662조까지)
- 그 밖에 법과 이 법에 따른 명령에서 정하는 리스크 평가 관련 제도

또한, 사업주는 사업장의 규모와 특성 등을 고려하여 다음의 리스크 평가 방법 중 한 가지 이상을 선정하여 리스크 평가를 실시할 수 있다.

- 위험 가능성과 중대성을 조합한 빈도·강도법
- 체크리스트(Checklist)법
- 위험성 수준 3단계(저·중·고) 판단법
- 핵심요인 기술(One Point Sheet)법
- 그 외 (산업안전보건법 시행)규칙 제50조 제1항 제2호 각 목의 방법

『산업안전보건법』 제44조에 의한 "공정안전보고서" 작성에는 "공정위험성평가서"가 포함되어야 한다. "공정위험성평가서"는 산업안전보건법 시행규칙 제50조 제1항 제2호에 따라 다음 기법 중 한 가지 이상을 선정하여 위험성(리스크) 평가를 하여야 한다.

- 체크리스트(Check List)
- 상대위험순위 결정(Dow and Mond Indices)
- 작업자 실수 분석(HEA)
- 사고 예상 질문 분석(What−if)
- 위험과 운전 분석(HAZOP)
- 이상위험도 분석(FMECA)
- 결함 수 분석(FTA)
- 사건 수 분석(ETA)
- 원인결과 분석(CCA)
- 상기와 같은 수준 이상의 기술적 평가 기법

"공정위험성평가서"는 "공정안전보고서의 제출심사 확인 및 이행상태 평가 등에 관한 규정(고용노동부고시 제2020−55호)" 제27조 제1항에 따라 다음의 사항을 포함하여

작성하여야 한다.

- 위험성(리스크) 평가의 목적
- 공정 위험 특성
- 위험성(리스크) 평가결과에 따른 잠재 위험의 종류 등
- 위험성(리스크) 평가결과에 따른 사고빈도 최소화 및 사고 시의 피해 최소화 대책 등
- 기법을 이용한 위험성(리스크) 평가 보고서
- 위험성(리스크) 평가 수행자 등

또한, "공정안전보고서의 제출심사 확인 및 이행상태 평가 등에 관한 규정(고용노동부고시 제2020-55호)" 제27조 제6항에 의한 공정위험성평가 외에 설비 등의 설치, 개·보수, 촉매 등의 교체 등 각종 작업에 관한 위험성(리스크) 평가를 수행하기 위하여 "사업장 위험성평가에 관한 지침"에 따라 작업안전분석(Job Safety Analysis, JSA) 기법 등을 활용하여 위험성(리스크)평가를 실시하여야 한다.

2 정성적 리스크 평가

위험요인을 도출하고 그에 대한 리스크 감소 대책을 확인하고 수립하는 정성적 리스크 평가를 위한 주요 기법을 살펴본다.

가. 위험성 수준 3단계법

"위험성 수준 3단계법"은 위험성 결정을 위해 유해·위험요인의 리스크를 가늠하고 판단할 때, 리스크 수준을 상·중·하 또는 저·중·고와 같이 간략하게 구분하고, 직관적으로 이해할 수 있도록 리스크의 수준을 표시하는 방법이다.

"위험성 수준 3단계법"은 중·소규모 사업장의 리스크 평가에 권장하는 기법으로

'위험성의 정도를 쉽게 이해'하고, '비교적 빠르게 위험의 우선순위를 결정'하며, '3단계 구분에 대한 객관적 기준을 사전에 설정'하여야 한다.

□ 평가 절차

"위험성 수준 3단계법"의 평가 절차는 <그림 61>과 같다.

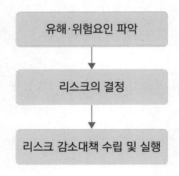

그림 61 **위험성 수준 3단계법 수행 흐름도**

유해·위험요인 파악은 무엇을 평가할 것인지에 대한 "리스크 평가의 대상"을 선정하고 "유해·위험요인을 파악" 즉, 위험요인에 노출되는 근로자의 수와 어떤 위험요인이 있으며 그로 인한 부상 및 질병의 요인은 무엇인지를 파악한다.

리스크의 결정은 파악한 유해·위험요인이 얼마나 위험한지를 가늠하는 단계로서 리스크의 수준을 상·중·하의 3단계 등급으로 구분한다. 등급은 근로자의 경험 등을 기반으로 미리 정해 놓은 기준을 사용하고 현재 시행되고 있는 안전보건 시책을 고려하여 판단하며 기록 양식에 기록한다. 유해·위험요인의 등급이 "허용 가능 리스크 수준"인지를 판단하고 결정한다.

리스크 감소 대책 수립 및 실행은 리스크 결정 단계에서 유해·위험요인의 등급이 허용 불가능한 리스크의 수준이라면 리스크 수준을 낮추기 위한 대책을 수립하고 실행하여야 한다.

□ 리스크 수준 및 판단 기준

리스크 수준과 판단 기준은 리스크 평가 계획을 수립 할 때에 미리 정해야 한다. <표 55>는 리스크 평가 및 판단 기준의 사례이다.

표 55 리스크수준 및 판단 기준 (사례)

리스크 수준		판단 기준	리스크 허용 가능 여부
상	매우 높음	• 사고로 인한 사망 또는 장애가 발생할 수 있는 위험 • 산업안전보건 법규 기준을 만족하지 못하는 경우	
중	보 통	• 사고로 인하여 요양이 필요한 경우 • 아차 사고 사례가 있는 경우	
하	매우 낮음	• 근로자에게 경미한 부상 또는 질병이발생이 예상되는 경우	

<표 56>은 리스크 감소대책 수립실행 결과의 기록을 예시로 나타내었다.

표 56 리스크 감소대책 수립·실행 결과의 기록 (예시)

평가대상 : 수영장 운영				평가자 : 김체육, 박수영		
번호	유해위험요인파악 (위험한 상황과 결과)	리스크의 수준 (상·중·하)	개선 대책	개선 예정일	개선 완료일	담당자
1	수영장 샤워장 복도 바닥 이동 중 미끄러짐 위험	☑ ☐ ☐ 상 중 하	• 바닥을 논슬립 타일로 변경 • 미끄럼 주의 표시 부착	'24.3.15	'24.5.15	김체육
2	탈의실 미닫이 문이 복도로 열리게 되어 복도 이동자 부딪힘 위험	☐ ☑ ☐ 상 중 하	• 미닫이 문을 탈의실 안 쪽으로 열리게 변경 • 부딪힘 주의 표시 부착	'24.3.30	'24.5.30	박수영
3	체력단련실 벽면 전기 콘센트 금속재 접촉 으로 감전 위험	☐ ☐ ☑ 상 중 하				

나. 핵심요인 기술법(OPS)

"핵심요인 기술법"은 영국 산업안전보건청(HSE), 국제노동기구(ILO)에서 안내한 기법으로 리스크 수준이 높지 않고, 유해·위험요인이 많지 않은 중·소규모 사업장의 리스크 평가 시행에 사용한다. 단계적으로 핵심 질문에 답변하는 방법으로 간략하게 리스크 평가를 실시하는 기법이다.

□ 유해·위험요인 파악

유해·위험요인 파악의 절차는 <그림 62>와 같다.

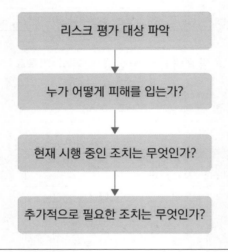

그림 62 핵심요인 기술법 수행 흐름도

리스크 평가 대상 파악을 위하여 그 간에 있었던 사건사고 및 아차사고 등의 자료를 수집하여 파악하며 리스크 평가 대상을 선정한다. 스포츠 종목의 특성을 고려하여 위험한 요인을 목록화하여 집중 관리한다. 스포츠시설의 위험요인과 스포츠이벤트 시의 위험요인을 꼼꼼히 살핀다.

누가, 어떤 피해를 입는지? 알기 위하여 스포츠시설을 이용하는 스포츠 참여자와 관리자 등이 어떤 위험 요인에 몇 명이나 노출되는지를 파악한다. 어떻게 위험한 상황이 발생하는지, 그 결과 어떤 부상·질병 등의 잠재적 부정적 결과가 나타나는지를 파악한다.

현재 시행 중인 안전조치는 무엇인지? 알기 위하여 스포츠시설 관계자가 어떻게 피해를 입는지 파악했다면 기존에 시행하고 있던 피해방지를 위한 위험예방조치와 활동을 파악한다.

추적으로 필요한 조치는 무엇인지? 알기 위하여 기존에 시행하고 있던 안전·보건 조치를 살펴보다 보면 자연스럽게 기존의 시행대책이 효과가 있는지, 얼마나 효과적인지 알 수 있다. 기존 시행대책의 효과를 검토하고, 추가적인 조치가 필요한지를 살펴보는 단계이다. 사전 준비 단계에서 결정한 허용 가능한 리스크의 수준과 비교하고 기존에 시행하고 있던 대책이 관계자를 적절히 보호하고 있다고 판단되는 경우에는 해당 유해·위험 요인에 대한 추가 개선 대책 수립이 불필요하다. 다른 사업장의 우수 사례, 안전보건 자료에 안내되는 안전 조치, 법에서 정한 기준 등과 같은 모범사례를 먼저 살펴보고, 리스크 감소대책 수립 순서를 살펴보며, 합리적으로 실행 가능한 조치가 되었는지를 따져보는 방법이 있다.

☐ 리스크 감소대책 수립·실행

유해·위험요인 파악의 과정을 수행하며 리스크 감소대책을 수립하고 실행한다. 리스크 감소대책 수립·실행 결과의 기록 예시는 <표 57>과 같다.

표 57 **리스크 감소대책 수립·실행 결과의 기록 (사례)**

어떤 유해· 위험요인이 있는가?	누가 어떻게 피해를 입는가?	현재 시행 중인 조치는 무엇인가?	추가적으로 필요한 조치는 무엇인가?	담 당 자		
				담당자	개선 기간	완료 일자
골프공 비구	선행 골퍼 타구 부상	티오프 간격 8분 운영	인접한 홀간 안전망 추가 설치 (1홀과 2홀 사이)	이골프	'23.5. 16	'23.5. 30
절토 비탈면 낙석	골퍼 및 근로자	수직면 5미터 마다 소단 시공	비탈면에 낙석 방지망 설치	김카트	'23.5. 17	'23.5. 30
...	...	...	...	...	...	...

다. 체크리스트(Checklist)[1]

"체크리스트 기법"은 사전에 작성된 리스트를 기반으로 리스크 평가를 경험적으로 비교하며 평가는 기법이다. 리스트는 스포츠시설 등의 설계에서 생략된 초기 위험에 해당하는 결함 상태, 위험한 환경, 공정 및 설비의 오류 등에 대한 위험요인을 작성하여 과거의 사례를 비교하며 리스크를 파악한다. 일반적으로 체크리스트는 설계 과정에서 고려하지 못한 중요한 문제점을 목록화한 것이라 할 수 있다. 전반적인 공정에 대하여 설계 도서를 검토하며 수행한다

체크리스트는 설계 도서와 현장 시설에 대한 이해력이 있는 사람이 더욱 유용하게 사용할 수 있으며, 중·소규모 사업장에 권장하는 매우 단순한 리스크 분석 기법이다. '간단하고 바른 결정이 가능'하며, '신뢰성 및 일관성이 높고' '점검 항목의 적정성 확인은 소수의 인원이 수행 가능'하며, '체크리스트 항목 작성에 경험·지식 등 전문성이 요구'된다.

다만, 체크리스트는 목록에 없는 항목은 평가에서 배제될 수 있다. 체크리스트는 위험요인에 대한 영향력이나 리스크의 중대성 및 우선순위를 정할 수가 없다.

체크리스트기법은 다음과 같은 설비, 절차 등에 대한 리스크 평가를 수행하는 경우에 적용한다.

① 저장탱크 설비(열원 가스통, 소독약품통 등)

② 유틸리티 설비(정빙기, 리프트, 카트, 도약대, 조명탑, 정광판 등)

③ 제조공정 중 고체건조·분쇄설비 등 간단한 단위공정(여과순환공정 등)

④ 공장배치(스포츠시설물 배치)

⑤ 시운전, 정상운전, 가동정지 및 비상운전을 포함한 운전절차

⑥ 검사 및 정비

⑦ 안전, 환경 및 공장관리

⑧ 공장조직(스포츠시설 관리조직, 스포츠이벤트 조직 등)

---

1) KOSHA GUIDE P-81-2012 "위험성평가에서의 체크리스트 기법에 관한 기술 지침"

⑨ 교육훈련 및 기타 체크리스트기법으로 평가가 가능한 항목

체크리스트의 리스크 평가 절차와 결과 기록지는 <그림 63> 및 <표 58>과 같다.

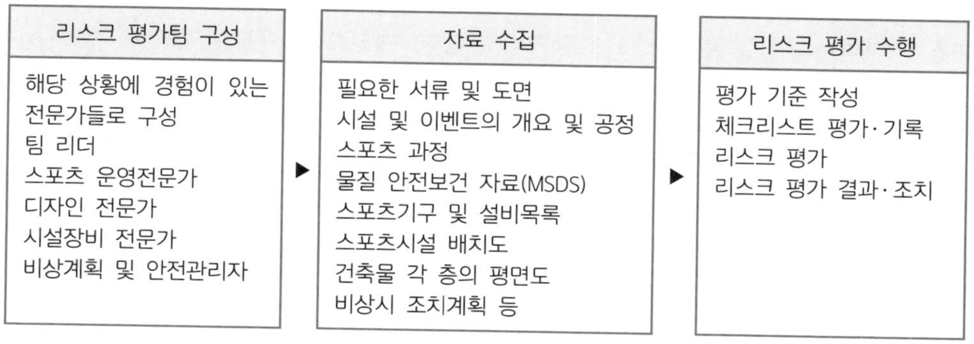

리스크 평가팀 구성	자료 수집	리스크 평가 수행
해당 상황에 경험이 있는 전문가들로 구성 팀 리더 스포츠 운영전문가 디자인 전문가 시설장비 전문가 비상계획 및 안전관리자	필요한 서류 및 도면 시설 및 이벤트의 개요 및 공정 스포츠 과정 물질 안전보건 자료(MSDS) 스포츠기구 및 설비목록 스포츠시설 배치도 건축물 각 층의 평면도 비상시 조치계획 등	평가 기준 작성 체크리스트 평가·기록 리스크 평가 리스크 평가 결과·조치

그림 63 **체크리스트 리스크 평가 절차**

표 58 **리스크 평가 결과 기록지**

리스크 평가 결과 기록지						
검토구간 :						
평가항목 :			작성일자 :		평가검토일자 :	
번호	평가기준	현재안전조치	평가 결과		위험도	개선 번호	개선권고 사항
			적정	보완			

라. 사고예상질문분석(What-if)[2]

사고예상질문분석 기법은 화학과 석유화학 플랜트의 유해성 조사를 위해 설계되었다. 하지만 공장전반에 대하여 적용할 수 있으며, 주로 공정 및 설비의 이상과 공정의 변화에 대하여 적용한다. 특히, 변화의 결과와 그로 따른 변경 또는 생성된 위험요인을 조사하는 데 유용하다. HAZOP의 간단한 대안으로 개발되었으나 FMECA나 HAZOP과 같은 구조적 프레임을 가지고 있지는 않다. 설계, 시공, 운전 단계의 공정 수정에서 발생할 수 있는 누락 현상을 조사하는 데 유용하다. 사고예상질문분석은 공정의 개발 단계나 시운전 초기 단계에서 적용된다.

사고예상질문분석 기법의 적용 대상 항목은 다음과 같다.
① 공정장치의 설계
② 공정장치의 운전
③ 원재료, 중간제품 및 최종 제품의 취급, 저장 및 관리
④ 안전관리
⑤ 환경관리
⑥ 검사 및 정비
⑦ 공공의 안전 및 공해방지
⑧ 기타 사고예상질문분석 기법을 통하여 위험의 확인이 가능한 항목

사고예방질문법의 리스크 평가절차와 사고예방질문 분석표는 <그림 64>, <표 59>와 같다.

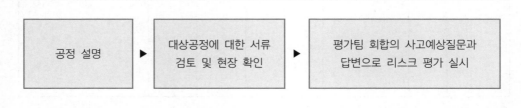

그림 64 **사고예방질문분석 리스크 평가 절차**

2) KOSHA GUIDE P−83−2012 "사고예상질문분석(What−if) 기법에 관한 기술지침"

표 59 **사고예방분석표 양식**

사고 예방 분석표

번호	사고예방질문	사고 및 결과	안전 조치	위험 등급	개선권고사항

사고예상질문분석의 결과는 목록의 형태로 나타내며 사고예상질문과 사고 및 결과, 안전조치, 위험등급 그리고 개선·권고사항을 포함한다. 분석 결과는 정성적이나 경우에 따라 정량적으로 나타낼 수도 있다.

사고예상질문은 사고를 일으킬 수 있는 가능성을 질문의 형태로 작성하고, 사고 및 결과는 사고예상질문에 대한 답변으로 사고의 내용과 그 결과 및 영향을 기술한다. 위험등급은 유해·위험물질의 누출량, 인명 및 재산피해, 가동정지 기간 등의 치명도와 발생빈도를 감안하여 1에서 5까지 위험등급을 표시한다. 위험등급, 발생빈도, 치명도는 사업장의 특성에 맞도록 표준을 정한다.

마. 위험과 운전분석(Hazard & Operability Studies, HAZOP)[3]

이 기법은 화학공장 등의 연속공정의 리스크 평가에 적용한다. 공정에 존재하는 위험요인과 공정의 효율을 떨어뜨릴 수 있는 운전상의 문제점을 찾아내어 그 원인을 제거하는 방법이다. 일반적으로 설계의 후반에 실시되어 설계 변경을 초래하므로 추가 비용 발생의 요인이 되기도 한다. 이 기법은 신규 시설이나 기존 시설의 프로세스 및 엔지니어링 의도를 자세히 조사하여, 장비의 개별적 설계 의도나 오작동 그리고 무관한 잠재적 운영 위험요인과 시설 전체에 미치는 영향을 평가한다.

이 기법의 리스크 평가팀은 팀 리더와 평가내용을 기록할 서기를 임명한다. 또

---

3) KOSHA GUIDE P−82−2023 "연속공정의 위험과 운전분석(HAZOP)기법에 관한 기술 지침"

한, 리스크 평가 대상 공정에 관한 기술적 사항을 확실하게 알고 있는 설계팀의 기술
자 및 향후 운전을 담당할 운전팀의 기술자가 반드시 참여하여 설계 및 운전방법에
관하여 확실히 설명을 할 수 있도록 하며, 설계팀 및 운전팀의 기술자 이외에도 기술
분야별로 전문가가 참가한다.

기존 공장의 리스크 평가를 수행하거나 소규모로 공장 변경에 대한 리스크 평가
를 수행하는 경우에는 공장 운전팀의 공정, 계측제어, 기계, 전기기술자 및 운전조장
등으로 리스크 평가 팀을 구성한다.

신설 공장의 경우에는 사업책임자, 공정, 계측제어, 기계, 전기기술자 및 운전조
장 등으로 리스크 평가 팀을 구성한다.

리스크 평가 팀 구성원의 주요 임무는 <표 60>을 참조할 수 있다.

표 60 리스크 평가 팀 구성원의 주용 임무 예시

팀 구성원	주요 임무
팀 리더	팀 리더는 리스크 평가의 전반적인 책임자 평가의 목적과 범위 설정 검토 일정의 수립 팀의 구성 및 협조 요청 필요한 자료의 파악과 수집 편의시설이나 컴퓨터 등 장비의 준비 팀 구성원 교육 평가회의 진행 최종 보고서의 작성
서기	위험성 평가결과 기록지 작성 각 개선·권고사항의 검토배경
공정기사	각 검토구간에 대한 공정 설명 각 공정의 기본설계 자료 제공 운전자료 제공
기계설계기사	설비 설계에 적용되는 기준 제공 설비 및 배관 등의 명세 제공 일괄 공급설비의 상세 자료 제공 설비 및 배관 배치도면 제공
계장 및 제어기사	제어계통 개념 및 제어시스템 설명 제어시스템의 하드웨어 및 소프트웨어에 대한 정보 제공 하드웨어에 대한 신뢰성 및 일반적인 고장 형태 제공 제어 시퀀스, 경보/트립 설정치, 자동 비상정지 등에 대한 시험, 조정 및 보수 등에 대한 자료 제공

운전조장	공정배관·계장도면 또는 운전 절차서가 실제 공정 운전과 일치하는지 여부 확인 현재의 공정이 도면 등에 반영되었는지의 확인 상세한 운전실무와 절차의 제공 운전팀 관심사항의 반영
안전부서 대표	회사 내의 안전표준이 반영되었는지의 확인 회사 내의 모든 설비에 대한 안전조치가 일관성 있게 결정되었는지의 확인
공정화학 기술자	공정 내 사용되는 물질안전보건자료 제공 이상 반응, 부산물, 부식 등 화학물질에 의한 잠재 위험성에 관한 자료 제공

위험 및 운전분석(HAZOP)의 리스크 평가 절차는 <그림 65>와 같다

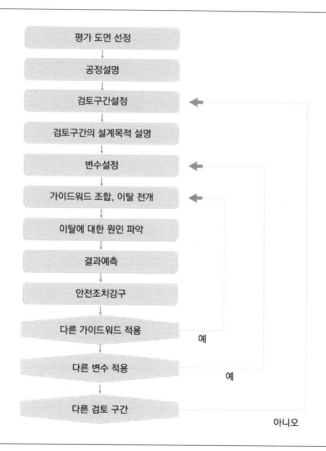

그림 65 **위험 및 운전분석 리스크 평가 절차**

바. 작업안전분석(Job Safety Analysis, JSA)[4]

"작업안전 분석 기법(Job Safety Analysis, JSA)"은 특정한 작업을 주요 단계(Key step)로 구분하여 각 단계별 유해·위험요인(Hazards)과 잠재적인 사고(Accidents)를 파악하고 이를 제거, 최소화 또는 예방하기 위한 대책을 개발하기 위해 작업을 연구하는 방법이다. 이 기법은 단계적 예비 조치 분석 기법이다.

작업 진행 중에 가장 안전한 방식을 결정하고 많은 사람의 지식과 경험으로 절차서를 작성하여 체계적인 작업 방식을 제공한다. 리스크에 대하여 위험요인을 스스로 통제하며 최소화하는 해결 방안을 제시한다.

화학 설비에서의 사고 원인은 공정(불안전한 상태) 리스크 보다 근로자의 작업(불안전한 행동) 리스크가 크기 때문에 작업의 안전관리 강화를 위하여 2016년 8월 18일 고용노동부 고시 제2016−40호에 따라 작업안전분석(JSA)이 시작되었다.

작업안전분석을 위한 양식은 작업단계, 잠재 위험성, 안전 작업 방법의 3칸으로 구성하며 <표 61>과 같다.

표 61 **작업 안전 분석 기법 양식**

작업명		작업번호		개정일자	
		작성자		작성일자	
부서명		검토자		검토일자	
작업지역		승인자		승인일자	
필요한 보호구	예) 안전화, 안전모, 부호안경, 보안면, 내산장갑				
필요한 장비/공구	예) 망치, 체인블록				
필요한 자료	예) 차량 하역 작업 점검표, 작업 허가서, MSDS				
필요한 안전장비	예) 이동식 소화기 2개, 차량 받침목				

번호	작업 단계	잠재 위험성 (유해·위험요인)	안전 작업 방법 (대책)

---

4) KOSHA GUIDE P−140−2020 "작업위험성평가에 관한 기술 지침."

먼저 작업단계는 단계별로 충분히 분석하여 관찰이 가능하고 변화를 가져 올 수 있는 있을 정도로 분할한다.

잠재 위험성은 경험이 있는 사람과 함께 관찰하며 분석한다. 모든 위험요인을 고려하며 사소한 사항까지 검토한다. 위험요인은 물리적인 위험요인, 인간적 위험요인, 환경적 위험요인으로 구분한다.

안전한 작업 방법은 위험요인으로부터 사고가 발생하지 않도록 안전한 작업 방법을 제공한다. 작업의 방법은 초보자에게도 도움이 되도록 하여야 하며, 해야 할 작업과 하지 말아야 할 작업을 명확히 하여야 한다.

작업안전분석의 리스크 평가 절차는 <그림 66>과 같다.

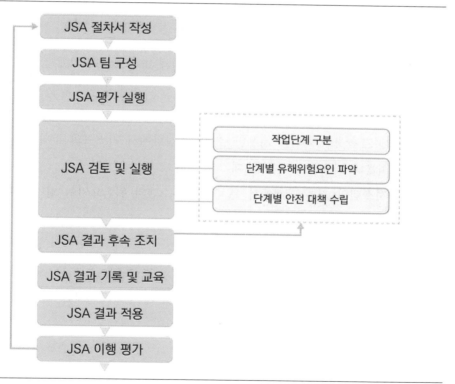

그림 66 JSA 기스크 절차 흐름도

운전 및 위험 분석 (HAZOP)은 현장 설계 단계에서 작용한다면 작업안전분석(JSA)은 현장 운전 단계에 적용하여 작업 단계별로 유해·위험 요인을 찾아 안전한 작업 방법을 수립한다. 작업 안전성 분석 (JRA)를 통하여 선정된 주요 작업 (Critical Job)을 주요 단계(Key Step)로 구분하여 각 단계별 유해·위험 요인을 파악하고, 해당 작업을 안전하게 수행할 수 있도록 작업 절차를 마련한다.

작업 안전 분석을 적용하는 시점은 작업을 수행하기 전 / 사고 발생 시 원인을 파악하고 대책의 적절성을 평가 할 경우 / 공정 또는 작업 방법을 변경할 경우 / 새로운 물질을 사용할 경우 / 이해 당사자에게 사용하는 설비의 안전성을 쉽게 설명하고자 할 경우이다.

사. 예비위험분석(Preliminary Hazard Analysis, PHA)

예비위험분석(PHA)은 공정 플랜트의 개념설계 또는 R&D단계에서 적용하여 공정 플랜트의 위치를 선정하거나 공정 P&ID를 개발하기 전에 설계검토를 하는 기법이다. 설계자, 개발자, 기술자 및 기타 플랜트 관련자 등에게 적용되며, 내용은 플랜트를 개발하기 전에 포괄적인 기법을 사용할 수 없는 상황에서 리스크의 순위를 결정하거나 기존의 시설물의 리스크를 분석할 때 적용한다.

모든 시스템의 최초 단계에서 분석하여 시스템의 위험요인이 얼마나 위험한 상

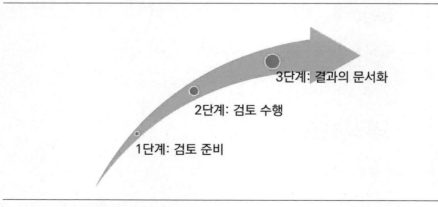

3단계: 결과의 문서화

2단계: 검토 수행

1단계: 검토 준비

그림 67 **예비위험분석 절차**

태인지를 정성적으로 평가한다. 시스템 개발 단계의 위험영역을 확인하고 미치는 위험의 정도나 개선 방법을 조사하며 재해의 위험 수준을 평가한다.

예비위험분석의 절차는 검토 준비, 검토수행, 결과에 대한 문서화와 같은 3단계 절차이며 <그림 67>과 같이 진행된다.

□ 검토의 준비

- PHA 팀은 주요 플랜트 또는 시스템은 물론 유사한 플랜트이거나 서로 다른 공정을 갖고 있지만 유사한 장비와 물질을 사용하는 플랜트의 관련 정보를 수집해야 한다.
- PHA 팀은 가능한 한 많은 리스크 근원을 확인하여야 한다. 이러한 리스크 근원을 확인하는데 유사한 시설물의 리스크 연구, 유사한 시설물에서의 운전 경험, 체크리스트 등을 활용할 수 있다.
- PHA는 플랜트 수명주기의 초기에 적용하기 때문에 플랜트에 관한 정보는 제한될 수 있다. 그러나 팀은 PHA를 효율적으로 수행하기 위해 최소한 공정의 개념설계를 서면으로 설명해야 하므로 기본적인 화학 물질, 반응 및 관련된 공정변수는 물론 용기, 열교환기 등 장비의 형태에 대해서도 알아야 한다.
- 플랜트의 운전 목표와 기본적인 수행요건도 시설물의 리스크 형태와 운전환경을 규정하는 데 도움이 된다.

□ 검토

PHA를 수행하면 바람직하지 않은 결과를 야기하는 주요 리스크와 사고상황이 확인되나 PHA를 통해 리스크를 제거하고 감소시키는 설계기준이나 대안도 확인해야 한다. 따라서 PHA를 수행하는 유해·위험요인 수준 판정팀은 다음과 같은 절차를 따른다.

- PHA 팀 각 주요 공정에서 리스크를 확인하고 이러한 리스크와 관련된 잠재적인 사고의 가능한 원인과 영향을 평가하여야 한다.
- PHA 팀은 일반적으로 원인에 대한 철저한 목록을 개발하는 것 보다 사고의 신뢰성을 충분히 판단할 수 있는 경우의 수를 열거하여야 한다.

- PHA 팀은 각각의 사고에 대한 영향을 평가한다. 이러한 영향은 잠재적인 사고와 관련된 최악의 경우의 충격을 표시할 수 있어야 한다.
- 팀은 잠재적인 각 사고 상황을 사고의 원인과 영향의 중요성에 따라 다음의 유해·위험요인 범주(Hazard category) 중에서 하나를 결정하여 유해·위험요인을 교정하거나 완화시킬 수 있는 방안을 기록해야 한다.

  √ 유해·위험요인 범주 Ⅰ : 무시할 수 있음
  √ 유해·위험요인 범주 Ⅱ : 별로 중요하지 않음
  √ 유해·위험요인 범주 Ⅲ : 위험한 상태
  √ 유해·위험요인 범주 Ⅳ : 큰 재해

□ 문서화

PHA의 결과는 확인된 리스크, 원인, 잠재적인 결과, 리스크 종류 및 확인된 교정 또는 예방 수단을 규정 양식에 알맞게 기록한다. 그러나 일부 다른 사항도 추가하여 부여된 후속 조치와 중요한 문제의 시행 일정, 플랜트 작업자가 이행한 실제의 교정 조치를 반영한다.

아. 4M 리스크 평가

현장에 잠재되어 있는 유해·위험요인을 Machine(기계적), Media(물질·환경적), Man(인적), Management(관리적) 등 4가지 분야에서 유해·위험요인을 도출하고 발생 빈도와 피해 크기를 그룹화하는 리스크 평가 기법이다.

- Man(인적) : 사람(스포츠 참여자, 시설관리자, 여성, 남성, 고령자 등)의 불안전 행동(자세, 동작 결함, 정보의 부적절 등)을 유발시키는 인적 위험 평가
- Machine(기계적) : 스포츠시설의 불안전 상태를 유발시키는 설계, 제작(시공), 안전장치 등을 포함한 설비 자체 및 주변의 위험 평가
- Media(매체·환경적) : 활동 공간의 불량, 소음, 분진, 유해 광선, 유해 물질 등 작업환경 평가

- Management(관리적) : 관리 감독 및 지도적 결여, 교육훈련의 미흡, 매뉴얼, 지침 등 미작성, 안전 표지판 미게시, 안전의식 해이로 사고를 유발시키는 관리적인 사항 평가

□ 평가 절차

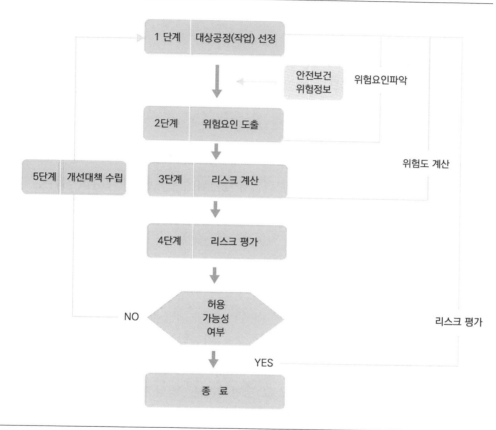

그림 68 **4M 리스크 평가 절차 흐름도**

□ 개선 실행 계획서의 시행

개선실행 계획서의 개선 일정은 리스크 수준, 개선 일정 및 소요경비를 파악하여 사업장에 적합하도록 자율적으로 시행한다. 개선 대책은 "합리적이고 실행 가능한 한

위험도를 낮게"(ALARP : As Low As Reasonably Practical)하도록 계획을 세워야 한다.

□ 이행결과 확인 및 사후 관리

- 개선 대책 내용의 개선 여부 확인
- 개선 대책 후 잔여 유해·위험요인에 대한 정보 등을 게시하고 안전보건교육 실시
- 미개선 사항 등 실행과정에서 발생된 문제점, 애로사항 등에 대한 추가 컨설팅 실시
- 리스크 평가 기법 교육
- 리스크 평가를 기반으로 한 안전보건교육 실시

□ 평가 결과의 타당성 검토 및 보고

- 위험성을 평가하여 얻은 위험 감소대책의 실효성 여부 등 위험성 평가의 타당성을 안전 담당 부서원이 포함된 별도의 평가팀에서 최종적으로 검토하여야 하며, 이때 고려할 사항은 다음과 같다.
  √ 위험감소 대책에 기술적 난이도 및 실효성이 고려됐는지 여부
  √ "합리적으로 실행 가능한 낮은 수준"으로 고려했는지 여부
  √ 실행우선 순위가 적절한지 여부
  √ 새로운 위험이 발생하지 않는지 여부
  √ 위험감소 대책실행 후 위험도가 허용 가능한 위험범위 이내인지 여부
- 평가 결과의 보고
리스크 감소 대책을 포함한 리스크 평가 결과는 경영층에 보고하고, 산업안전보건위원회 등의 승인을 받은 후, 리스크 평가에 대한 이해를 같이하는 노·사가 공동으로 리스크 감소 대책을 실행하여야 한다.

□ 리스크 평가의 모니터링

- 조직 내 안전담당부서에서는 각 공정·작업별 중요한 유해·위험을 지속적으로 위험억제 및 위험관리를 하여야 한다.

- 위험감소대책을 포함한 위험성 평가결과는 근로자에게 공지하고 허용 가능한 잠재 위험요인에 대하여 위험 인식을 같이 하도록 교육을 실시한다.
- 위험감소 대책을 실행한 후 재해감소 및 생산성 향상에 대한 모니터링을 주기적으로 실시하고 평가하여 다음 해의 사업계획 및 재해감소 목표설정에 반영하여 지속적 개선이 이루어지도록 한다.

□ 리스크 평가표

표 62 **리스크 평가표(4M-Risk Assessment)**

평가대상 공정명			평가자 (리더 및 팀원)			
평가 일시			평가 위험도		현재	개선후
작업 내용						
평가 구분	유해·위험요인 및 재해 형태	현재안전조치	현재 위험도	개선대책	현재 위험도	

평가 구분	유해·위험요인 및 재해 형태	현재안전조치	빈도	강도	위험도	개선대책	코드 번호	빈도	강도	위험도
인적										
기계적										
매체 환경적										
관리적										

3 정량적 리스크 평가

정량적 리스크 평가는 불확실성과 피해를 조합한 위험요인을 정량적으로 분석하기 위해 사고 가능성과 손실을 경제적 손실 또는 인명 피해의 척도로 수치화하는 평가 기법이다.

가. 결함수 분석 기법(Fault Tree Analysis, FTA)[5]

결함수 분석 기법(FTA)은 사고를 발생시키는 장치의 이상이나 고장의 다양한 조합 및 작업자의 실수 원인들과의 관계를 논리 기호를 사용하여 규명하는 기법이다. 나뭇가지 모양의 그림으로 만든 FT(Fault Tree)를 사용하여 설계 또는 운전 단계에 있는 시스템의 고장 확률을 산출하여 취약 부분을 찾아내어 리스크 평가 시 사고의 발생 빈도와 시나리오를 추정한다.

FTA는 Top-Down 방식의 연역적 논리로서 컴퓨터를 활용한 정량적 해석 기법이며, 초보자도 단기간의 훈련을 통하여 쉽게 사용할 수 있다. 다만, 인간실수에 대한 유해·위험요인 파악이 쉽지 않다는 특성이 있다.

□ 용어의 정의

- 정상사상(Top event) : 재해의 위험도를 고려하여 결함수 분석을 하기로 결정한 사고나 결과
- 기본사상(Basic event) : 더 이상 원인을 독립적으로 전개할 수 없는 기본적인 사고의 원인으로서 기기의 기계적 고장, 보수와 시험 이용 불능 및 작업자 실수 사상 등
- 중간사상(Intermediate event) : 정상사상과 기본사상 중간에 전개되는 사상
- 결함수(Fault tree)기호 : 결함에 대한 각각의 원인을 기호로서 연결하는 표현수단
- 컷세트(Cutset) : 정상사상을 발생시키는 기본사상의 집합
- 최소컷세트(Minimal cutset) : 정상사상을 발생시키는 기본사상의 최소집합
- 계통분석(System analysis) : 계통의 기능 상실을 초래하는 모든 사상 조합을 체계적으로 분석하고 그 발생 가능성을 평가하는 작업
- 고장률(Failure rate) : 설비가 시간당 또는 작동 횟수 당 고장이 발생하는 확률
- 이용불능도(Unavailability) : 주어진 시간에 설비가 보수 등의 이유로 인하여 이용할 수 없는 가능성

---

5) KOSHA GUIDE P-84-2012 "결함수 분석 기법"

□ 분석절차

• 결함수 분석은 분석대상 공정이 이용불능상태가 되는 모든 경우를 논리적 도형으로 표현한다.

• 공정의 기능상실을 정상사상으로 정의하고 그러한 정상사상이 발생할 수 있는 원인과 경로를 연역적으로 분석한다.

• 공정 또는 기기의 기능실패 상태를 확인하고 계통의 환경 및 운전조건 등을 고려하여 기능상실을 초래하는 모든 사상과 그 발생원인을 도식적 논리로 분석한다.

• 결함수 분석의 세부절차는 <그림 69>와 같다

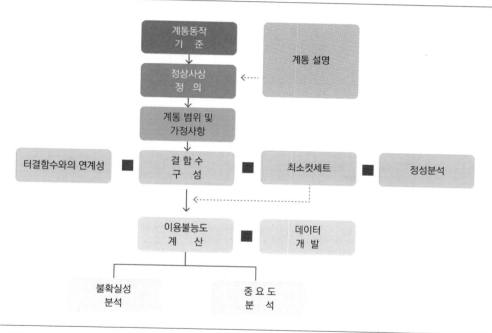

그림 69 **결함수 분석 세부 절차**

□ 결함수 모형 및 기호

결함수 분석에 사용되는 모형과 주요 기호는 <그림 70>, <표 63>과 같다.

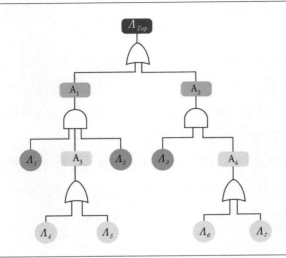

그림 70 **결함수 분석 모형**

표 63 **결함수 기호**

기호	명명	기호설명
◯	기본사상 (Basic event)	더 이상 전개할 수 없는 사건의 원인
⬭	조건부사상 (Conditional event)	논리게이트에 연결되어 사용되며, 논리에 적용되는 조건이나 제약 등을 명시(우선적 억제 게이트에 우선적으로 적용)
◇	생략사상 (Undeveloped event)	사고 결과나 관련 정보가 미비하여 계속 개발될 수 없는 특정 초기사상
⌂	통상사상 (Extranal event)	유동계통의 층 변화와 같이 일반적으로 발생이 예상되는 사상
▭	중간사상 (Internediate event)	한 개 이상의 입력사상에 의해 발생된 고장사상으로서 주로 고장에 대한 설명 서술
⌒	OR 게이트 (OR gate)	한 개 이상의 입력사상이 발생하면 출력사상이 발생하는 논리게이트
⌓	AND 게이트 (AND gate)	입력사상이 전부 발생하는 경우에만 출력사상이 발생하는 논리게이트
⊶◯	억제 게이트 (Inhibit gate)	AND 게이트의 특별한 경우로서 이 게이트의 출력사상은 한 개의 입력사상에 의해 발생하며, 입력사상이 출력사상을 생성하기 전에 특정조건을 만족하여야 하는 논리게이트
◬	배타적 OR 게이트 (Exclusive OR gate)	OR 게이트의 특별한 경우로서 입력사상 중 오직 한 개의 발생으로만 출력사상이 생성되는 논리게이트
◠	우선적 AND 게이트 (Priority AND gate)	AND 게이트의 특별한 경우로서 입력사상이 특정 순서별로 발생한 경우에만 출력사상이 발생하는 논리게이트
△	전이기호 (Transfer symbol)	다른 부분에 있는(예: 다른 페이지) 게이트와의 연결관계를 나타내기 위한 기호. 전입(Transfer in)과 전출(Trasnfer out) 기호가 있음

나. 사건수 분석 기법(Event Tree Analysis, ETA)[6]

사건수분석기법(ETA)은 현재 설계 또는 건설중인 현장에 대하여 공정의 개발 단계나 초기 시운전 단계에 적용하며 공정의 위험성평가에 주로 사용하는 기법이다. 설계 및 건설단계, 운전단계, 공정 및 운전절차의 변경시, 잠재적 사고나 사고원인 조사 시에 정량적이고 귀납적으로 평가한다, 기존 공장에 대하여는 공정 또는 운전 절차의 변경이나 개선이 필요한 경우 등에 해당할 것이다. 초기 사건에 대하여 안전요소의 대응 결과를 Tree에 기입하며 복잡한 공정의 경우는 분석에 소요된 시간과 비용이 많이 들어간다.

□ 용어의 정의

- 초기사건(Initiating Event) : 시스템 또는 기기의 결함, 운전원의 실수 등
- 안전요소(Safety Function) : 초기의 사건이 실제 사건으로 발전되지 않도록 하는 안전장치, 운전원의 조치 등

□ 분석 절차

사건수 분석은 대략 6단계로 구분한다.
- 1단계(발생 가능한 초기사건의 선정) : 정성적인 위험성평가 기법(HAZOP, Checklist 등), 과거의 기록, 경험 등을 통하여 초기사건을 선정한다.
- 2단계(초기사건을 완화시킬 수 있는 안전요소 확인) : 초기사건으로 인한 영향을 완화 시킬 수 있는 모든 안전요소를 확인하여 이를 시간별 작동·조치순서대로 도표의 상부에 나열하고 문자 또는 알파벳으로 표기한다.
- 3단계(사건수 구성) : 선정된 초기사건을 사건수 도표의 왼쪽에 기입하고 관련 안전 요소를 시간에 따른 대응순서대로 상부에 기입하고 초기사건에 따른 첫번째 안전요소를 평가하여 이 안전요소가 성공할 것인지 또는 실패할 것인지 결정하여 도표에 표시한다. 통상적으로 안전요소의 성공은 도표의 상부에, 실패는 하부

---

6) KOSHA GUIDE P-87-2012 "사건수 분석 기법에 관한 기술 지침"

에 표시한다.

- 4단계(사고결과의 확인) : 사건수의 구성이 끝난 후에는 초기사건에 따른 관련 안전요소의 성공 또는 실패의 경로별로 사고의 형태 및 그 결과를 도표의 우측에 서술식으로 기술하며 이와 함께 경로별로 관련된 안전요소를 문자 또는 알파벳으로 함께 표기한다

- 5단계(사고결과 상세 분석) : 사건수 분석 기법의 사고결과 분석은 평가항목, 수용수준, 평가결과, 개선요소로 이루어 진다. 평가항목은 안전－비정상조업, 폭주반응, 증기운 폭발 등과 같이 사고형태나 회사의 안전관리 목표 등을 고려하여 결정한다. 수용수준은 회사에서 목표로 정한 위험 수준으로서 발생빈도나 확률을 나타낸다. 평가결과는 사건수 분석으로 예측된 사고 형태를 평가 항목별로 분류하여 각 평가 항목별로 사고 발생빈도를 합한 값을 나타낸다.

- 6단계(결과의 문서화) : 사건수 분석의 최종결과는 보고서 작성 및 후속 조치의 문서화 절차를 수행한다.

사건수 분석의 수행 흐름도는 <그림 71>과 같다.

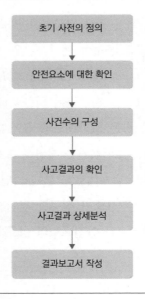

그림 71 사건수 분석 수행흐름도

□ 사건수 작성 모형

사건수는 좌측에서 우측으로 작성하며, 초기사건은 좌측의 중간 열에 먼저 쓴다. 연결 라인은 초기사건으로부터 첫 번째 안전기능으로 그려 나간다. 이때 안전기능은 가동될 수 있거나 고장날 수 있다. 안전기능이 가동하는 작업은 상부에, 안전기능이 가동하지 않는 작업은 하부에 그린다. 수평으로 연결된 선들은 이들 두 상태로부터 다음 안전기능으로 그려져 나간다. 만약 안전기능이 적용될 수 없다면, 수평으로 연결된 선은 가지를 형성하지 않고 안전기능을 통과하여 계속 직선으로 그려져 나가게 된다.

사건수 모형 작성의 예시는 <그림 72>와 같다

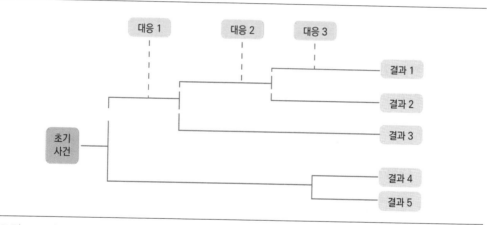

그림 72 **사건수 모형**

다. 원인결과 분석 기법(Cause Consequence Analysis, CCA)[7]

원인결과분석(Cause consequence analysis, CCA)"은 FTA 및 ETA를 결합한 것으로, 잠재된 사고의 결과 및 근본적인 원인을 찾아내고, 사고결과와 원인 사이의 상호관계

---

7) KOSHA GUIDE X-43-2011 "원인결과분석(CCA) 기법에 관한 기술 지침."

를 예측하며, 리스크를 정량적으로 평가하는 리스크 평가 기법이다.

원인결과분석은 분석할 사건의 경로가 비교적 단순한 경우에 사용한다. 분석의 결과물인 원인 결과 선도가 사건수(Event tree)와 결함수(Fault tree)를 모두 포함하고 있기 때문이다.

□ 용어의 정의

- 사건수분석(Event tree analysis, ETA) : 초기사건으로 알려진 특정한 장치의 이상 또는 운전자의 실수에 의해 발생되는 잠재적인 사고결과를 정량적으로 평가분석하는 방법
- 초기사건(Initial event) : 시스템 또는 기기의 결함, 운전원의 실수 등
- 안전요소(Safety function) : 초기의 사건이 실제 사건으로 발전되지 않도록 하는 안전장치, 운전원의 조치 등
- 결함수분석(Fault tree analysis, FTA) : 사고를 일으키는 장치의 이상이나 운전자 실수의 조합을 연역적으로 분석하는 방법
- 정상사상(Top event) : FTA를 하기로 결정한 사고
- 기본사상(Basic event) : 더 이상 원인을 독립적으로 전개할 수 없는 기본적인 사고의 원인으로, 기기의 기계적 고장, 보수와 시험 이용 불능 및 작업자 실수 등
- 중간사상(Intermediate event) : 정상사상과 기본사상 중간에 전개되는 사상
- 결함수(Fault tree)기호 : 결함에 대한 각각의 원인을 기호로서 연결하는 표현수단
- 컷세트(Cut set) : 정상사상을 발생시키는 기본사항의 집합
- 최소컷세트(Minimal cut set) : 정상사상을 발생시키는 기본사상의 최소 집합

□ 분석 절차

원인결과 분석은 대략 6단계로 구분되며 <그림 73>과 같다.

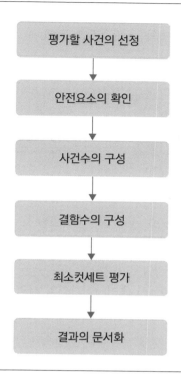

그림 73 **원인결과 분석의 수행흐름도**

- 1단계(평가할 사건의 선정) : FTA의 정상사상(주요 시스템 사고) 또는 ETA의 초기사건이 CCA에서 분석할 초기사건이 될 수 있으며, FTA와 ETA의 분석대상 선정법이 동일하게 사용될 수 있다. 정성적인 리스크 평가기법(HAZOP 등), 과거의 기록, 경험 등을 통해 초기사건을 선정할 수 있다.
- 2단계(안전요소의 확인) : ETA의 6단계 중 2단계(안전요소 확인)와 같으며, 1단계에서 선정된 초기사건으로 인한 영향을 완화시킬 수 있는 모든 안전요소를 확인한다.
- 3단계(사건 수의 구성) : ETA의 6단계 중 3단계(사건수 구성)와 같으며, 2단계에서 확인된 모든 안전요소를 시간별 작동 및 조치 순서에 따라 성공과 실패로 구분하여 초기사건에서 결과까지의 사건경로, 즉 사건수를 얻는다. CCA의 결과물인 원인결과 선도에서 ETA 부분인 사건수는 ETA 기법과 달리 기호를 사용하여 사

건경로를 나타낸다. 안전요소의 성공과 실패에 따른 분기점은 <그림 74>의 기호로 나타내고, 사고의 결과는 <그림 75>의 기호로 나타낸다

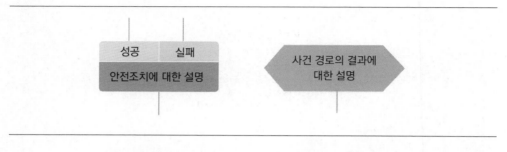

그림 74 **분기점 기호**   그림 75 **결과 기호**

- 4단계(결함수의 구성) : 초기사건과 3단계의 안전요소 실패에 대해 FTA 기법을 적용하여 기본원인(기본사상)에서 초기사건까지의 사건 경로, 즉 결함수를 구성한다.
- 5단계(최소컷세트 평가) : 기본원인에서 결과까지의 각 사건경로에 대한 최소 컷세트는 FTA 기법의 최소컷세트와 같은 방법으로 결정한다. 이때, 하나의 사건경로가 발생한다는 것은 그 경로에 포함된 모든 사건이 발생한다는 것을 의미한다. 즉, 각 사건경로의 결함수는 그 사건경로의 발생을 정상사상으로 하고, 모든 안전요소의 실패를 AND 게이트에 연결함으로써 얻어진다. FTA 기법을 이용하여 사건경로의 최소 컷세트를 결정할 수 있으며, 이를 CCA에서 확인된 모든 사건경로에 대해 반복한다
- 6단계(결과의 문서화) : CCA의 결과는 다음 사항을 포함하여야 한다.
  √ 분석한 시스템에 대한 설명
  √ 분석한 초기사건을 포함한 문제 정의
  √ 가정의 목록
  √ 얻어진 원인결과 선도
  √ 사건경로 최소 컷세트의 리스트
  √ 사건경로에 대한 설명
  √ 사건경로 최소 컷세트의 중요도에 대한 평가 등

□ 적용 사례 선도

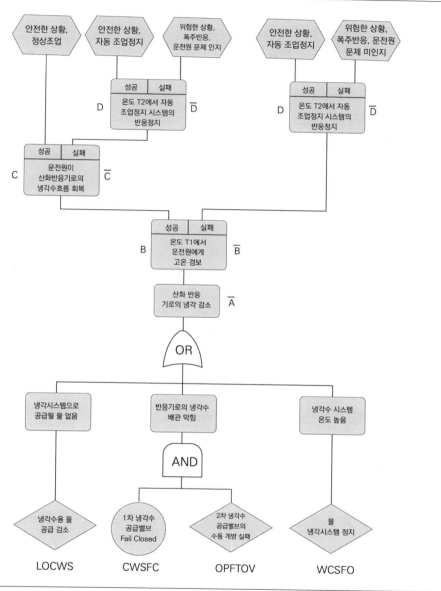

그림 76 **원인결과 분석 선도(산화반응용기의 냉각 감소 사례)**

다음 3개의 기본원인(기본사항)이 산화반응기의 냉각기능을 감소시킬 수 있다.

- 냉각수용 물 공급 감소(LOCWS)
- 1차 냉각수 공급밸브의 Fail closed(CWSVFC) 및 2차 냉각수 공급밸브의 수동 개발 실패(OPFTOV)
- 물 냉각시스템 정지(WCSFO

라. 작업자 실수분석(Human Error Analysis, HEA)[8]

"작업자 실수분석(Human error analysis, HEA)"은 공정 운전원, 보수반원, 기술자 등의 실수에 의해 작업에 영향을 미칠 수 있는 요소를 평가하고 그 실수의 원인을 파악·추적하여 이를 개선하기 위한 정성적 위험성 평가 기법이다.

□ 용어의 정의

- 본질위험점수(Intrinsic hazard score, IHS) : 수행업무 자체가 본질적으로 어느 정도 위험을 내재하고 있는지를 표시하는 점수
- 위험취약점수(Intrinsic vulnerability score, IVS) : 수행업무의 성격에 따라 업무에 내재된 본질위험이 외부로 표출될 수 있는지를 표시하는 점수
- 빈도점수(Frequency score, FS) : 수행업무의 빈도를 표시하는 점수
- 잠재위험지수(Potential risk exposure index, PREI) : 평가대상 업무의 평가 우선순위를 정하기 위하여 각 업무에 대한 전반적인 위험성을 표시하는 지수로서 본질위험점수, 위험취약점수, 빈도점수의 산술 평균치
- 단계별 작업분석(Hierarchical task analysis, HTA) : 작업의 전반적인 평가대상을 규정하고 대상 작업에 대한 하위작업을 기능적인 순서에 따라 단계적으로 분류하여 하위작업을 평가하는 기법
- 작업실수 예측분석(Predictive human error analysis, PHEA) : 작업자 실수에 대한

---

8) KOSHA GUIDE P-90-2012 "작업자 실수분석 기법에 관한 기술지침"

위험과 운전분석기법(HAZOP)을 사용하여 각 작업단계에서의 잠재적인 실수 및 이로 인한 결과를 예측, 파악하고 실수가 사고로 이어지지 않도록 사고예방 대책을 도출하는 일련의 평가기법

- 실수인자(Performance influencing factor, PIF) : 작업절차의 신뢰성, 훈련의 효율성 등 실수발생 가능성에 영향을 미치는 관리적 인자

☐ 분석 절차

작업자 실수분석의 평가 절차는 <그림 77>과 같다.

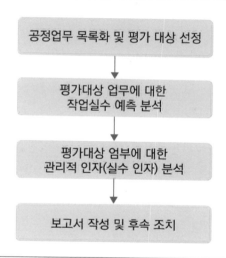

그림 77 **작업자 실수분석의 수행흐름도**

☐ 보고서 작성

보고서에는 다음의 내용이 포함되어야 한다.

- 작업개요
- 평가팀 구성 및 인적사항
- 평가방법 개요
- 작업의 위험특성 및 관찰사항

- 평가 내용 및 결과
- 우선순위 및 일정이 포함된 개선조치 실행계획 <표 64> 참조

표 64 작업실수평가결과 개선조치 실행계획

작업명 :				분석 기간 :			
번 호	조치 순위	위험 등급	개선권고사항	책임 부서	조치 일정	조치 진행결과	확 인

마. 이상위험도 분석(Failure Modes, Effects and Criticality Analysis, FMECA)[9]

"이상위험도 분석(Failure modes, effects and criticality analysis, FMECA)"은 부품 장치 설비 및 시스템의 고장 또는 기능상실에 따른 원인과 영향을 분석하여 치명도에 따라 분류하고 각각의 잠재된 고장형태에 따른 피해 결과를 분석하여 이에 대한 적절한 개선조치를 도출하는 절차이다.

□ 용어의 정의

고장형태에 따른 영향분석(Failure modes and effects analysis, FMEA) : 부품 장치 설비 및 시스템의 고장 또는 기능상실의 형태에 따른 원인과 영향을 체계적으로 분류하고 필요한 조치를 수립하는 절차

치명도 분석(Criticality analysis, CA) : 고장형태에 따른 영향을 분석한 후 중요한 고장에 대해 그 피해의 크기와 고장발생율을 이용하여 치명도를 분석하는 절차

---

9) KOSHA GUIDE P-05-2002 "이상위험도 분석기법 기술지침"

□ 분석 절차

이상위험도분석은 <그림 78>과 같이 2단계로 수행된다.

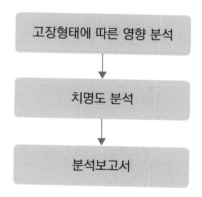

그림 78 **이상위험도 분석의 수행흐름도**

□ 분석 보고서

이상위험도 분석 보고서는 다음을 포함하여야 한다.

- 분석 단계
- 분석결과의 요약
- 사용된 분석기법
- 분석에 사용된 자료출처
- 시스템의 정의 및 설명
- 이상위험분석에 사용된 표
- 부품별 고장형태 영향 및 방지대책 등을 표기한 치명품목 일람표(<표 65> 참조)

표 65 **치명 품목 일람표(사례)**

가스가열기				
품 명	고장형태	영향	피해크기 (표 66)	방지 대책
수동밸브 V-1 Ⅱ-1-1-1	폐쇄되어 고장	작동지연	3	발생확률이 적다 시스템에서는 미터측에 밸브 설치가 가능
제어밸브 P/N 298V021	외부에 누출	기능정지 인명 손실 가능	1	설치 및 보수 작업에서는 이와 같은 고장이 발생되지 않도록 전면적 점검 실시
안전밸브 V-2 P/N 362V129	폐쇄된 공장	기능상실	2	밸브를 수동으로 작동한다
	개방된 고장	기능상실	2	상동
	외부에 누출	기능상실 인명 손실	1	설치 및 보수 작업에서는 이와 같은 고장이 발생되지 않도록 전면적 점검 실시
	개방되지 않는다	기능상실	2	발생확률이 적다

표 66 **피해의 크기 구분 (사례)**

구 분	내 용
치 명 적	사망, 다수 부상, 설비 파손 10억 원 이상 설비 정지 기간 10일 이상
보 통	부상 1명, 설비 파손 1억원 이상 10억 원 미만, 설비 운전 기간 1일 이상 10일 미만
경 미	부상자 없음, 설비 파손 1억 원 미만, 설비운전 정지기간 1일 미만
운 전 상	안전설계, 운전성 향상을 위한 변경

바. 상대위험순위 결정(Dow and Mond Indices)[10]

"상대위험순위결정 (Dow and Mond Indices)"은 공장 지역 및 시설 등 공정에 잠재하고 있는 위험을 나타내는 수치 또는 지수를 산정하는 방법으로 공정에서 취급, 저장하는 화학물질의 위험, 공정설비의 운전조건, 제어 등 손실지수를 통하여 위험 정도를 산정한다. 즉, 설비에 내재되어있는 위험요인에 대하여 상대적인 리스크 순위를 수치적으로 지표화하여 그 피해 정도에 따른 위험순위를 정하는 것이다.

Dow Chemical사에서 개발한 Dow Index는 보험자와 피보험자의 관점 차이로 인하여 만들어졌다. 보험자는 최악의 사고를 기준으로 하고 피보험자는 실제적인 최대손실을 기준으로 하려 한다. Mond Index는 Dow Index의 개발형으로 공장배치, 입지 선정, 공정개발에서 리스크를 평가한다. 즉, 연구개발, 개념설계, 공정변경, 공정증설 단계에서 사용한다.

□ 용어의 정의

- 물질계수(Material factor, MF) : 물질이 연소 또는 화학반응에 의한 화재 또는 폭발 시 방출할 수 있는 잠재 에너지의 상대 수치를 말한다.
- 반응성 값(Reactivity value, Nr) : 순물질, 혼합물 또는 화합물의 불안정성을 5가지 등급으로 구분한 수치
- 가연성 값(Flammability value, Nf) : 순물질, 혼합물 또는 화합물의 가연성을 인화점에 따라 5가지 등급으로 구분한 수치(다만, 분진의 경우는 분진등급 <Dust class, St>으로 표시)

□ 평가 절차

상대위험 순위 결정의 절차는 <그림 79>와 같다.

---

10) KOSHA GUIDE P-177-2022 "상대위험순위 결정(Dow and Mond Indices)기번에 관한 기술지침"

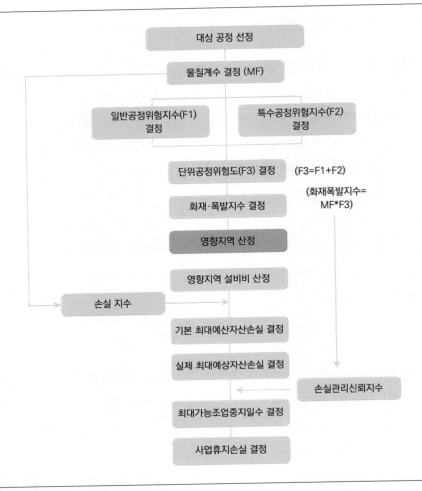

그림 79 **상대위험순위결정 평가 흐름도**

CHAPTER 11

스포츠 안전 문화

문화는 개인이나 조직이 습득, 공유, 전달된 가치, 인식, 태도, 행동으로부터 나온 산물이 오랜 시간 지속된 정신적 물질적 총체이다. 의식주를 포함하여 언어, 풍습, 종교, 학문, 예술, 제도 따위를 모두 포함한다.

문화란 영어의 culture, 독일어의 Kultur 등을 번역한 것이다. 이는 라틴어의 cultus에서 유래된 것으로 '밭을 갈아 경작한다'는 의미이며 '자연에 노동을 가하여 수확한다'는 의미를 지녔다. 법과 제도, 정치, 경제, 문학과 예술, 종교, 도덕, 풍속 등 인간 집단의 생활양식과 상징체계를 의미하기도 한다. 문화는 본질적으로 사회적 재생산 기능을 가지며 시간을 통하며 변해가는 특징이 있다.

문화에 대하여 최초로 고전적인 학술 정의를 시도한 사람은 에드워드 버넷 테일러(Edwaed B, Tylor)라는 영국의 인류학자이다. 그에 따르면 문화는 인위적 가공물(Artifact)로서 가공한 총체적 집합인 "지식, 신앙, 예술, 도덕, 법, 관습 그리고 사회 구성원으로서 인간에 의해 얻어지는 또 다른 능력과 습관들을 포함하는 복잡한 통합"이라고 한다. 인위적 결과물 중에는 집단의 풍토가 있으며, 풍토는 문화의 징후를 나타낸다. 인위적 결과물은 눈에 보이고 느낄 수 있는 결과물로 우리들이 흔히 잘 볼 수 있는 것들이다.

미국의 인류학자 알프레드 크로버(Alfred Kroeber)는 인위적 결과물보다 더 깊은 요인으로 조직의 가치와 행동, 헌장, 비전과 사명의 선언문 등으로 공유되며 조직 문화에 대한 통찰력을 얻을 수 있는 표현되는 믿음과 가치(Espoused Beliefs and Nalues)를 문화라고 말한다. 조직에서 핵심적 도덕 가치로 여기고 조직이 업무를 수행하는 방식으로 이해할 수 있다.

또한, 미국의 인류학자 레슬리 화이트(Leslie A. White)는 문화를 공리주의적 관점에서 견지하였다. 문화는 한 세대에서 다음 세대로 흘러내리는 하나의 연속체 즉 사건의 흐름으로 본다. 문화의 기반은 표현되는 믿음과 가치보다 더 깊은 요인인 근본 가정(Taken-for-Granted Underlying Basic Assumptions)이라고 했다. 근본 가정은 조직이 작동하는 방식에 익숙한 사람들만이 실제로 이해하는 설명하기 어려운 무형의 것이다. 보이지는 않지만 강력한 영향력을 발휘한다.

인위적 결과물과 표현되는 믿음과 가치 및 근본 가정으로 구성된 문화의 3가지

수준은 <그림 80>과 같다.

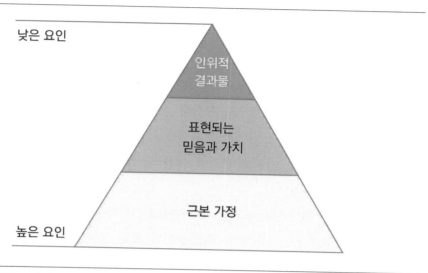

낮은 요인

인위적
결과물

표현되는
믿음과 가치

근본 가정

높은 요인

그림 80 **문화의 3가지 수준**

출처: Schein. E. H. (2017). Organizational Culture and Leadership. John Wiley & Sons.

문화는 일이 어떻게 작동하는지, 조직의 인식 가치, 구성원들이 어떻게 행동하고 믿어야 하는지에 대한 믿음과 업무 관행에 관하여 기본가정을 유지하는 것으로 정의될 수 있다. 조직문화의 요소로 다음과 같다.[1]

- 정의된 직무 요구 사항을 완료하는 데 필요한 일상적인 업무와 문제에 대한 문제 해결 및 대처
- 성공적인 것으로 간주되고 시간이 지남에 따라 일상적으로 사용되는 행동 및 활동
- 그룹의 새로운 구성원에게 전달될 수 있는 이러한 행동과 활동에 대해 신입 직원에게 교육 및 훈련
- 과제와 행동에 대해 인식하고, 생각하고, 느끼는 새로운 방식에 대한 전통과 관습

---

1) Adapted from Schein as cited in Volume 1. Concepts and principle, human performance improvement handbook (2009)

1 조직 문화

조직문화(Organizational Culture)는 한 조직 내의 구성원 대다수가 공통적으로 가지고 있는 신념·가치관·인지(認知)·행위규범·행동양식 등을 통틀어 말한다. 즉, 제각기 독특하게 갖고 있는 보편화된 생활양식이다. 유연하고 바람직한 조직문화는 구성원이 잠재력을 발휘하게 하고 긍정적인 지원이 이루어진다.

조직문화는 조직이 내부적으로 통합을 이루어 내고 대외적으로 다양한 환경에 적응하는 과정에서 발생하는 다양한 문제점을 극복하며 구성원들에게 형성되는 것이다. 구성원들이 일체감을 가지고 조직에 대한 충성도를 갖게 하는 공통의 경험들이 바탕에 축적되어있다.[2)3)]

에드워드 버넷 테일러(Edwaed B, Tylor)가 1871년 학술적으로 문화를 정의한 이래 164개의 문화적 요소 즉, 마음속의 관념, 습득된 행동, 통계적으로 만들어진 것, 심리적인 방어기재, 논리적인 구성 등을 인용하면서 조직 안에 작동하는 문화를 조직문화라 할 수 있다.

조직심리학자들은 1970년대 말부터 조직문화에 많은 관심을 가졌으며 조직에서 벌어지는 다양한 상황에서의 적합한 행동을 정의하기 시작했다. 조직문화의 정의는 연구자마다 조금씩 다르다.

딜과 케네디는(Deal & Kennedy) 조직의 문화를 다음의 다섯 가지 요소 즉, 경영환경, 가치, 영웅, 의식, 문화적 네트워크(즉 정보의 교환)으로 설명한다. 강한 조직문화는 조직구성원들의 자부심을 가지고 열심히 일하도록 해주는 원동력이 되는 비공식적인 행동규범으로 조직을 통합하고 응집시키는 역할을 한다. 조직몰입의 촉진과 사회시스템의 안정성을 향상시키는 기능을 수행하고 조직구성원에게 정체성과 동질성 및 행위지침을 제공한다고 말한다.

존스(Jones)는 조직문화를 조직 내의 개인과 집단이 상호작용하고 조직 외부의 사람들과 상호작용하는 일련의 비공식적 가치, 규범 및 신념이라고 정의했다.

---

2) 이해하기 쉽게 쓴 행정학용어사전, 2010. 3. 25., 하동석, 유종해.
3) [네이버 지식백과] 조직문화[organizational culture](사회학사전, 2000. 10. 30., 고영복).

에드거 샤인(Edgar Schein)은 조직문화는 일정한 패턴을 갖는 조직 활동의 기본가정이라고 정의했다. 기본가정은 어느 집단이 대내외적인 활동 과정을 거치면서 형성된 것들이다. 이러한 기본가정들은 조직구성원들이 오랜 시간 동안 타당한 것으로 여기고 당연한 것으로 수용하며, 조직에 새로운 구성원들이 들어와도 문제 해결의 올바른 방법으로 학습되는 것이다.

오우치(Ouchi)는 조직문화를 조직의 전통과 분위기로서 조직의 가치관, 신조 및 행동 패턴을 규정하는 기준이라고 보았다.

페티그루(Pettigrew)는 조직문화를 언어, 이데올로기, 신념뿐만 아니라 지배적인 상징, 의식, 노동조직의 신화 등에 연관되었다고 보았다. 폭넓은 정치적, 문화적 시스템의 일부로서 가치와 이해관계의 협상과 조정을 따르는 것이 조직문화이다. 상급의 관리층에 의해 구성되는 것도 아니고 동질적이지도 않다는 사실이다.

조직문화는 조직 내부에서 형성되고 발전하는 고유한 가치, 믿음, 행동, 태도, 반응 및 결합의 패턴을 연결하는 개념이다. 조직문화는 조직의 구성원들이 참여하는 가치와 행동을 관계에 관여하며, 조직의 목표 달성, 의사결정, 주체, 의사소통, 업무수행 방식, 대인관계를 방해하는 것에 영향을 미친다.

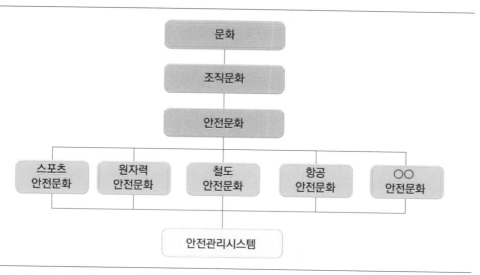

그림 81 안전문화의 체계 분류표

조직문화는 특정 조직의 기능을 특징짓는 기본 가치, 규범, 혜택 및 관행을 말한다. 기본 가치에서 조직문화는 구성원이 개인의 의사를 결정할 때 내리는 가정을 정의한다. 조직의 문화는 조직개편과 핵심 인력의 이탈에도 관계되는 강력한 힘이다.[4]

2 안전 문화

안전문화(Safety Culture)는 단순히 규정 준수를 위해 필요한 기본적인 일련의 프로그램을 관리하는 것 이상이다. 안전문화는 안전관리시스템을 기반으로 하며 재해 예방에 가장 효과적인 방안이다. 안전관리시스템의 구조와 형태는 문화의 다양성을 고려해야 한다. 경험에 따르면, 조직의 안전관리시스템은 리더십과 새로운 구성원, 위기 또는 긍정적이거나 부정적일 수 있는 기타 상황들이 지속적으로 변화할 때에 어떻게 유지되는지에 따라 결정된다. 기본적인 안전 프로그램 또는 활동은 조직의 고유한 운영 위험 요인 및 관련된 리스크를 허용 가능한 통제 범위 내에서 유지할 수 있는 필요한 개념을 완전히 내재화하지 않으면 빠르게 사라질 수 있다.

국제원자력기구(International Automic Energy Agency, IAEA)의 안전보고서 제11호(1998)에서 "안전문화는 조직의 안전문제가 우선되고, 조직과 개인이 그 중요성을 분명히 인식하고, 조직과 개인이 이를 바탕으로 항상 그리고 자연스럽게 생각과 행동을 취하는 것을 의미한다. 그것은 가능한 행동의 체계이다"라고 정의하였다. 영국의 보건안전청(Health and Safety Executive, HSE)은 "안전문화는 개인과 집단의 가치관, 사물에 대한 태도, 감정, 전문기술, 기능, 행동 형태의 결과로서 윤곽을 파악하는 것"이라고 정의하였다. 그런 의미에서 보면 안전문화는 개인이나 조직이 안전의 관점에서 자연스럽게 행동하는 방식이라고 할 수 있다.

안전관리시스템의 기본적인 개념은 동일할 수 있지만, 배포하고 유지하는 방법은 조직의 문화에 따라 다르다. 한 작업 분야나 부서 또는 심지어 자매 회사에서 수행하

---

4) Columbia Space Shuttle Accident and Davis—Besse Reactor Pressure—Vessel Head Corrosion Event, 2005

는 프로그램 요소, 안전 관련 활동 등이 다른 곳에 적용되었을 때 효과적일 수도 있고 그렇지 않을 수도 있다.

영국의 사회심리학자 James Reason은 안전문화는 공유된 문화, 보고 문화, 공정 문화, 유연한 문화 그리고 학습 문화로 구분하였다.5)

□ 공유 문화(Informed Culture)

시스템을 운영하고 관리하는 사람들은 인적, 기술적, 조직적 그리고 환경적 요인과 관련된 최신 지식을 가지고 시스템 안전의 전체를 결정한다. 경영진은 구성원들이 그들의 운영 및 관리 영역에 내재되어 있는 위험요인을 이해하도록 문화를 조성하여야 한다. 안전이라는 목표를 달성하기 위하여 안전에 관하여 구성원들과 공유한다.

□ 보고 문화(Reporting Culture)

구성원들이 할 수 있는 실수에 대하여 자유롭게 보고할 수 있어야 하고, 징벌적 조치의 위협을 느끼지 않아야 한다. 보고문화는 조직이 비난과 처벌을 처리하는 방식에 달려 있다. 보고를 비난하지 말아야 하며 자율적인 보고를 격려하여 자유로운 보고가 이루어져야 한다.

보고의 질과 양을 결정하는 5가지 요소는 다음과 같다.

안전사고 보고 시 부당한 징계가 없어야 한다.

보고의 비밀 유지와 익명성을 보장한다.

자료 습득 및 분석 담당 부서와 징계 및 제재 담당 부서를 분리 운영한다.

보고사항에 대해 신속 및 유연하며 접근과 이용이 용이한 피드백이 있어야 한다.

보고가 용이하도록 하여야 한다.

---

5) Reason, J., Reason j. T. (1997). Managing the risk of organizational accidents Ashagate Aldershot.

□ 공정 문화(Just Culture)

조직이 개인에 대한 비난보다는 실수하는 사람에 대한 이해를 바탕으로 실수 예방 시스템을 만들고자 노력하는 문화이다. 사람의 불안전한 행동에 대한 수용 가능의 범위와 수용 불가능의 범위를 정하여 신뢰하고 따르는 분위기를 조성한다. 공정문화가 형성된 조직은 안전에 대한 리더십, 개방적인 의사소통, 탄탄한 팀워크, 구성원의 강한 책임 의식, 자발적이고 활성화된 오류 보고 등의 특징이 나타난다. 불안전 행동의 결과를 무조건 처벌하거나 무조건 면책한다기보다는 수용할 수 있는 행동과 수용할 수 없는 행동을 정하는 공정문화 설계가 중요하다.

□ 유연한 문화(Flexible Culture)

조직이 위기 상황에서도 회복 탄력성을 갖추고, 적응력을 발휘할 수 있는 문화다. 유연문화는 전통적이고 수직적인 조직 구조에서 벗어나, 의사결정의 긴급성과 관계자의 전문성에 기반한 유연한 의사결정 과정을 가진다. 수평적이고 직능적인 구조로 변환할 수 있는 조직의 능력으로 위기 상황에서도 안전한 방향으로 조직을 재구성할 수 있는 문화이다. 고신뢰 조직은 위험 상황에 직면하면 본래의 상태로 복원하려는 능력 즉 회복 탄력성을 갖추고 있다.

□ 학습 문화(Learning Culture)

사고를 통해 잘못된 것을 확인하고 수정하며 사고를 통해 배운다는 문화이다. 관찰하기, 창조하기, 행동하기의 세 가지 차원으로 이루어진다. 리스크 평가와 사고 조사를 통해 실제적인 학습이 실행된다.

3 안전문화의 구조와 관리시스템

크라우즈(Krause, 1997)는 안전문화를 비전, 가치, 공통의 목표, 및 근본 가정이 필요하다고 주장하였다.

문화적 요인은 관리시스템에서 다양한 측면을 만들어낸다. 관리시스템은 순서에 따라 리스크와 위험요인에 대한 노출을 생성하거나 제거한다. 결국 노출 패턴에서 나타나는 것은 사고율이다. 이 전체 시스템 중 어디에서 측정이 이루어져야 맞을까? 기존 접근 방식은 프로세스의 결과에만 측정의 초점을 맞추고 있으며, 그 측정의 결과는 빈번한 사고율이다. 그러나 이는 실제 성과를 나타내는 제한된 지표일 뿐이며 노출, 관리시스템, 문화 등 업스트림 요소에 대한 정보를 전혀 제공하지 않는다. <그림 82>는 안전이 하위의 관리 노력에 미치는 어려움을 표현한 것이다.

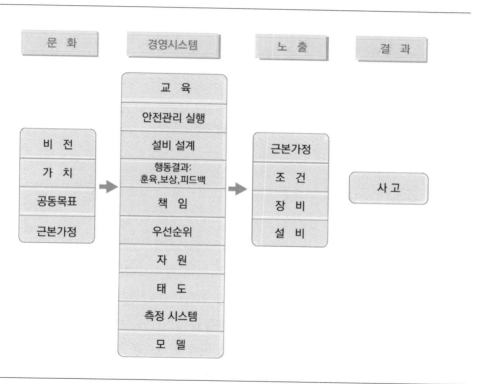

그림 82 **다운스트림의 안전 사고(업스트림 아님)**

쿠퍼(Cooper)는 안전문화를 3가지 측면 즉, 안전보건관리 시스템을 포함하는 상황(Situation)과 심리와 가치 등을 포함하는 사람(Person) 그리고 안전 관련 조치와 리더쉽 등을 포함하는 행동(behavior)으로 구분하였다. 3가지 측면 중 하나를 개선하는 개입은 상호 작용을 통하여 다른 측면도 개선된다고 주장한다.

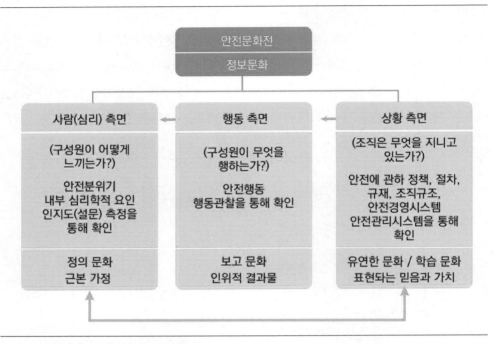

그림 83 **쿠퍼의 안전문화 구조 모형**

겔러(Geller)는 안전 삼각 모델(Safety Triad Model)에서 세 가지 요인이 상호작용하며 영향을 미치고 있다고 주장했다. 도구와 장비 등을 포함하는 환경(environment)과 기술과 개성을 포함하는 사람(person) 그리고 적극적인 관찰을 포함하는 행동(behavior)의 안전 삼각 모델을 제시하였다. 안전한 행동을 할 경우, 사람이 안전한 생각을 하게 되고 안전한 행동과 생각은 안전한 환경의 변화에 영향을 미친다.

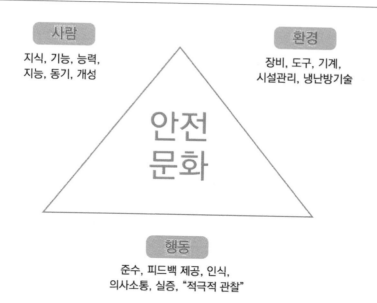

사람

지식, 기능, 능력,
지능, 동기, 개성

환경

장비, 도구, 기계,
시설관리, 냉난방기술

안전
문화

행동

준수, 피드백 제공, 인식,
의사소통, 실증, "적극적 관찰"

그림 84 **겔러의 Safety Triad 모델**

4 스포츠 안전문화

스포츠 안전 문화는 스포츠 안전을 위하여 개인이나 조직이 습득, 공유, 전달된 가치, 인식, 태도, 행동으로부터 나온 산물이 오랜 시간 지속된 정신적 물질적 총체이다. 스포츠 안전문화는 조직에서 스포츠 안전 문제가 우선되고, 조직과 개인이 그 중요성을 분명히 인식하고, 조직과 개인이 이를 바탕으로 항상 그리고 자연스럽게 생각과 행동을 취하는 것을 의미한다. 그것은 가능한 행동의 체계이다

문화는 오랜 시간 속에서 축적된 총체적 결과물이다. 문화를 형성하기 위해서는 풍토가 필요하다. 안전문화는 안전풍토가 자리를 형성하고 오랜 시간 지속되면서 개인이나 조직에 습득되고 공유되며 전달되어 구축된다. 안전 풍토는 경영진의 방침, 의사소통, 안전 우선순위, 안전 규정, 참여, 현장의 불안전한 요인, 위험요인 인식 및 작업환경 측정 등을 통해 관리하며 만들어 갈 수 있다.

스포츠 안전문화는 스포츠 안전에 대한 경영진의 방침과 의사소통 등으로 안전

에 대한 우선순위를 부여하며 안전한 풍토를 만들어 스포츠 안전에 대한 가치, 인식, 태도, 행동의 산물을 지속적으로 유지함으로써 구축된다. 스포츠 안전의 가치는 스포츠 참여자를 존중하고 상호 존중하며 협력하고 배려하며 열정을 다 쏟도록 환경을 조성하고 성공적인 이벤트가 이루어지도록 하는 것이다. 스포츠 안전의 인식은 스포츠 안전의 정보를 수집하여 지각하고 판단, 결정, 기억 그리고 이해하며 외부로 알리는 것이다. 스포츠 안전의 태도는 스포츠 안전에 대한 생각이나 감정을 외부로 표현하는 판단이나 사고가 일정한 경향을 가지는 것이다. 스포츠 안전의 행동은 스포츠안전에 대하여 내적으로 외적으로 보이는 반응이다.

스포츠 안전문화는 스포츠시설 안전문화와 스포츠이벤트 안전문화로 구분한다. 스포츠이벤트 안전문화는 참여형 스포츠이벤트 안전문화와 관람형 스포츠이벤트 안전문화로 나눈다.

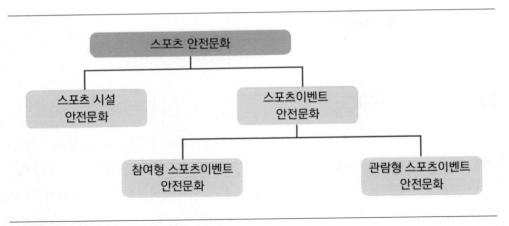

그림 85 **스포츠 안전문화의 구분**

가. 스포츠시설 안전문화

법정 스포츠시설은 『체육시설의 설치·이용에 관한 법률』에서 골프장, 골프연습장, 궁도장 등 46개 종목(2023)으로 명시하고 있다. 실제로 현장에서 활동하는 스포츠 종목은 대한체육회 가맹단체인 대한검도회, 대한근대5종연맹, 대한민국농구협회 등

83개 단체종목(인정단체 포함, 2023)이다. 이러한 스포츠 활동이 이루어지는 활동 공간의 구조물과 건축물 그리고 부대시설을 포함하여 스포츠시설이라 할 수 있다.

"제1장 2절 용어 및 정의"에서 **스포츠**(Sports)는 '일정한 규칙에 따라 개인이나 단체끼리 속력, 지구력, 기능 따위를 겨루는 활동이며, 신체 활동을 비롯하여 도구 혹은 동물의 힘을 빌려 하는 여러 운동과 게임을 포함'한다고 정의하였다. 법정 스포츠시설이든 실제로 현장에서 활동에 이용하는 스포츠시설이든지 또는 그 외의 경우에서도 스포츠 활동이 이루어지는 장소는 스포츠시설이다.

이러한 스포츠시설에서 관리주체는 스포츠 활동에 참여하는 이용자 및 관람객의 안전을 위하여 시설을 안전하게 관리하여야 한다. 스포츠시설은 건축, 토목, 기계 및 전기 설비, 조경, 방송통신설비, 소방, 가스 등의 하드웨어를 말한다.

스포츠시설의 건축물은 기능과 디자인 면에서 엄청난 발전을 거쳐왔다. 스포츠시설은 스포츠 참여자와 관람객 모두를 위한 최고 수준의 안전한 환경을 제공하기 위해 건축한다. 가장 중요한 요소 중 하나는 안전이다. 건물 구조물의 안정성을 확보하고 스포츠 참여자 및 관람객을 보호하기 위한 설계는 구조 공학의 핵심이다. 에너지 효율성을 높이고 친환경적인 스포츠시설을 건축하는 것도 중요한 목표이다.

예를 들어, 축구 경기장을 건축한다면, 스포츠에 참여하는 선수와 관람객 모두에게 최상의 환경을 제공하기 위한 다양한 측면이 고려되어야 한다. 이러한 측면 중 하나는 잔디이다. 스포츠 참여자가 안전하게 사용할 수 있도록 시공과 유지관리 품질을 높여 경기의 질을 향상 시킨다. 또한, LED 조명 시스템, 건물 내부의 공기 조절 및 온도 조절 시스템, 소방시설, 방송설비 등은 관람객과 스포츠 참여자의 편안함을 위해 필수적이다. 이는 축구경기장뿐만 아니라 야구 경기장, 골프 코스, 농구 경기장, 수영장, 그리고 자전거 경주 트랙 등의 스포츠시설은 최고 수준의 안전한 시설로 건설하고 있다.

스포츠시설 안전문화는 겔러의 안전 삼각 모델(Safety Triad Model)로부터 스포츠시설 안전문화의 구조를 살펴 도형을 정의해 보았다. 스포츠시설의 도구와 장비 등을 포함하는 환경(environment)이라는 측면과 스포츠시설을 유지관리하는 기술과 관리자의 성격을 포함하는 사람(person) 그리고 스포츠시설 이해관계자 및 관련 규정 준수 등을 포함한 소통(communication)이라는 스포츠시설 안전 삼각 모델의 세 가지 측면에서 안전 문화를 구축할 수 있다. 시설관리 관계자의 기술과 생각이 관련 단체 등과 소통하므로서 안전한 환경을 만들고 안전한 환경은 사람을 변화시키고 안전에 관한 소통이 원활해지는 상호 의존적 문화를 만들어간다.

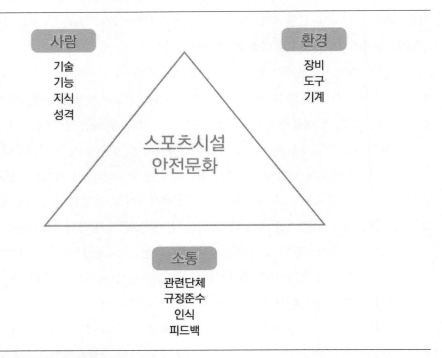

그림 86 스포츠시설 안전문화 구조

나. 스포츠이벤트 안전문화

스포츠이벤트은 이벤트 주최자, 이벤트 기획자, 이벤트 운영자, 이벤트 참가자, 이벤트 관람객, 경비 담당 등 이벤트 관계자가 이벤트의 안전 대책을 검토하고 정보를 공유하는 것이 중요하다. 이벤트 관련 학회와 이벤트 질서유지 관련 협회 등 이벤트 산업 관련 협회들의 협업이 중요하다.

관람형태의 스포츠이벤트 안전문화의 관점에서 보면 스포츠시설 입장 전·중·후로 나누어 살펴볼 수 있다. 어느 상황이든 혼잡사고의 발생 메커니즘의 중요 요소인 군집현상을 명확히 이해해야 한다. 군집은 군중이 이동하거나 체류하는 집단화된 물리적 특성을 나타내는 집단이다. **고밀도군집체류**는 군집이 체류하는 장소에 후속적인 군집이 지속적으로 유입되어 군집 밀도가 8인/㎡에 도달하여 군집파동현상이 나타나기 시작하는 단계이다. **초고밀도군집체류**는 고밀도군집체류 상황에서 후속적으로 군집의 지속적인 유입이 이루어져 군집밀도가 10인/㎡ 이상인 상태에서 한계군집파동현상으로 인하여 혼잡사고가 발생할 가능성이 높은 군집체류 상태이다. **군집파동현상**은 고밀도군집체류 군집 내에서 군집밀도와 군집압력의 분포 차이로 인하여 개개인의 의사와 무관하게 군집의 흔들림(요동)이 불안전하게 발생하는 현상이다. **한계군집파동현상**은 초고도군집체류 군집 내에서 군집파동현상과 생명에 대한 공포심으로 집단과 개인의 위기회피행동(패닉)이 공명하며 혼잡사고의 가능성이 높은 복잡한 군집 흔들림(요동) 현상이다.

스포츠이벤트 안전은 스포츠 참여자는 물론 관람객이 이벤트를 안전하게 즐길 수 있게 하는 것이다. 스포츠이벤트의 관람객 안전에서 중요한 한 것은 질서유지의 안전 대책이다. 군집 체류에서 혼잡사고의 불행을 예방하려면 스포츠이벤트 단계부터 안전을 고려해야 한다. 이벤트의 혼잡사고 예방을 위한 방안을 다음과 같은 사안을 고려해야 한다.

- 예상 참가자 수의 타당성 평가
- 이벤트 행사장 공간 이용 계획 관련 평가
- 행사장 및 그 주변 군집 유동성에 관한 평가
- 행사장 지형 및 행사장 접근성의 구조 조건에 관한 평가

스포츠이벤트 안전문화는 관람형 스포츠이벤트 안전문화와 참여형 스포츠이벤트 안전 문화로 구분한다.

관람형 스포츠이벤트 안전문화는 혼잡사고 예방을 위한 기본적인 대응에서 출발한다. 혼잡사고의 대응은 정보 수집을 통한 일원화된 통제와 활동이다. 이벤트 주최자가 이벤트 운영자, 질서유지 관계자·경찰·소방기관·시설관리자·교통기관 관계자 그리

고 홍보 담당자 등과 협력하며 업무를 총괄하여야 한다.

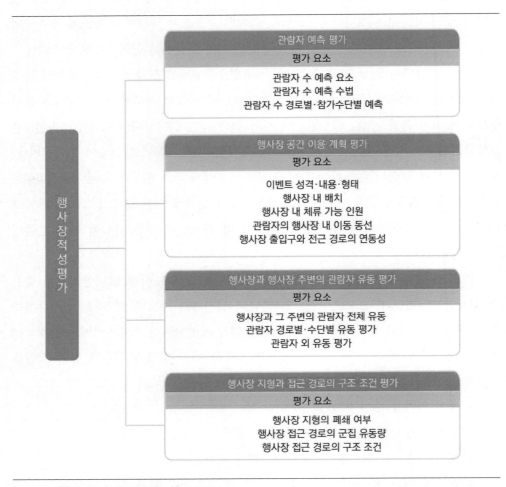

그림 87 **행사장 적정성 평가 요소**

스포츠이벤트 주최자는 혼잡사고가 일어날 경우를 대비하여 위기관리 계획을 수
립하여야 한다. 이벤트에 적합한 운영 조직을 구축하고 위기관리 회의체를 조직하여
이벤트 운영과 관련된 각 조직을 총괄한다. 이벤트 운영 조직은 이벤트 주최자가 이
벤트 운영자, 질서유지 관계자·경찰·소방기관·시설관리자·교통기관 관계자 그리고
홍보담당자 등이 포함되어야 한다. 위기관리 회의체는 이벤트 주최자와 각 분야별 전

문가가 포함된 운영본부를 구성하여 주최자의 업무지시와 수행이 원활하게 소통해야
한다.

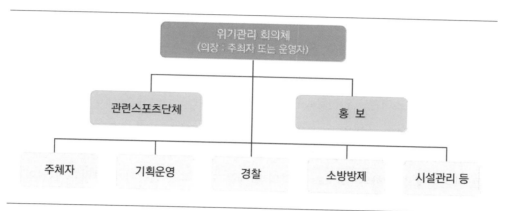

그림 88 **위기관리 회의체 조직도**

위기관리 회의체는 각 조직별 분담 업무에 따라 스포츠이벤트 관련 정보를 수집
한다. 수집된 정보는 취합하고 분석하여 각 조직별로 조치 사항을 전달하여 실행하도
록 한다. 더 중요하게 해야 할 일은 각 조직별로 전달된 조치 사항에 대한 실시 결과
를 보고 받고, 그에 대한 그 다음의 업무 조치를 결정하여 실행하도록 조직의 시스템
을 가동해야 한다.

한편, 혼잡사고가 발생할 경우를 대비하여 기본적 활동을 위한 구조 활동과 2차
사고 방지 활동을 미리 정해 둘 필요가 있다.

제1정보를 인지할 수 있는 정보 수집 체계를 수립하여 현장 담당자로부터 정보
를 수집하는 것은 물론 경찰·소방·방송의 속보와 SNS 등 다양한 정보 수집 방법을
가동한다. 스포츠이벤트의 혼잡사고가 발생한 것을 알게 되었다면 위기관리 회의체를
즉각 소집하여 미리 정한 회의 장소에서 대책회의를 진행한다. 혼잡사고를 대응하는
각 조직별 업무는 위기관리 매뉴얼에 따라 구체적인 긴급한 업무 집행이 이루어져야
한다. 또한, 2차 사고 발생 예방을 위하여 이벤트 현장 출입구, 주변 도로, 인근 이벤
트 현장, 이벤트 활동 참여자 체류 지역 등에 정보 수집 담당자를 배치하여 효율적인
정보를 수집하여야 한다.

관람형 스포츠이벤트 안전문화는 행사장 적성 평가와 위기관리 회의체에서 살펴본 바와 같이 스포츠이벤트 관람자의 안전을 확보하기 위한 활동이 지속적으로 이루어지며 정착시키는 것이다. 행사의 적정성 평가와 위기관리 회의체 운영 시에 스포츠이벤트 관람자의 안전을 위하여 개인이나 조직이 습득, 공유, 전달된 가치, 인식, 태도, 행동으로부터 나온 산물이 오랜 시간 지속될 때 관람형 스포츠이벤트 안전문화가 구축될 것이다.

참여형 스포츠이벤트 안전문화는 스포츠에 참여하는 인구가 증가함에 따라 스포츠 손상 예방과 대처를 위하여 안전문화가 형성되어야 한다. 스포츠에 참여하며 자신이나 혹은 타인에 의해서 몸에 발생하는 상처를 '스포츠 손상'이라 하는데 일반적으로 근골격계 손상을 말한다. 스포츠 손상의 발생은 개인적인 원인과 환경적인 원인이 있다. 개인적 원인에는 개인의 준비운동 부족, 체력의 미흡, 개인의 부주의나 지나친 긴장 그리고 무리한 운동 등이 있다. 환경적 원인에는 안전시설의 부족, 안전 장비의 미착용, 기후 조건의 악화, 상대 선수의 부정행위 등이 있다.

스포츠 손상의 종류는 골절, 근육통, 타박상, 찰과상, 염좌, 자상 등이 있다. 출혈이 심할 때는 직·간접 압박 지혈법, 간접 압박 지혈법, 지혈대를 이용한 지혈법 등으로 구급처치를 할 수 있다. 직접 압박 지혈법은 출혈 부위를 직접 압박하여 지혈하고, 간접 압박 지혈법은 심장에서 가까운 동맥을 눌러 지혈하는 방법이다. 지혈대 지혈법은 다른 방법으로 지혈이 되지 않을 때 사용하는 방법으로 지혈대를 고정한 후 2시간 이상 지나면 피부가 괴사할 수 있다. 골절이 있을 때는 부목 등을 이용하여 골절된 부위를 고정시켜 통증을 줄여야 한다. 안전하게 스포츠에 참여하기 위해서는 상해에 대처하는가도 중요하지만, 상해를 입지 않도록 예방하는 것이 더 중요하다.

치료 방법을 보면, 골절의 경우 깁스(Cast)로 고정하며, 탈구는 대부분 수술을 하지 않는 비수술적 치료를 먼저 시도하며, 어깨관절 등의 반복되는 탈구는 수술을 통해 치료하기도 한다. 대부분 인대 파열이 동반되는 무릎관절 탈구는 인대 봉합이나 재건 수술이 필요하다. 특히 무릎관절의 십자인대 파열이나 반월상연골 파열은 관절경 수술을 주로 하게 된다. 인대손상(염좌) 중에서 완전파열을 뜻하는 3도 염좌는 부분적 수술이 필요하며, 근 타박상은 중증이 아니면 대부분 보존치료로 회복을 지원한다.

스포츠 손상을 예방하기 위한 가장 좋은 방법은 워밍업과 스트레칭이다. 워밍업과 스트레칭을 하지 않았을 때 신체 부상의 확률이 높으므로 스포츠 활동을 위한 워밍업과 스트레칭은 반드시 필요한 과정이다. 제자리걸음을 걷거나 가볍게 뛰기, 줄넘기하기 등 다양한 방법이 있다. 이런 동작은 신체의 온도를 높이고 대뇌 운동중추의 흥분 수준을 높이고 심폐기능을 개선하는 효과가 있다. 스트레칭은 근육, 건 인대 등에 탄력을 주고, 관절 가동 범위를 증가시키는 과정이다. 근육과 건에 약간의 통증이 느껴질 만큼 천천히 뻗은 후 그 상태로 10~30초 정도를 유지해 준다.

영역형 스포츠는 두 팀이 경기에 참가하여 자기 팀의 영역 유지 및 상대 팀의 영역 침범으로 신체 부위를 활용하여 경쟁하는 활동이다. 이 과정 속에서 격렬하고 빈번한 신체접촉, 강인한 체력 그리고 상대를 배려하며 규칙을 준수하는 페어플레가 중요하다.

필드형 경쟁 스포츠는 두 팀이 일정한 공간에서 공격과 수비를 교대하며 신체와 더불어 도구를 사용하여 공을 치거나 던지고 받으며 행하는 스포츠이다. 스포츠의 기본 기능인 달리기와 치기, 던지기, 받기 등을 활용한다. 대표적인 종목으로는 야구, 소프트볼, 크리켓 등이 있다. 스포츠에 참여하는 팀원 전원이 공격 및 수비에 가담하기 때문에 본인 역할에 대한 책임감과 협동심이 중요하다.

네트형 경쟁 스포츠는 경기장 중앙에 네트를 두고 개인 또는 팀이 경쟁하는 스포츠이다. 경기에 참여하는 선수들은 신체 또는 도구를 사용하여 공 또는 셔틀콕을 주고 받는다. 네트형 경쟁 스포츠는 상대 선수나 팀과 신체 접촉이 거의 없는 것이 특징이다.

참여형 스포츠이벤트 안전문화는 스포츠 참여자의 스포츠 손상을 방지하기 위하여 영역형, 필드형, 네트형 스포츠 특성에 맞도록 안전을 확보하기 위한 활동이 지속적으로 이루어지며 정착시키는 것이다. 스포츠이벤트 참여자의 안전을 위하여 개인이나 참여 단체가 습득, 공유, 전달된 가치, 인식, 태도, 행동으로부터 나온 산물이 오랜 시간 지속될 때 참여형 스포츠이벤트 안전 문화가 구축될 것이다.

결론적으로 스포츠이벤트 안전을 위하여 스포츠 경기장을 기획·설계할 때 시설을 5개의 구역으로 구분하여 시설을 배치하는 것이 좋다. 스포츠 참여자가 활동하는 구역으로부터 관람객 시설, 내부 중앙 홀, 외부 동선 구역, 스포츠 경기장 외부 구역까지 기능과 동선을 분리하여 <그림 89>와 같이 구획할 수 있다.

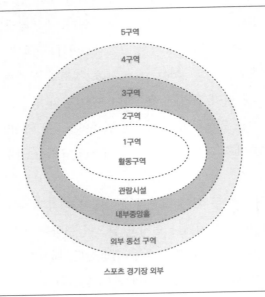

그림 89 **스포츠 경기장 구역 배치도**

이런한 구역의 구분은 그 각자의 기능을 수행하게 함으로써 안전한 스포츠 참여는 물론 안전한 관람 문화를 만들어 갈 수 있을 것이다.

1구역은 스포츠 참여자들이 경기 및 활동하는 구역으로 비상상황 시에 관람객들이 다른 비상구를 이용하기 전에 우선 대피 장소로 활용할 수 있는 안전한 공간이다. 1 구역으로 2구역의 관람객이 대피하더라고 그 관람객은 다른 출입구나 주변의 활동 가능한 안전난간을 통하여 비상 게이트나 기타의 개방시설에 접근이 가능해야 한다.

2구역은 관람객 시설로서 관람의 편의를 제공하는 공간이다.

3구역은 내부의 중앙홀로서 휴식과 식사 등을 제공하는 공간이다. 비상 상황이 발생하여 이 공간을 비워주어야 할 경우에 가능하다면 4구역인 외부 동선 구역으로 이동하여야 한다.

    4구역은 외부 동선 구역으로 특정한 상황에서 3구역과 4구역의 관람객이 5구역으로 빠져나가기 전에 대피할 수 있는 안전한 장소로 볼 수 있다. 4구역은 2구역으로 응급 서비스 차량이나 응급치료 시설이 들어갈 때 진입에 방해를 받지 않고 접근 할 수 있는 중요한 공간으로 설계되어야 한다.

    5구역은 스포츠 경기장 주변을 벗어난 완충 지대이다. 대중교통과 주차장이 연계되어 관람객이 운집하고 경기장에 입장하기에 편리하여야 한다. 이 구역에서 관람객들은 입구를 찾아 이동한다. 이 구역은 응급 상황에서 안전한 장소로 설정된 장소이다.

참고문헌

1. SGSA. (2008). Guid to Safety at sports Gruond. TSO.
2. 체육시설설치·이용에관한 법률 시행령 개정안 규제영향분석서(2015). 문화체육관관광부.
3. 안전보건경영시스템−요구사항 및 활용 가이던스 KS Q ISO45001:2008. 한국표준협회.
4. Safety aspects−Guidline for their inclusion in standards, ISO/IEC Guid 51: 2014. ISO,IEC.
5. 법제처. (2023). "체육시설 설치이용에 관한 법률", http://www.moleg.go.kr.
6. 법제처. (2023). "재난 및 안전관리 기본법", http://www.moleg.go.kr.
7. 법제처. (2023). "스포츠산업진흥법", http://www.moleg.go.kr.
8. 법제처. (2023). "시설물안전및유지관리에관한특별법", http://www.moleg.go.kr.
9. 법제처. (2023). "산업안전보건법", http://www.moleg.go.kr.
10. 주일엽. (2006). "국제스포츠대회 안전활동에 대한 델파이 분석". 한국공안행정학회.
11. Global PEO Service. (2022). https://globalpeoservices.com/top−15−countries−by−gdp−in−2022/.
12. Business Wire (2019). https://www.businesswire.com/news/home/20190514005472/en/Sports−614−Billion−Global−Market−Opportunities−Strategies−to−2022−ResearchAndMarkets.com.
13. 최용균. (2012). 체육시설의 안전관리 개선방안 연구. 한국체육대학 사회체육대학원 석사학위논문.
14. 문화체육관광부. (2022). "2022년 국민생활체육조사 결과발표(보도자료)", http://www.mcst.go.kr.
15. Donaldson A. (2009). "The development of preventive measure: the pragmatic approach". Oxford University Press.
16. International Standards for Organization. (2023). https://www.iso.org.
17. Heinrich, H. W. (1931). Industrial Accidents Prevention: A Scientific Approach. : Travelers Insurance Company.
18. Amandeep Singh, Vishesh Singhal. (2018), Sports Ergonomics: An important perspective of Sports Physiotherapy, Pramana 8(5), pp. 2249−2976.
19. Thomas Reilly. (1991). Ergonomics and sport(Applied Ergonomics,Volume 22, Issue 5, October 1991, Page 290).

20. Paul M. Salmon. (2017). Ergonomics issues in Sport and out door recreation, Theoretical issues in Ergonomics Science, 18(4), pp. 299—305.

21. Human Factors and Ergonomics in Sport and Outdoor Recreation: From individuals and their equipment to complex sociotechnical systems and their frailties, Applied Ergonomics journal homepage: www.elsevier.com/locate/apergo.

22. Singapor Sports Council. "Sports safety Management System Guidbook". http//www.ssc.gov.sg.or.

23. Occupational Safety and Health Administration. https://www.osha.gov.

24. Center for Disease Control and Prevention. https://www.cdc.gov.

25. National Center for Spectators Sports Safety and Security. https://ncs4.usm.edu.

26. 안전보건공단. (1998). "영국의 산업안전보건제도 및 재해예방활동."

27. 안전보건공단. (2022). "해외 주요 국가 산업안전보건 제도집(영국)."

28. Health and Safety Executive. https://www.hse.gov.uk.

29. 송강직. (2018). "산업안전보건법 집행체계에 대한 국제비교: 일본·영국을 중심으로", 안전보건공단.

30. Solution fron HSE. https://solutions.hse.gov.uk.

31. Sports Grounds Safety Authrity, https://sgsa.org.uk.

32. 국가인권위원회. (2020). "스포츠분야 해외선진제도 실태조사."

33. Sports Grounds Safety Authority. (2018). "Guide to Safety Certification.

34. 안전보건공단. (2013). "일본 산업안전보건 제도와 활동" https://oshri.kosha.or.kr/oshri.

35. Japan Industrial safety & Health Association. https://www.jisha.or.jp.

36. sports Safety Japan, https://e.sports—safety.com.

37. 채우석. (2016), "일본의 스포츠기본법과 스포츠정책에 관한 일 고찰", 한국스포츠엔터테인먼트법학회.

38. Workforce Safety and Health Council, https://www.tal.sg/wshc.

39. 피삼경. (2008). "싱가포르의 작업장안전보건법 제정과 시사점에 관한 연구", 세계법제연구보고서.

40. Sport Singapore. https://www.sportsingapore.gov.sg.

41. 안전보건공단. (202). "해외 주요국가 산업안전보건 제도집 독일" https://www.kosha.or.kr/kosha/data/activity_C.do?.

42. Deutchen Gesetzlichen Unfallverung https://www.dguv.de/de/index.jsp.

43. Wikipedia https://de.wikipedia.org/wiki/Nationales_Konzept_Sport_und_Sicherheit.

44. 김일광, 권혜원, 최진호 (2016) 해외의 스포츠시설 안전관리 네트워크 및 시스템 현황, journal of Digital Convergence.

45. 김상호. (2015), "프랑스의 산업안전보건제도에 관한 연구" 경상대법학연구.

46. Institut National de sécurité http://www.inrs.fr.

47. Ministère des Sports https://www.sports.gouv.fr/.

48. 임재구. (2015) "프랑스 스포츠 정책 동향 분석: 프랑스체육부를 중심으로", 한국체육정책학회.

49. Safe Work Australia https://www.safeworkaustralia.gov.au/.

50. KOTRA. (2015) "호주 산업안전보건제도."

51. https://dream.kotra.or.kr/kotranews/cms/news/actionKotraBoardDetail.do?MENU_ID=100&pNttSn=142917.

52. Australia Sports Commission https://www.ausport.gov.au.

53. 최현일. (2018). 안전보건경영시스템 인증 기준 간의 비교분석을 통한 KOSHA 18001 개선방안에 관한 연구. 서울과학기술대학교 일반대학원 석사학위논문.

54. BS. (2007). "OSHAS 18001:2007, Occupational Health and Safety Assessment Series."

55. 이승복. (2020). ISO 45001 국제표준 제정에 따른 안전보건경영시스템 구축 활성화 연구. 명지대학교 대학원 박사학위논문.

56. 박두용. (2016). "안전보건경영시스템의 이해5", 한국산업보건협회.

57. 안전보건공단. (2023). 안전보건경영시스템(KOSHA-MS) 인증업무 처리 규칙.

58. 정진우. (2022). KOSHA-MS는 ISO 45001을 충실히 반영하고 있나. 안전저널. http://www.anjunj.com/news/articleView.html?idxno=34194.

59. Department of Labor. (2012). Injury and Illness Prevention Programs White Paper.

60. https://safety.blr.com.

61. Federal Registers 65:45649-45663 (2000). Revision to the Voluntary Protection Programs To Provide Safe and Health Working Conditions.

62. ANSI/ASSE. (2012). Occupational Health and Safety Management Systems, ANSI Z10-2012.

63. British Standard Institute. https://knowledge.bsigroup.com.

64. BSI. (20.04). Occupational Health and Safety Management Systems. Guide.

65. British Standard Institution. https://www.bsigroup.com/en-IN/BS-OHSAS-18001.

66. ILO. (2001). Guidelines on occupational safety and health management systems ILO-OSH 2001.

67. ILO. (2017). Review of the implementation of ILO-ISO agreemnet.

68. International Sustainablility Rating System. http://www.isrs.net.

69. Jens Rasmussen(1926-2018) http://www.jensrasmussen.org/.

70. Rasmussen, J. (1983). Skills, rules, knowledge; signals, signs, and symbols, and other

distinctions in human performance models. IEEE Transactions on Systems, Man and Cybernetics.

71. James Resaos. (1990) "Human Error" Cambridgr University Press.

72. Jens Rasmussen. (1997) "Risk Management in a Dynamic Society: a Modelling Problem" Safety Science.

73. Savage, C.M. and Appleton, D. (1988) CIM and Fifth Generation Management. In Fifth Generation Management and Ftfth Generution Technology. SME Blue Book Series. Society of Manufacturing Engineers, Dearborn, Michigan.

74. Engwall, L. (I 986) Newspaper Adaptation to a Changing Social Environment: A Case Study of Organizational Drift as a Response to Resource Dependence. European Journal of Communication 1.

75. 법제처. (2023). "국민체육진흥법", http://www.moleg.go.kr.

76. 법제처. (2023). "다중이용업소의 안저관리에 관한 특별법", http://www.moleg.go.kr.

77. 법제처. (2023). "화재의 예방 및 안전관리에 관한 법률", http://www.moleg.go.kr.

78. 법제처. (2023). "간이스프링틀러설비의 화재안전기술기준(NFTC", http://www.moleg.go.kr.

79. 법제처. (2023). "사격 및 사격장 안전관리에 관한 법률", http://www.moleg.go.kr.

80. 권영국, 김찬오, 김동준. (2015). "핵심 안전공학", 동화기술. pp. 25－28.

81. 권영국. (2021). "새로운 인간공학". 도서출판디자인.

82. Thomas Reilly. (1991). Ergonomics and sport(Applied Ergonomics,Volume 22, Issue 5,October 1991,Page 290).

83. Human Factors and Ergonomics in Sport and Outdoor Recreation: From individuals and their.

84. equipment to complex sociotechnical systems and their frailties, Applied Ergonomics journal homepage: www.elsevier.com/locate/apergo.

85. 사이즈코리아. https://sizekorea.kr.

86. 체육시설 안전점검 지침. (2020). 문화체육관관광부 고시 제2020－65호.

87. 공정안전보고서의 제출심사확인 및 이행상태평가 등에 관한 규정(2020). 고용노동부고시 제 2020－55호.

88. 새로운 위험성평가 안내서. (2023). 고용노동부.

89. KOSHA GUIDE P－81－2012 "위험성평가에서의 체크리스트 기법에 관한 기술 지침."

90. KOSHA GUIDE P－83－2012 "사고예상질문분석(What－if) 기법에 관한 기술지침."

91. KOSHA GUIDE P－82－2023 "연속공정의 위험과 운전분석(HAZOP)기법에 관한 기술 지침."

92. KOSHA GUIDE P－140－2020 "작업위험성평가에 관한 기술 지침."

93. KOSHA GUIDE P－84－2012 "결함수 분석 기법."

94. KOSHA GUIDE P−87−2012 "사건수 분석 기법에 관한 기술 지침."

95. KOSHA GUIDE X−43−2011 "원인결과분석(CCA) 기법에 관한 기술 지침."

96. KOSHA GUIDE P−90−2012 "작업자 실수분석 기법에 관한 기술지침."

97. KOSHA GUIDE P−05−2002 "이상위험도 분석기법 기술지침."

98. KOSHA GUIDE P−177−2022 "상대위험순위 결정(Dow and Mond Indices)기법에 관한 기술지침."

99. 양정모. (2023). "새로운 안전문화". 박영사.

100. Adapted from Schein as cited in Volume 1. Concepts and principle, human performance improvement handbook (2009).

101. 하동석. (2019). "이해하기 쉽게 쓴 행정학 용어 사전". 새정보미디어.

102. 고영복. (2000). "사회학 사전". 사회문화연구소.

103. 국제원자력기구(IAEA). https://www.iaea.org.

104. 영국 보건안전청(HSE). https://www.hse.gov.uk.

105. Columbia Space Shuttle Accident and Davis−Besse Reactor Pressure−Vessel Head Corrosion Event, 2005.

106. Reason, J., Reason j. T. (1997). Managing the risk of organizational accidents Ashagate Aldershot.

107. 카이츠지 마사토시(박남권, 김태환, 윤명오 번역). (2016). "다중운집 라스크와 이벤트 안전계획". 진영사.

108. 이준화. (2021), 참여형 스포츠 이벤트 운영자를 위한 안전관리 평가지표 개발, 연세대학교 대학원 박사학위 논문.

찾아보기

저자 약력

곽봉현

시스템코리아인증원 부원장
(사)한국체육학회 스포츠안전위원
(사)한국체육시설안전관리협회 수석전문위원
한국스포츠시설안전연구원 비상임이사
국민체육진흥공단 안전경영단장
국민체육진흥공단 체육시설안전팀장
(재)스포츠안전재단 스포츠시설관리팀장
국민체육진흥공단 건설사업단 차장
대한민국 제1호 스포츠시설안전전문가

<학력>
서울과학기술대학교 일반대학원 안전공학과 박사
서울과학기술대학교 일반대학원 안전공학과 석사
국민대학교 공과대학 기계공학과 학사

<대표논문>
공공체육시설 안전관리 인식도 측정을 위한 도구 개발 및 지방자치단체 인식도 비교 연구
Development of Evaluation Indicators for the Safety
Mangement of Sports Facilities in Sports Korea
20대 성인 남자를 위한 한국형 최대심박수 추정식 개발

스포츠 안전관리 가이드 북(싱가포르) 번역
스포츠 경기장 안전 인증 가이드(영국) 번역기획편집

스포츠시설 안전관리론

초판발행	2024년 2월 29일
지은이	곽봉현
펴낸이	안종만·안상준
편 집	조영은
기획/마케팅	박부하
표지디자인	Ben Story
제 작	고철민·조영환
펴낸곳	(주) **박영사**
	서울특별시 금천구 가산디지털2로 53, 210호(가산동, 한라시그마밸리)
	등록 1959. 3. 11. 제300-1959-1호(倫)
전 화	02)733-6771
f a x	02)736-4818
e-mail	pys@pybook.co.kr
homepage	www.pybook.co.kr
I S B N	979-11-303-1945-2 93350

정 가   28,000원